BAEDEKER

GARDASEE
VERONA

D1865138

www.baedeker.com

Verlag Karl Baedeker

Top-Reiseziele

Der Gardasee erfüllt die unterschiedlichsten Urlaubswünsche. Seine Hauptattraktionen sind sicher an einem Wochenende zu erkunden, doch besser ist es, sich mehr Zeit zu nehmen oder wiederzukommen, um auch kleinere schöne Orte zu entdecken. Was Sie auf keinen Fall versäumen sollten, haben wir hier für Sie zusammengestellt.

❶ ✶✶ Limone
Das ehemalige Fischerdorf scheint dem Bilderbuch entsprungen zu sein. Überragt wird es von einem steilen Bergmassiv, sodass die hübsche Altstadt zwischen Wasser und Felsen wie eingeklemmt wirkt. Dieser spektakulären Lage verdankt Limone seinen Ruf.
Seite 181

❷ ✶✶ Malcesine
Dichtgedrängt schieben sich die Häuser in Malcesines Altstadt den Burghügel hinauf. Die stolze Skaligerburg prägt die Stadtansicht.
Seite 189

❸ ✶✶ Monte Baldo
Beliebt ist der Monte Baldo im Sommer wie im Winter durch seine vielfältigen Sportmöglichkeiten. Doch der Kontrast ist am schönsten: Oben weiß gezuckerte Berge und unten der tiefblaue See.
Seite 197

❹ ✶✶ Gardone Riviera
Beschaulich und gleichzeitig mondän gibt sich Gardone Riviera. Das Ortsbild wird geprägt von noblen Sommersitzen, Prachtvillen und altehrwürdigen Hotels.
Seite 161

5 ★★ Salò
Salò ist ein eleganter Urlaubsort mit altehrwürdigem Flair. Die Stadt liegt windgeschützt zu Füßen des Monte Bartolomeo und hat eine ungewöhnlich lange Uferpromenade, an der ein paar prächtige und farbenfrohe alte Palazzi mit Laubengängen stehen.
Seite 224

6 ★★ Sirmione
Der einstige Fischerort beeindruckt allein schon durch seine Lage: Die Altstadt erstreckt sich über eine weit in den See hineinragende Insel, die nur durch eine kleine Fußgängerbrücke mit dem Festland verbunden ist.
Seite 231

7 ★★ Verona
In der einzigartigen Kulisse des römischen Amphitheaters finden jedes Jahr die Opernfestspiele statt. Verona ist aber auch die Stadt von Romeo und Julia und bietet eine Fülle von Kunstschätzen und -denkmälern.
Seite 251

Lust auf ...

... die schönsten Strände am See und auf ungewöhnliche Inselannäherungen – schwimmend, watend oder mit der Luftmatratze? Auf Seilbahnfahren, Radeln oder Paragliding? Oder auf einen Blick von der Schauderterrasse? Für Ihr ganz persönliches Lago-Erlebnis helfen vielleicht diese Anregungen.

WASSER UND STRÄNDE

- **Spiaggia Romantica** ►
  Sehr beliebt bei Familien mit Kindern. Der Strand in Manerba flach fällt ab, ist bewirtschaftet, bietet Sonnenliegen und Bootsverleih, und das Wasser ist warm!
  Seite 194
- **Lido Paina**
  Kleine Kieselbuchten nördlich der Burg von Malcesine mit wunderbarem Blick aufs Castello
  Seite 192
- **Spiaggia Sabbioni**
  Der Strand in Riva ist der größte am Lago und teilweise sogar schattig – kein Handtuch-an-Handtuch-Baden – und einmalig am See.
  Seite 213
- **Garda**
  An dem ruhigen schmalen Kieselstrand hinter dem nordwestlichen Ende des Lungolago gleiten elegante Luxusjachten vorbei zur Punta San Vigilio.
  Seite 159

INSELN

- **Schwimmen zur Isola dell' Olivo**
  Vom Lido Sopri in Malcesine sind es rund 250 m zur nahen Oliveninsel. Nur für geübte Schwimmer!
  Seite 190
- **Mit der Luftmatratze auf die Isola Trimelone**
  Boote dürfen wegen Untiefen und Strömungen auf der Insel 350 m vor Assenza nicht anlegen.
  Seite 146
- **Waten zur Isola San Biagio**
  Nass wird man in den 5 Min. bis zu den Knieen, selten bis zur Hüfte. Auf dem Inselchen vor Manerba warten ein paar nette Badebuchten, in der Saison Bewirtung und sanitäre Einrichtungen.
  Seite 194
- ◄ **Bootstour zur Isola del Garda**
  Die größte der fünf Gardasee-Inseln liegt vor San Felice del Benaco und gehört der Familie Cavazza.
  Seite 229

BOOTSPARTIEN

- **Segeln lernen in fünf Tagen ►**
  »Segeln muss Spaß machen. Die Theorie kommt später«, sagt Heinz Stickl, Ex-Europa- und Weltmeister.
  Seite 193
- **Motorboot ohne Führerschein**
  In mehreren Orten können einfach zu steuernde Boote gemietet werden. Ein Riesenspaß!
  Seite 109, 146
- **Historische Schaufelraddampfer**
  Die schönsten Schiffe auf dem Lago sind die »Italia« (1908), die im Süden verkehrt, und die »Zanardelli« (1903) im Norden.
  Seite 213

AUSBLICKE VON OBEN

- **Belvedere im Norden**
  Der erste Kaffee nach der Autobahn – mit Seeblick
  Seite 276
- **Schauderterrasse im Westen**
  Die Schauderterrasse lässt die Knie weich werden ...
  Seite 248
- **Balcone del Garda im Osten**
  Einer der schönsten Aussichtsplätze: vor der Dorfkirche San Martino oberhalb von Torri del Benaco
  Seite 243
- **Mastio im Süden ►**
  Der Blick vom 47 m hohen Mastio, dem Turm der Skaliger-Burg, auf Sirmione und den See
  Seite 236

LAND- UND LUFTTOUREN

- **Mit dem Auto um den Lago**
  Einen Tag für den Nord- und einen für den Südteil sollte man rechnen. Sonst wird's hektisch.
  Seite 121
- **Per Rad am Steilhang entlang**
  Von Riva zum Ledrosee auf einem wunderbaren Weg mit atemberaubenden Ausblicken. Für manche eine der Top-10-Strecken in Europa.
  Seite 217
- **◄ Mutige fliegen über dem See ...**
  Beim Paragliding-Flug vom Monte Baldo ist die Freiheit grenzenlos!
  Seite 198
- **Bergfahrt mit der Seilbahn**
  Zehn Minuten, die es in sich haben! Von Malcesine auf knapp 2000 m am Monte Baldo. Eine Fahrt, die man nicht vergisst.
  Seite 189

HINTERGRUND

PREISKATEGORIEN
Restaurants
(Preis für ein Hauptgericht)
€€€€ = über 25 €
€€€ = 15–25 €
€€ = 10–15 €
€ = bis 10 €
Hotels (Preis für ein DZ)
€€€€ = über 180 €
€€€ = 120–180 €
€€ = 80–120 €
€ = bis 80 €

Hinweis
Gebührenpflichtige Servicenummern sind mit einem Stern gekennzeichnet: *0180....

ERLEBEN UND GENIESSEN

TOUREN

Punta San Vigilio – ein Sehnsuchtsort vieler Gardaseeurlauber

REISEZIELE VON A BIS Z

Ließ sich von der Schönheit des Gardasees bezaubern: J. W. Goethe

PRAKTISCHE INFORMATIONEN

nachdenken • klimabewusst reisen
atmosfair

Aus der Vogelperspektive: Riva del Garda im Norden des Lago

BAR HOTEL SOLE

HINTERGRUND

Welche Einflüsse prägten Natur, Kultur, Geschichte und die Menschen am Gardasee? Wissenswertes über das Reiseziel im Norden Italiens, über Land und Leute, Politik und Wirtschaft und über den Alltag in einer beliebten Ferienregion.

Fakten

Naturraum

Der Gardasee ist spektakulär in eine Südalpenlandschaft eingebettet, die vor Jahrmillionen entstanden ist. Die Menschen am Ufer des Lago haben jahrhundertelang vom Fischfang gelebt, heute ist es der Tourismus, der Geld in die Kassen spült. In den umliegenden Bergregionen geht es stiller zu, in einem fast verlassenen Dorf leben heute gerade einmal noch fünf Menschen.

UNRUHIGE ERDE

Die alpine Region entstand aufgrund starker Verwerfungen. Als sich vor rund 60 Millionen Jahren die afrikanische Kontinentalplatte gegen die eurasische Kontinentalplatte zu schieben begann, kam es in dem dazwischenliegenden Ozean im Paläozän vor etwa 35 Millionen Jahren zum **Auftauchen erster Landmassen** aus dem Meer, dessen Ablagerungen gestaucht und gehoben wurden. Eine Verwerfung an der Ostküste des Gardasees hat die Gesteinspakete Tausende von Metern vertikal gegeneinander verschoben, was man vom 2087 m hohen Monte Altissimo in der Nähe von Malcesine erkennen kann. Erosionskräfte veränderten die Landschaft weiter. Gesteinsbrocken, Geröll und Sand wurden von mächtigen Flüssen ins Meer getragen. Diese Ablagerungen wurden wiederum gehoben und bilden heute die sogenannten Flyschgesteine in der Alpenfaltung. Geologische Störungszonen durchziehen bis heute die gesamten Südalpen und verursachen ab und zu leichte Erdbeben, deren Zentrum häufig um Salò liegt.

Bedeutend für das heutige Landschaftsbild des Gardasees waren jedoch die Eiszeiten in den letzten ein bis zwei Millionen Jahren, als das von den Störungen zerrüttete Gestein von gewaltigen Gletschern ausgeschürft wurde. Die Eiszunge des Gardaseegletschers erreichte am Alpenrand eine Höhe von bis zu 400 m, und Moränenreste an den Hängen lassen vermuten, dass er sogar bis zu 680 m hoch war. Markante **Spuren der Gletschertätigkeit** findet man bei Nago mit den Marmitte dei Giganti genannten Gletschermühlen, die durch die Vorwärtsbewegung des Gletschers entstanden sind. Als das Eis in die Haupt- und Nebentäler Richtung Po-Ebene abfloss, staute sich an der Alpensüdseite Gesteinsschutt, der als **Moränengürtel** zwischen Brescia und Verona liegen blieb und heute das voralpine Hügelland bil-

»Das Land, wo die Zitronen blühen«: Der frischen gelben Frucht begegnet man am Gardasee überall – auch in Form von Zitronenlikör.

det. In den tiefen Gletscherzungenbecken sammelte sich das Wasser zu Seen, die sich heute vom westlichen Piemont über die Lombardei bis an die Grenze Venetiens verteilen. Die fjordartige Längsstreckung der Voralpenseen und ihre Tiefe von bis zu 400 m verweisen immer noch darauf, dass sie im Grunde eigentlich gefüllte Flusstäler sind. Die Seen wirken als Schotterfang für die sie durchfließenden Flüsse, was den landwirtschaftlichen Flächen der Po-Ebene zugute kommt.

FOSSILIEN UND MARMOR

Die verschiedenen Gesteinsformationen des Gardaseegebiets sind im Jura und in der Kreidezeit entstanden. Bei Sirmione im Süden des Gardasees tritt stellenweise der weiße, kalkige **Dolomit** ans Tageslicht. Gräulicher **Kalkfels** dagegen herrscht an der Ostküste am Monte Baldo in einer Dicke von 450 m vor, während oberhalb von San Vigilio ein gelblicher **Kalkstein** zu finden ist, der als Calcare Oolitico di San Vigilio bezeichnet wird. Diese zur Karstbildung neigende Gesteinsformation ist mit zahlreichen Grotten und Dolinen, trichterförmigen Vertiefungen, durchsetzt. In der Nähe kommt auch **Muschelkalk** vor mit zahlreichen Einschlüssen von Ammoniten und weiteren Fossilien. Die intensiv rötliche oder auch rosa Färbung des feinkörnigen Steins, der in einer Schichtdicke von lediglich etwa 25 m vorhanden ist, hat seit der Antike zum Abbau des Rosso Veronese, kostbarem Marmor-Baumaterial, geführt. Der Rosso Ammonitico Veronese geht über in den weißlich-lehmigen **Biancone** der Kreidezeit und bildet bei einer Schichtstärke zwischen 30 und 140 m sanfte Hänge und Hügel aus, die als Weideland am Monte Baldo nutzbar sind. Überlagert wird diese Formation von einem Scaglia Rossa Veronese genannten Kalkstein, der von Konglomeraten heller Kieselsteinchen durchzogen ist und dessen Schicht zwischen 30 und 50 m dick ist.

Die Gesteinsformationen am Westufer des Gardasees haben sich in Perm, Kreide und Tertiär herausgebildet. Dort liegt über dem Dolomit eine kompakte, weißliche, rund 200 m dicke Kalksteinschicht, die bei Campione 350 m Dicke erreicht und Konglomerateinschlüsse zeigt in teils waagrechter, teils senkrechter brauner bis grauer Streifung. Darauf baut eine rote eisenhaltige Schicht auf, die in ein kalkhaltiges Gestein mit zahlreichen Fossilieneinschlüssen übergeht. Zuoberst liegen kompakte Kalkschichten von rötlicher bis grünlichweißer Färbung.

Größere Brocken des Rosso Ammonitico Veronese und des Calcare Oolitico di San Vigilio, wie sie am Ostufer vorkommen, findet man oberhalb von Gargnano. Dort trifft man auch die mergeligen und teerigen **Maiolica-Blöcke** und **eisenhaltige Kieselschichten** an, die das westlich angrenzende lombardische Gebiet kennzeichnen.

Italiens größter See
65 m ü. d. M.
Uferlinie: **160 km**
Fläche: **368 km²**
Breite: **2,4-17 km**
Tiefe: **364 m**
Volumen: **50,3 km³**

Größte Städte um den Gardasee
Verona: **270 000**
Rovereto: **38 000**
Desenzano: **27 000**
Riva: **15 000**
Arco: **15 000**
Salò: **11 000**

▶ Regionen

Einzugsgebiet: 3325 km²
Venetien: Ostufer
Lombardei: Westufer
Trentino-Alto Adige: Nordufer

▶ Klimastation Riva

Durchschnittstemperaturen

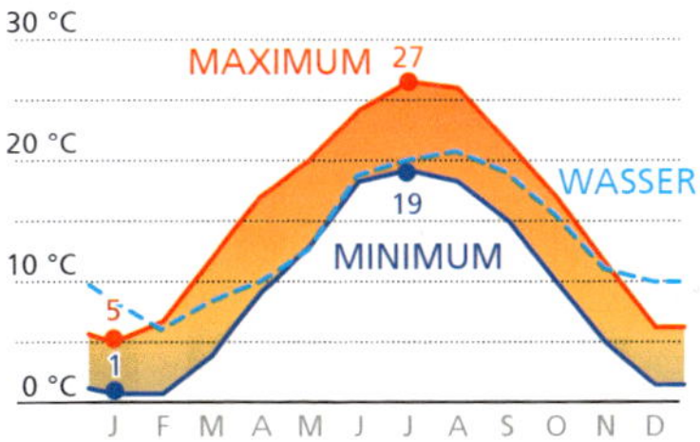

Niederschlag

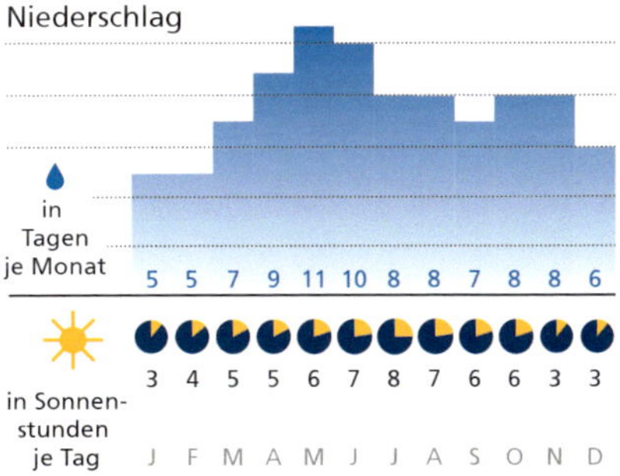

▶ Die Seen Oberitaliens

©BAEDEKER

VON DEN ALPEN IN DIE EBENE

Der lang gestreckte Gardasee mit seinen steilen Bergmassiven und sanften Hügellandschaften ist im Nordteil schmal und im Südteil bauchig. Im Norden, wo der Sarcafluss in den See mündet, liegen das reizvolle Städtchen Riva und das Surferparadies Torbole, voneinander getrennt durch den 367 m hohen Monte Brione. Das Ostufer wird vom bis zu 2218 m hohen Monte-Baldo-Massiv beherrscht, einem **Naturparadies und Wandergebiet**, an das sich die Riviera degli Olivi bei Malcesine anschmiegt. Zwischen Torri und Garda ragt die Halbinsel San Vigilio in den See. Noch weiter südlich auf der Höhe von Bardolino prägen Weinreben die Landschaft. Den Süden des Gardasees mit der Halbinsel Sirmione umgeben fruchtbare Moränenhügel mit kleinen Dörfern sowie die **Parklandschaft des Flusses Mincio**, der bei Peschiera del Garda aus dem See austritt.

Im Südwesten liegen die gartenähnlichen Halbinseln von Manerba del Garda und San Felice del Benaco, die vom sanft gewellten Hügelland des Valtenesi umrahmt sind. Das lombardische Westufer prägen die bis zu 2000 m aufragenden und steil abfallenden Berge der **Brescianer Voralpen**. Von Salò bis Gargnano erstreckt sich die **Brescianer Riviera** mit einer üppigen subtropischen Pflanzenwelt, die sich in dem milden Klima entfalten konnte. Die reizvollen **Hochebenen** von Tignale und Tremosine bieten inmitten der Bergwelt Platz für zahlreiche kleine Dörfer. Die Flüsse Campione und Ponale sind weitere Zuflüsse des Sees.

Üppig blühender Oleander – oft zu sehen in der Gardaseeregion

Bei Varone gibt es in einer engen Klamm ein Naturschauspiel zu beobachten: Die Cascate di Varone, ein **rauschender Wasserfall**, stürzt hier 100 m in die Tiefe. Er wird vom rund 8 km entfernten Lago di Tenno gespeist, der Fluss Magnone führt ihm das Wasser zu. Die **fünf Inseln im Gardasee** befinden sich in Privatbesitz, die Isola del Garda (0,9 km^2) vor San Felice del Benaco als größte, die Isola San Biagio im Südwesten, Trimelone gegenüber dem Campingplatz von Sommavilla sowie die Isola dell‘ Olivo und die Isola di Sogno vor der Halbinsel Val di Sogno südlich von Malcesine. Parallel zum Ostufer verläuft ein Abschnitt des **Etschtals**, das von jeher als einer der bedeutendsten Verkehrswege durch die Alpen mit den Städten Bozen, Trient, Rovereto und Verona eine wichtige wirtschaftliche Rolle spielte. Die Etsch mit 410 km Länge ist der zweitlängste Fluss Italiens, hat aber für die Schifffahrt keine Bedeutung.

PFLANZEN UND TIERE

Mediterran-subtropische Pflanzen

Im milden Klima des Gardaseeraums gibt es eine große Artenvielfalt an mediterran-subtropischen Pflanzen, die in ihrer natürlichen Ausbreitung durch die Eingriffe des Menschen allerdings stark eingeschränkt sind. Die so oft gepriesene Garten- und Parklandschaft des Gardasees ist weniger eine Natur- als vielmehr eine Kulturlandschaft mit **Obst- und Weinanbau, Feigen, Zitrusfrüchten und Ölbäumen**. Einst gab es ausgedehnte Wälder von immergrünen Steineichen, die heute stark dezimiert sind. Alte Buchenwälder haben sich noch bei Prada am Monte Baldo erhalten können. Der immergrüne Lorbeer ist häufiger anzutreffen, seltener dagegen Judasbäume. Esskastanien reifen in höheren Lagen. Maulbeerbäume wurden ursprünglich für die Seidenraupenzucht gepflanzt. Zypressen und Libanonzedern bilden neben Palmen und Agaven malerische Akzente in den Parks der Villen. Linden und Ahorn wurden meist in Alleen gesetzt. Azaleen, Oleanderbüsche, Magnolien und Akazien verströmen ihren Duft im Frühjahr und Sommer. In den seltenen flachen und sumpfigen Ufergebieten findet man Röhricht und Binsen, Sumpfdotterblumen, Seerosen und Wasserklee.

> **!** BAEDEKER TIPP
>
> *Pflanzen(heilkunde) hautnah*
>
> Dr. Guiseppe Morelli ist Apotheker, war zeitweilig Vorstand des Trentiner Apothekerverbands sowie Pflanzenheilkundler. Gegen Ende des Frühlings, wenn der rüstige 80-Jährige die meisten Kräuter und Heilpflanzen findet, lädt Morelli zu Gesundheitsspaziergängen an den Hängen des Monte Baldo ein. Dabei zeigt und erklärt er die schier unendliche Vielfalt der Pflanzen und wie man sie ganz einfach medizinisch nutzen kann. Ausgangspunkt ist Brenzone (Kontakt: Tel. 04 61 55 70 26).

Monte-Baldo-Flora

Im 1972 eröffneten Naturpark Corna Piana di Brentonico am Monte Baldo, der zwischen 1276 m und 1735 m hoch liegt, ist eine **voreiszeitliche Pflanzenwelt** erhalten, zu der beispielsweise der Spinnweb-Steinbrech (saxifraga arachnoidea), die Klebrige Akelei (aquilegia thalictrifolia) und die Dolomiten-Teufelskralle (physoplexis comosa) gehören. Endemische Pflanzen, die also nur hier vorkommen, sind das langstielige Monte-Baldo-Windröschen (anemone baldensis), das Südtiroler Labkraut (galium baldensis), die weißährige

Monte-Baldo-Segge (carex baldensis) und die Witwenblume (knautia baldensis). Hinzu kommen mehrere Arten von Knabenkraut, Ragwurz, Primel, Enzian, Lilien und Erdorchideen, die von Ende März bis Mai am Monte Baldo blühen. Bei Feinschmeckern beliebt ist der Monte-Baldo-Trüffel.

Tierwelt

Im **Parco Alto Garda Bresciano** fühlen sich inzwischen Hirsche, Rehe und Gämsen wieder wohl. Im **Naturschutzgebiet des Monte Baldo** leben Auerhähne, Steinhühner, Füchse und Marder. In den Naturparks an den Flüssen Oglio und Mincio haben sich zahlreiche Entenarten, Blässhühner und Reiher niedergelassen.

Für Teichrohrsänger, Zwergdommeln und Flussnachtigallen werden die **Sumpfgebiete** als Lebensräume immer knapper. Möwen dagegen haben sich den veränderten Lebensbedingungen am Gardasee gut angepasst. An den Felswänden leben Gartenrotschwanz, Gabelweihe und Kolkrabe. Würger, Lerchen und Ammern bevorzugen die Ebenen als Lebensraum.

Der einstige **Fischreichtum** der Alpenrandseen ist durch Wasserverschmutzung zurückgegangen. Gardaseeforellen und Gardaseekarpfen erreichen zwar noch beträchtliche Größen, und auch die ausgesetzten Maränen, die zur Familie der Lachse gehören, haben sich gut akklimatisiert, Saibling, Aal, Schleie, Barsch, Hecht und Barbe sind aber seltener geworden.

Am Wasser leben vereinzelt ungefährliche Nattern, besonders im August sieht man sie in Strandnähe aus dem Wasser lugen oder sich schnell unter den Steinen verstecken. Am Monte Baldo gibt es giftige Vipern, die aber sehr selten sind, und Skorpione, die sich besonders im Mai und September häufig zeigen. Ansonsten tummeln sich auf den warmen Gebäudemauern Eidechsen aller Art, und man sieht ab und zu eine Blindschleiche. Eindrucksvoll ist der Artenreichtum der Schmetterlinge, die vor allem im Blumenparadies des Monte Baldo ausreichend Nahrung finden.

Bevölkerung · Wirtschaft · Politik

Mehrere italienische Regionen grenzen an den See: die Lombardei im Westen, das Trentino im Norden und Venetien im Osten. Diese politischen Einheiten prägen Leben, Wirtschaft und Kultur am Ufer des Gardasees.

Siedlungsstruktur

Italien hat insgesamt 60,5 Mio. Einwohner, davon leben lediglich rund 170 000 direkt am Gardasee. Zahlreiche Bewohner aus den urbanen Ballungsräumen besitzen Zweitwohnungen im Seengebiet für

Wochenend- und Ferienaufenthalte. Die **flacheren Ufergebiete** im Süden des Gardasees sind dichter, die **Höhenlagen** dünner besiedelt. Die »cascine« genannten großen und kleinen Vierseithöfe der Bauern sind immer seltener zu sehen, die Verstädterung nimmt zu.

Sprache

Amtssprache ist Italienisch, wobei man am Gardasee und in den angrenzenden Teilen der Lombardei, des Trentino und Venetiens nach wie vor Dialekte spricht, die galloitalischer oder venetischer Herkunft sind. In den touristisch erschlossenen Gebieten werden auch Fremdsprachen gesprochen, insbesondere Deutsch, das im Trentino historisch durch die Habsburgerherrschaft und die Zunahme der deutschen Besucher seit den 1960er-Jahren an erster Stelle steht.

Religion

Fast die gesamte Bevölkerung ist **römisch-katholisch**. Seit 1984, seit dem Konkordat zwischen dem Vatikan und der Republik Italien ist die katholische Konfession jedoch nicht mehr Staatsreligion, sodass die Teilnahme am Religionsunterricht an öffentlichen Schulen jedem Schüler freigestellt ist.

Bildungswesen

In Italien besteht Schulpflicht vom 6. bis zum 14. Lebensjahr. Obligatorisch sind eine fünfjährige Grundschul- und eine dreijährige Mittelschulzeit. Der Gymnasialabschluss berechtigt zum Hochschulstudium. Die nächstgelegenen Universitäten für den Gardaseeraum sind Mailand, Venedig und Padua. Im Vergleich zu anderen Regionen Italiens ist der Bildungsstand in Oberitalien recht hoch, denn Industrie und Verwaltung, aber auch der Tourismus benötigen gut qualifizierte Arbeitskräfte.

POLITISCHES SYSTEM

Das italienische **Parlament** hat seinen Sitz in Rom und besteht aus dem Senat mit 315 Senatsmitgliedern sowie der Abgeordnetenkammer mit 630 Abgeordneten. Die Mitglieder, die die Regionen Italiens vertreten, werden alle fünf Jahre für eine Legislaturperiode gewählt. Beide Kammern sind an der Gesetzgebung und Kontrolle der Regierung beteiligt. Seit der Reform des Wahlrechts 1993 werden drei Viertel der Senatoren nach dem Mehrheitswahlrecht und ein Viertel nach dem Verhältniswahlrecht gewählt. Die Regierung wird vom Ministerpräsidenten und den Ministern gebildet. Die Funktion des italienischen **Staatspräsidenten**, der jeweils für eine Amtszeit von sieben Jahren gewählt wird, geht über die der reinen Repräsentation weit hinaus – er kann durch ein aufschiebendes Veto die Gesetzgebung beeinflussen und das Parlament auflösen, Gesetzesentwürfe können nur mit seiner Zustimmung im Parlament eingebracht werden. Zudem ernennt er den Ministerpräsidenten.

Willkommen im Alltag

Wer die Gardaseeregion nicht nur als Tourist erleben, sondern auch mal ganz normale Leute treffen möchte, ist mit diesen Angeboten bestens bedient.

EIN DORF RETTEN

Auf dem Eselpfad von Marniga di Brenzone nach Campo geht es steil bergauf. 200 Höhenmeter und gut 30 Minuten später sind die ersten Häuser und Ruinen zu sehen: Campo ist ein ruhiger, friedlicher Ort und seit dem 11. Jh. bewohnt. Heute leben nur noch fünf Leute hier. Alle anderen sind weggezogen: keine Straße, keine Zukunft. Aber das Dorf soll nicht aussterben. Deshalb haben Giacomo Simonelli und Freunde den Förderverein Campo gegründet. Ob als Architekt oder Maurer, Gärtner oder einfach nur als Geldspender: In Campo kann man mithelfen, ein Dorf zu retten.

www.campo-brenzone.de

AUSFAHRT MIT EINEM FISCHER

Es geht nicht jeden Tag und nur nach Voranmeldung, aber dann ist man mit einem der letzten hauptberuflichen Gardasee-Fischer im Boot und geht auf Forelle, Hecht oder Barsch. Und wer dabei ist, wenn ein Carpione gefangen wird, darf sich als echten Glückspilz einstufen.

Anmeldung im Sekretariat des Bürgermeisters von Gargnano, Tel. 0 36 57 98 87 info@comune.gargnano.bs.it

OLIVEN ERNTEN

Zwischen Verona und dem Gardasee liegt Grezzana, ein Städtchen, das für seinen Marmor und noch mehr für sein exquisites Olivenöl bekannt ist. Dort bietet Redoro geführte Touren durch die Hügellandschaft zu den unterschiedlichen Olivenbäumen an. Rund 30 Arten (von weltweit gut 600) gibt es in der Gardaseeregion. Und wer in der Zeit zwischen Ende Oktober und Mitte Dezember einmal bei der Olivenernte dabei sein möchte, der knüpft bei Redoro den Kontakt. Dann muss man auf einen Anruf warten und los geht's! Allerdings kann der Anruf sehr kurzfristig kommen. Manchmal geht es nur um ganz wenige Tage, nämlich die idealen Tage für die Ernte. Wann der genaue Zeitpunkt ist, kann oft erst kurz vorher festgelegt werden.

www.redoro.it

WISSENSWERTES ÜBER DIE ZITRONEN VOM GARDASEE

Die Limonaie am Gardasee sind mehr als nur schöne Gewächshäuser: Ihretwegen war der See lange Zeit das nördlichste Anbaugebiet für Zitronen weltweit. Einst ein wichtiger Wirtschaftsfaktor in der Gardaseeregion, ist der Anbau jedoch längst zur Liebhaberei geworden, hätte doch eine Zitrone vom Gardasee heutzutage einen unbezahlbaren Marktpreis von rund 10 € – pro Stück, nicht pro Kilo. Warum das so ist, erklären Limonenbauern bei der Besichtigung der Stadt-Limonaia von Gargnano. Ein höchst informativer Rundgang mit Spezialisten!

Anmeldung im Sekretariat des Bürgermeisters, Tel. 0 36 57 98 87 info@comune.gargnano.bs.it

SPRACHAUSTAUSCH

In der Associazione La Corte in Val di Sabbia, rund 20 km vom See in Richtung Brescia, können Interessierte während zehn Tee-Sprachstunden dabei sein, wenn Italiener Deutsch lernen. Die Gruppen sind klein, die Kontaktmöglichkeiten groß. Und natürlich kann man in der Associazione in anderen Kursen gegen Gebühr auch selbst Italienisch lernen.

www.lacorteweb.it

WIRTSCHAFT

Die Gardaseeregion mit den Großstädten Verona und Brescia zählt zu den **wirtschaftlich starken Regionen Italiens**, in denen sich seit den 1950er-Jahren die Wirtschaft, die zunächst von Landwirtschaft und Handel geprägt war, innerhalb kurzer Zeit auf den Industrie- und Dienstleistungssektor umgestellt hat. Das Pro-Kopf-Einkommen in der Region steigerte sich in den letzten Jahren weiter. Während die Tourismusbranche an den Seen floriert, boomt in den städtischen Ballungsräumen die meist mittelständische Industrie. Heute ist fast die Hälfte der Beschäftigten in den Provinzen Brescia und Verona in der Industrie tätig, in der Provinz Trento sind es allerdings nur 20 %. Auf den Dienstleistungsbereich entfallen in der Provinz Brescia 15 %, in den Provinzen Verona und Trento jeweils 20 % der Beschäftigten.

Industrie

In **Verona** sind die Holzverarbeitung und Papierherstellung mit einer der größten Druckereien Italiens traditionell starke Gewerbe, aber auch die Metallindustrie mit Maschinen- und Waggonbau ist ein bedeutender Wirtschaftsfaktor. Daneben spielen chemische und pharmazeutische Betriebe eine wichtige Rolle, zudem hat die Nahrungsmittelindustrie wirtschaftlich Gewicht.
In den letzten Jahrzehnten konnte Verona seine Handelsfunktionen im **Messebereich** ausbauen. Neben der internationalen Landwirtschaftsmesse mit einer großen Landmaschinenschau beherbergt Verona auch den internationalen landwirtschaftlichen Großmarkt für Venetien, außerdem hält es die internationale Weinmesse Vinitaly und eine große Pferdemesse ab.
Die traditionsreiche Seidenindustrie in Rovereto hat sich inzwischen auf die Herstellung und Verarbeitung von Fasern verlegt, daneben haben Tabak- und Lederindustrie noch Bedeutung. In Toscolano am Gardasee, in der Nähe des seit dem Mittelalter berühmten Papiermühlentals, befindet sich noch **eine der letzten großen Papierfabriken** der Marchi-Burgo-Gruppe mit rund 400 Arbeitsplätzen. Vom Südufer des Gardasees bis hin nach Mantua beschäftigt die Textilindustrie in Strumpffabriken Tausende von Arbeitnehmern.
Gute Geschäfte machen auch immer noch die Steinbruchbesitzer zwischen Verona und dem Gardasee, wo der teure weiße und rosafarbene Veroneser Marmor gebrochen wird. Die Wirtschaftskraft von Brescia beruht in erster Linie auf Metallerzeugung und -verarbeitung, die im Umland ergänzt wird durch zahlreiche Produzenten von Elektrostahl. Maschinen- und Fahrzeugbau sowie die Textilindustrie sind weitere Branchen.

Landwirtschaft

Während Goethe noch das »Land, wo die Zitronen blühen«, pries, hat der Zitrusfrüchteanbau, der vom 16. bis zum 19. Jh. am Gardasee sehr einträglich war, heute keine Bedeutung mehr (▶Baedeker Wis-

Die berühmten Limonaie

Goethe schwärmte vom »Land, wo die Zitronen blühen«. Und über die Gardasee-Zitrone selbst, die einst am Lago gedieh und ihn als »Garten Italiens« berühmt machte, heißt es: »Gott mag die Zitrone erschaffen haben, doch es war der Conte Carlo Bettoni-Cazzago, der ihr Saft und Kraft verlieh«. Saft und Kraft erhielten sie in den Gewächshäusern.

Zitrusfrüchte hatten schon die Römer an den Gardasee gebracht. In der Renaissance waren die Bäumchen mit den leuchtend gelben Früchten **beliebte Ziergewächse** in geometrisch angelegten Gärten.

Einen kommerziellen Anbau gab es wegen der häufigen Nachtfröste aber nicht, bis Ende des 18. Jh.s der in Bogliaco ansässige Conte Carlo Bettoni-Cazzago das **Treibhaus** für Zitronen erfand. 1768 gründete er in Salò eine Agrarakademie und widmete sich dort der Erforschung des Zitronenanbaus. Mit Erfolg: An den Westhängen oberhalb von Bogliaco ließ er das Gelände terrassieren und im Abstand von vier Metern in der Länge und fünf Metern in der Breite bis zu zehn Meter hohe Pfeiler in den Boden setzen. Auf jeder 20 m² großen Fläche, den sogenannten **Campi**, wurden drei Bäume hintereinander gepflanzt. Um für die Pflanzen, die viermal im Jahr blühen und Früchte tragen, ganzjährig ein günstiges Klima zu schaffen, wurden die Seiten- und Rückwände der Zitronenhäuser mit Holzbalken geschlossen. Im Winter erhielten sie zusätzlich noch Dächer aus Holz, Glas oder Schilf. Bis zum Ende des 18. Jahrhunderts entstanden Tausende solcher **Limonaie**. In Spitzenzeiten wurden bis zu sechs Millionen Früchte im Jahr geerntet.

Das Aus der Limonaie

Letzlich war es die **Sizilien-Zitrone**, die dem Gardasee-Gewächs den Garaus machte. Nach 1870, als ganz Italien in einem Königreich vereint war und Grenzen und Schutzzölle weggefallen waren, konnte Sizilien billigere Produkte auf den Markt bringen. Das endgültige Aus kam dann kurz vor Ende des Ersten Weltkriegs. Die italienische Regierung beschlagnahmte die Holzwände der Gewächshäuser, um Baracken für die italienische Armee zu bauen. Während des besonders harten Winters 1928/1929 erfroren dann so gut wie alle Zitronenbäume am Gardasee. Heute gibt es nur noch wenige Limonaie; in Gargnano stehen die Reste unter **Denkmalschutz**, in Tignale und Limone wurden einige Gewächshäuser rekultiviert.

sen S. 23). Dagegen hat sich die **Olivenölherstellung** stets als profitabel erwiesen (►Baedeker Wissen S. 142, 184). Nach wie vor ist bei der Produktion sehr viel Handarbeit erforderlich, um aus 10 kg Oliven ca. 1,5 l des begehrten »olio extra vergine di oliva« zu pressen, jenes unter Feinschmeckern und Gesundheitsbewussten so beliebte hochqualitative Öl. Rund 300 000 Olivenbäume gibt es an der Ostseite und rund 400 000 Olivenbäume an der Westseite des Gardasees.
Auch traditionelle Sektoren wie **Getreide-, Obst- und Gemüseanbau** sowie Milchwirtschaft und Käseproduktion sind von Bedeutung: Immerhin sind noch 25 % der Beschäftigten in der Provinz Verona, 20 % in der Provinz Trento und 5 % in der Provinz Brescia in der Landwirtschaft tätig.

Weinanbau

Mit einer Produktionsmenge von ca. 2,8 Mio. Hektolitern Wein ist die Provinz Verona **das ertragreichste Weinanbaugebiet im Veneto**. Von den Haupterzeugnissen Soave, Valpolicella und Bardolino werden etwa 10 % als Qualitätsweine mit dem Prädikat DOC eingestuft.
Rund ein Viertel der 2,2 Mio. Hektoliter Jahresproduktion der **Lombardei** wird auf den Moränenhügeln im Südwesten und Süden des Gardasees erzeugt, mit Schwerpunkt auf dem weißen Lugana und dem roten Groppello.
Ansprechende Weine und hervorragende Schaumweine werden in der **Franciacorta** am Lago d' Iseo gekeltert. In der vom **Mincio** durchflossenen Hügellandschaft wachsen die Trauben des weißen Bianco di Custoza. Im südwestlichen Moniga ist das Herstellungszentrum des Roséweins Chiaretto und aus der Umgebung von Puegnago del Garda stammt der Rosso Riviera.
Zunehmender Beliebtheit erfreuen sich mittlerweile zwei schwere Rotweine, die im Norden des Gardasees erzeugt werden: Teroldego und Marzemino.

Fischerei

Jahrhundertelang hatten etliche Gardaseeanrainer durch den Fischfang eine Existenzgrundlage. Im 19. Jh. waren Garda, Sirmione und Porto Portese die Zentren der Gardaseefischerei. Heute gibt es nur noch rund **30 hauptberufliche Fischer**, hauptsächlich in Garda und Gargnano, andere profitieren als Eigner oder Angestellte von den Fischfarmen, die Gardaseeforellen züchten. Der Fischbestand im See geht zurück, während sich die Nachfrage durch Touristen erhöht. Die meisten Forellen stammen heute aus Zuchten im Trentino.

Energieversorgung

Der Wasserreichtum der Region wird seit 1930 in großem Maßstab energetisch genutzt, als der vom Chiese durchflossene Lago d' Idro eine 3 m hohe Staumauer erhielt, um den See zu einer Fläche von 1410 ha aufzustauen. Das Nutzvolumen beträgt 76 Mio. m³. Ein 1962 errichteter, 288 m langer Damm riegelt den Stausee Santa Maria

Valvestino ab. Er hat eine Fläche von 101 ha und ein Nutzvolumen von 52 Mio. m^3. Das Ponale-Kraftwerk bei Riva ist durch drei Druckleitungen mit dem 55 m höher gelegenen Lago di Ledro verbunden, der als Speicherbecken für den Gardasee dient.

Abwasserentsorgung

Jahrzehntelang gingen die Abwasser der Seegemeinden ungeklärt in den Gardasee, der wiederholt wegen seiner schlechten Wasserqualität als Badesee in Verruf kam. 1993 wurde endlich der 120 km lange Ringkanal verbessert und geschlossen, der die Abwasser in eine **Kläranlage** am Mincio bei Peschiera führt.

Tourismus

Der Tourismus ist eine **tragende Säule der Wirtschaft** im Seengebiet. 6,4 Millionen Urlauber kommen jedes Jahr an den Gardasee, wo etwa 1000 Hotels mit rund 55 000 Betten, 100 Apartmentanlagen mit einer Kapazität von 3000 Betten und 130 Campingplätze für 26 000 Wohnmobilisten, Zelt- und Caravanfreunde bereitstehen. **Zwei Drittel der Besucher kommen aus dem Ausland**, davon gut drei Millionen jährlich aus Deutschland. Zwar ist der Gardaseeraum traditionell ein Fremdenverkehrsziel, aber erst nach dem Ersten Weltkrieg begann der Tourismus im größeren Stil; mit dem zunehmenden Auto- und Busreiseverkehr nach dem Zweiten Weltkrieg erfuhr er einen weiteren Aufschwung. Ende der 1950er-Jahre setzte mit dem steigenden Wohlstand nach und nach auch der inneritalienische Tourismus ein. Heute ist in den Monaten Juli und August, wenn die Italiener während des »ferragosto« zeitgleich mit ausländischen Gästen am Gardasee Urlaub machen, die Region völlig überfüllt, mit allen negativen Begleiterscheinungen wie Staus, Lärm und vollen Lokalen. Vermehrt werden die Seen wegen ihres Klimas auch im Winter aufgesucht, wenngleich viele Hotels und Gaststätten dann geschlossen sind.

Geschichte

DAVILA HISTORIA DI FRANCIA PARTE II.
GUICCIARD ISTORIA D' ITALIA T. I
GUICCIARD ISTORIA D' ITALIA T. II.

Zwischen vielen Interessen

Von den Pfahlbaudörfern der ersten Seebewohner zu den Römern in Verona, den Stadtrepubliken im Mittelalter und den mondänen Ferienorten der ersten Feriengäste im 19. Jahrhundert: Herrscher, Konflikte, Einigungen und Entwicklungen rund um den Gardasee.

VORGESCHICHTE UND ANTIKE

2000 v. Chr.	Entwicklung eines Kulturraumes zwischen Desenzano und Lonato
1700 v. Chr.	Erste Pfahlbauten am Lago di Ledro
100 v. Chr.	Besiedlung durch die Ligurer im Westteil Norditaliens und durch die Veneter im Osten
2. Jh. v. Chr.	Römische Kolonialisierung
49 v. Chr.	Verleihung des römischen Stadtrechtes an Verona

Pfahlbaukultur

Durch das Gardaseegebiet und das Etschtal verlaufen **uralte Wegstrecken**, die Sammler und Jäger genauso nutzten wie später Heere und Kaufleute, um aus Nordeuropa nach Oberitalien oder von der Adriaküste über die Po-Ebene weiter nach Westen zu ziehen. Die alpinen Täler weisen zwar ältere Siedlungsspuren auf, z. B. im Valcamonica nordwestlich des Gardasees, doch im engeren Gardaseegebiet sind Pfahlbautenfunde, die auf Sesshaftigkeit der Seebewohner schließen lassen, erst um das Jahr 2000 v. Chr. nachweisbar, und zwar in der Nähe von Malcesine, im Tennotal und am Ledrosee, wo ein Pfahlbaudorf aus der Zeit um 1700 v. Chr. ausgegraben und zum Teil rekonstruiert wurde. Zwischen 2000 und 1500 v. Chr. entwickelte sich zwischen Desenzano und Lonato ein Kulturraum, in dem Handel über die Wasser- und Landwege betrieben wurde und im Rahmen bronzezeitlichen Hüttenwesens auch Dolche, Äxte und Wurfspitzen aus Metall hergestellt wurden.

Ligurer und Veneter

Um 1000 v. Chr. besiedelten die Ligurer, die nicht indogermanischer Abstammung waren, den Westteil Oberitaliens, während sich im Osten die Veneter niederließen. Ab dem 6. Jh. v. Chr. drangen von Süden her die Etrusker bis in das Gebiet des heutigen Mantua vor und streiften dabei auch den Gardaseeraum. Von Norden fielen mehrfach germanische Volksstämme in Oberitalien ein, ohne jedoch auf Dau-

Geschichte in Büchern verewigt und in der Kapitularbibliothek in Verona archiviert

er zu bleiben. Im Verlauf des 5. Jh.s v. Chr. wurden **Cenomanen** keltischen Ursprungs im Raum Brescia ansässig, die dank der günstigen Lage am Übergang der Alpen in die Po-Ebene die Siedlung der Kelto-Ligurer zu ihrer Hauptstadt ausbauten. Ihre **prorömische Haltung** vor allem während der Kriege zwischen Römern und Galliern im 3. Jh. v. Chr. führte im Rahmen der Eroberung Oberitaliens durch die Römer und der Gründung der römischen Provinz **Gallia Cisalpina** zu politischen und wirtschaftlichen Vorteilen, die Brixia, das heutige Brescia, unter Cäsar 49 v. Chr. den Rang eines mit römischem Bürgerrecht ausgestatteten Municipiums (Provinzstadt) einbrachten.

Römerstadt Verona

Im Verlauf des 2. Jh.s v. Chr. arrangierten sich auch die Veneter mit den neuen römischen Herren und unterstützten sie im Abwehrkampf gegen Cimbern und Teutonen, die 113 v. Chr. durch das Etschtal ins Römische Reich eingedrungen waren. Zur Belohnung erhielt das von Euganeern und Rätern gegründete Verona 89 v. Chr. den Status einer römischen Kolonie und 40 Jahre später das **römische Stadtrecht**. Zur Sicherung ihrer Herrschaft hatten die Römer bereits nach der Abwehr Hannibals im beginnenden 2. Jh. v. Chr. ein dichtes Straßennetz angelegt. Zunächst entstanden Heeresstraßen mit Militärstationen, die etwa eine Tagesreise auseinanderlagen und

Die ersten Siedler in der Gardaseeregion lebten in Pfahlbauten.

aus denen sich schnell blühende Siedlungen entwickelten. Vor allem Verona profitierte von seiner Lage an der Kreuzung der Via Galliena mit der Via Postumia und der Via Claudia Augusta, die Oberitalien mit den Reichsteilen im Norden, Osten und Westen verbanden. Von Veronas Bedeutung als **römisches Verwaltungs- und Handelszentrum** zeugen noch heute viele imposante Bauten aus der römischen Antike.

Christentum

Zunächst heftig verfolgt, war das Christentum seit dem Mailänder Toleranzedikt von Kaiser Konstantin im Jahr 313 gleichberechtigte Religion. In allen größeren Städten entstanden Bischofssitze, so auch in Brescia und Verona, wo der später heilig gesprochene Bischof Zeno (►Berühmte Persönlichkeiten) wirkte.

FRÜHES MITTELALTER

5. bis 9. Jh.	Im Zuge der Völkerwanderung fallen fremde Völker auch in Oberitalien ein.
493 – 526	Ostgotenreich unter der Herrschaft von Theoderich in Norditalien
568	Mit dem Verfall des Ostgotenreiches kommen die Langobarden nach Norditalien und romanisieren sich zum Ende des 7. Jahrhunderts.
Ende 8. Jh.	Der fränkische Herrscher Pippin zerschlägt das Reich der Langobarden.
9. Jh.	Am Ostufer bildet sich die Corte di Garda heraus, ein Gebiet mit eigener Gerichtsbarkeit.
Ab 888	Versuch der Errichtung eines italienischen Königreichs
951	Der deutsche König Otto I. besetzt Oberitalien und gliedert ein Jahr später die Mark Verona und den Gardasee in das Herzogtum Bayern ein.
962	Otto I. wird Kaiser des Heiligen Römischen Reichs.

Völkerwanderung

Im Verlauf der Völkerwanderung, vor allem vom 5. bis zum 9. Jh., kamen immer öfter fremde Völker über die Alpen und fielen in Oberitalien ein. 401 belagerte der Westgote Alarich mit seinen Kriegern Verona. Die Heere des Hunnenkönigs Attila suchten 452 Oberitalien heim und zerstörten dabei auch Verona. Erst durch das beherzte Eingreifen Papst Leos I., der sich mit Attila in Peschiera traf, zogen sich die asiatischen Reiterscharen zurück. Das Römische Reich, das bereits 395 in ein Oströmisches Reich mit der Hauptstadt Konstantinopel und ein Weströmisches mit der Hauptstadt Rom geteilt worden war, war immer weniger in der Lage, sich gegen Eindringlinge zu wehren. 476 schließlich setzte der Germanenfürst Odoaker den letzten weströmischen Kaiser ab und rief sich selbst zum **König von Italien** aus. Schon 493 wurde er im Auftrag Ostroms vom Ostgotenkönig Theoderich besiegt, der bis 526 ein **Ostgotenreich** in Italien regierte. Neben Ravenna wurde Verona als eine seiner Residenzstädte mit einem prächtigen Palast ausgestattet und entsprechend mit Privilegien beschenkt.

Langobarden Während das Ostgotenreich zusammenbrach, drangen ab 568 die aus Pannonien (Ungarn) kommenden Langobarden unter ihrem Führer **Alboin** nach Norditalien vor. Die »Langbärte«, die auch der Region Lombardei ihren Namen gaben, konnten sich auf längere Zeit in Nord- und Mittelitalien festsetzen. Alboin residierte zunächst in Verona, bis Pavia zur Hauptstadt des Königreichs wurde, während sich in Brescia der Sitz eines Herzogtums befand. Die Langobarden verteidigten ihr Land gegen Angriffe von Fremdvölkern, bauten die in den Gotenkriegen zerstörten Städte wieder auf und übernahmen die alten Verwaltungsstrukturen und die Religion der einheimischen Bevölkerung. Durch die Heirat von König Autharis mit der bayerischen Herzogstochter Theodelinde wurden enge Beziehungen zu Bayern nördlich der Alpen geknüpft. Ende des 7. Jh.s war der langobardische Adel sprachlich und kulturell romanisiert.

Franken Konflikte erwuchsen den expansionslustigen Langobarden jedoch mit den um ihren Einfluss fürchtenden Päpsten. Deren Absichten werden an einer der **berühmtesten Fälschungen der europäischen Geschichte** deutlich: Zwischen 750 und 760 stellten päpstliche Schriftgelehrte Urkunden einer nie stattgefundenen Schenkung Kaiser Konstantins an den Papst Silvester her. Diese sollten beweisen, dass der Papst vom römischen Kaiser Konstantin die Stadt Rom sowie die Westhälfte des Imperiums geschenkt bekommen habe. Unter Berufung auf diese Dokumente rief der Papst 754 den Frankenkönig Pippin zu Hilfe. In verschiedenen Feldzügen zwang Pippin die eigentlich befreundeten Langobarden zu Gebietsabtretungen an den Papst, die als **Pippinsche Schenkung** in die Geschichte eingingen und zur Errichtung des Kirchenstaates führten. Die endgültige Zerschlagung des Langobardenreichs unter König Desiderius erfolgte durch Pippins Sohn Karl den Großen, der sich 774 in Pavia die Eiserne Krone der Langobarden aufsetzte. Im Zug einer Verwaltungsreform wurde dann die Markgrafschaft Verona errichtet, um die Italienzüge der

Huldigungen für Kaiser Otto II.

fränkischen Herrscher zu sichern. Mit der **Kaiserkrönung** in Rom im Jahr 800 erreichte Karl der Große den Höhepunkt seiner Macht.

Berengar I.

In der Folgezeit blieb der Gardaseeraum weitgehend sich selbst überlassen. Am Ostufer des Sees hatte sich deshalb im 9. Jh. ein Gebiet mit eigener Gerichtsbarkeit herausgebildet, die **Corte di Garda**, um sich von der Vormundschaft Veronas zu lösen. Durch die lange Abwesenheit einer ordnenden Zentralgewalt kam es immer häufiger zu kriegerischen Auseinandersetzungen zwischen rivalisierenden Vasallenfürsten in der Region. Erst unter Berengar I., der sich in der Nachfolge der Langobardenherrscher zum italienischen Nationalkönig berufen sah, wurde ab 888 der Versuch unternommen, ein italienisches Königreich zu errichten. Dieses war jedoch nur von kurzer Dauer, denn die Burgunder, die selbst ein Königreich in der Nachbarschaft zu Berengar errichtet hatten, intervenierten, und Berengar wurde 924 in Verona ermordet.

Mark Verona

Zur Wiederherstellung der Ordnung wurde der deutsche **König Otto I.** nach Italien gerufen, der 951 Oberitalien besetzte und 952 die Mark Verona mitsamt dem Gardasee in das Herzogtum Bayern eingliederte. Durch seine Kaiserkrönung in Rom im Jahr 962 fiel Otto I. auch die Oberhoheit für ganz Italien zu, das er fortan als Kaiser des Heiligen Römischen Reichs regierte. Die folgenden deutschen Herrscher betrachteten die Mark Verona meist nur als Durchzugsgebiet auf dem Weg zur Kaiserkrönung in Rom. Zwar hielt auch **Otto II.** im Jahr 976 einen glanzvollen Reichstag in Verona ab, doch unter dem früh verstorbenen **Otto III.** und besonders unter seinem Nachfolger **Heinrich II.** verfiel die Region dann wieder in geradezu selbstzerstörerische Kämpfe zwischen rivalisierenden Adelsparteien um lokale oder regionale Machtzentren und Einflussbereiche. Einzig die Bischöfe von Verona, die im 11. Jh. fast ausschließlich dem deutschen Hochadel entstammten, hielten die Reichsfahne aufrecht.

DIE STADTREPUBLIKEN

1075 – 1122	Investiturstreit
11./12. Jh.	Soziale Spannungen und Erstarken des Bürgertums
1107	Verona wird selbstständige Kommune.
1154	Kaiser Barbarossa erscheint in Oberitalien und versucht den Städten Rechte zu entziehen.
1163/1164	Die Veroneser Liga leistet Widerstand gegen den Kaiser.
1183	Frieden von Konstanz

Konflikt Kaiser – Papst

Das Machtvakuum, das die deutschen Könige und Kaiser im 11. Jh. in Oberitalien hinterlassen hatten, nutzten vor allem die Städte zu

ihrem Vorteil. Dabei kam zunächst dem **Bischof** eine wichtige parteischlichtende und verwaltungsordnende Funktion zu, denn traditionell waren die Städte des Reiches zugleich Bischofssitze, und die Bischöfe waren von Anfang an als geistige Elite nicht nur Träger der geistlichen Gewalt, sondern übten auch weltliche Autorität mit allen Rechten aus.
Die deutschen Herrscher stärkten in der Regel die Macht der Bischöfe und verliehen ihnen häufig die weltliche Lehnshoheit über Städte und Territorien, verbunden mit Aufgaben in der Reichsverwaltung, aber auch mit zahlreichen Privilegien. Die Einbindung der geistlichen Macht in die Reichsverwaltung war auch insoweit vorteilhaft, als der deutsche Herrscher maßgeblich auf die Einsetzung der Bischöfe (Investitur) Einfluss nehmen konnte. Allerdings dauerte es nicht lange, bis es zum offenen Konflikt mit dem Papst kam, der sich im **Investiturstreit** (1075 – 1122) entlud und erst mit dem Wormser Konkordat beigelegt werden konnte.

Erstarken des Bürgertums

Während Papst und Kaiser stritten, kam es überall in den Kommunen Oberitaliens im 11. und 12. Jh. zu sozialen Spannungen. Durch Handel und Gewerbe sowie durch die Kreuzzüge waren die Städte wirtschaftlich erstarkt. Neben dem Adel war eine neue Bevölkerungsschicht entstanden: das **Bürgertum** (Boni homines). Dazu zählten Kaufleute, Gewerbetreibende, Handwerker und die Judices und Notarii, juristisch Gebildete. Im Lauf der Zeit wuchsen deren Stellung und Interesse nach mehr Unabhängigkeit. Sie verbündeten sich mit dem niederen Adel (Valvassores), der gegen den erklärten Willen des hohen Adels (Capitanei) und der hohen Geistlichkeit die Erblichkeit seiner Lehen durchzusetzen versuchte. Der um Vermittlung gerufene Kaiser Konrad II. stellte sich auf die Seite der Valvassoren und erklärte die Lehen des niederen Adels 1037 für erblich.

Pataria

Für Unruhe sorgte auch die Pataria, eine von Mailand 1056 ausgehende, auf die Lombardei übergreifende **Volksbewegung**, die zunächst religiös, später auch politisch revolutionär war und das Regiment der – vom Kaiser eingesetzten – hohen Geistlichkeit und des Stadtadels sowie kirchliche Missstände wie Priesterehe und Käuflichkeit kirchlicher Ämter bekämpfte. Das Papsttum unterstützte nur zeitweilig die Reformbewegungen, die im 12. Jh. in der Person des Arnold von Brescia (um 1100 – um 1155) wieder aufflammten, der für das christliche Armutsideal und gegen die weltliche Herrschaft der Päpste predigte.

Entstehen der Stadtrepubliken

Die Gewinner dieser Zwistigkeiten waren die Städte. Im Versuch, sie auf die Seite der einen oder anderen Partei zu ziehen, wurden ihnen nach und nach wichtige Zugeständnisse gemacht und **weltliche Rechte** (Zölle, Gerichte, Markt-, Hafen-, Münzrechte) überlassen.

Am Ende dieser Entwicklung waren aus den einstigen Bischofsstädten autonome Stadtrepubliken (Comune) mit eigenen Selbstverwaltungsorganen geworden. In vielen Städten wurden in Anlehnung an die römisch-antike Tradition Konsuln gewählt, die eigentlichen politischen Leiter der Comune. Als engerer Ausschuss bildete sich der Rat mit 500 bis 1000 Mitgliedern. Ein gewählter **Podestà**, der zur Garantie seiner Unabhängigkeit aus einer anderen Stadt kommen musste, hatte für sechs bis zwölf Monate die **Polizeigewalt** inne. Es gab einen öffentlich überprüfbaren Rechnungsverwalter. Als zunehmend auch die unteren Volksschichten Einfluss gewannen, erhielten diese ihren eigenen Vertreter, den Capitano del Popolo. In Verona war dieser Prozess 1107 abgeschlossen, sodass sich die Stadt als freiheitsbewusste, selbstständige Kommune verstand.

Staufer und Stadtrepubliken

Aufgrund langer Abwesenheit der deutschen Herrscher waren die Stadtrepubliken mächtig geworden und beschränkten ihren Machtanspruch nicht mehr nur auf die Verwaltung des Stadtgebietes, sondern auch auf das für die Versorgung **wichtige agrarische Umland**, den Contado. Das führte zu heftigen Auseinandersetzungen mit den Nachbarkommunen, die man mit Hilfe wechselnder Bündnispartner zu besiegen versuchte.

Nachdem der Staufer **Friedrich I. Barbarossa** (1151 – 1190) die Krone in Deutschland übernommen hatte, wollte er die kaiserliche Autorität sowohl gegenüber dem Papst als auch gegenüber den Stadtrepubliken wiederherstellen. Unter dem Vorwand, für Ordnung sorgen zu wollen, erschien **Barbarossa 1154 in Oberitalien**. Seine Absicht war, von den Städten all jene Rechte (Regalien) zurückzuverlangen, für deren Besitz sie keine urkundlichen Belege nachweisen konnten. Die Kommunen waren gespalten: Mächtige Städte wie Mailand erlaubten sich eine radikale antikaiserliche Politik, andere, meist kleinere Städte, versprachen sich von einer kaiserfreundlichen Haltung Unterstützung in ihrem Kampf gegen Nachbarkommunen, deren Machthunger nicht zu ignorieren war. Zunächst wurde die Auseinandersetzung vor Gericht geführt. Eine Wende brachte das Jahr 1162: Friedrich belagerte Mailand, die Stadt musste schließlich kapitulieren und wurde dem Erdboden gleichgemacht. Nun sammelten sich die Gegner, sie wurden auch vom Papst unterstützt. Schon zuvor hatten die kleineren Orte wie Garda und Torri am Ostufer des Gardasees dem Druck des Kaisers widerstanden, in der Vero-

> **? BAEDEKER WISSEN**
>
> *Lacus Benacus*
>
> In der Antike hieß der Gardasee Lacus Benacus. Der heutige Name des Lago leitet sich von der Burg von Garda ab. Die Bezeichnung Garda wiederum lässt sich sowohl vom germanischen Wort »wardon« (»Warte«) als auch vom italienischen »guardare« erklären, was so viel wie »Ausschau halten« bedeutet. Beide Bezeichnungen meinen also das Gleiche.

neser Liga hatte sich 1163/1164 weiterer Widerstand formiert. 1167 gelang es dann einem kirchlichen Gesandten, die bisher uneinigen Städte im Kloster von Pontida (bei Bergamo) in der ersten Lombardischen Liga (Lega Lombarda) gegen die Staufer zusammenzuführen. Mit vereinten Kräften wurde dem kaiserlichen Heer in der Schlacht von Legnano 1176 eine vernichtende Niederlage beigebracht.

Auch in weiteren Feldzügen gelang es Friedrich I. nicht, die in **Städtebünden** organisierten Kommunen zu besiegen. Im Frieden von Konstanz 1183 musste er den Städten ihr Recht auf freie Wahl der Konsuln sowie die Regalien innerhalb der Stadtmauern garantieren. Kaiser Heinrich VI. gewährte den Gardaseegemeinden sogar gewisse Privilegien, wenngleich er Interessensphären der Städte respektierte, indem er den Norden des Gardasees Trient zusprach, den Osten Verona und den Südwesten Brescia. 1193 wurden den Kommunen Garda, Torri und Albisano besondere Fischerei- und Holzrechte gewährt, die sie noch heute besitzen.

UNTERGANG DER STADTREPUBLIKEN

Ende 13. Jh.	Die Signorien setzen ihre Gewaltherrschaft durch.
1277 bis 1387	In Verona herrscht die Familie della Scala, die 1387 von den Mailänder Visconti abgelöst wird.

Rivalitäten

In den Städten wie Brescia und Verona kehrte dennoch keine Ruhe ein, da nun Kämpfe zwischen **rivalisierenden Familien** ausbrachen. Diese waren, je nachdem wem sie ihre Privilegien verdankten, in Ghibellinen (kaiserliche) oder Guelfen (päpstliche) sowie in Popolaren oder in die führenden Patrizierfamilien und den Stadtadel gespalten. Ihre Kriege zerstörten die Grundlagen der Stadtrepubliken; an die Stelle der Kommunen traten die **Signorien**.

Zeugen dieser unruhigen Zeiten sind noch heute die Reste von Geschlechtertürmen, dicht nebeneinander stehende Türme von wehrhaften Stadtpalästen, die den Familien bei ihren Fehden als Zufluchtsort dienten.

Signorie

Die Signorie war eine zunächst befristete Herrschaft eines kriegserprobten Stadtherrn, eingesetzt in der Hoffnung, die streitenden Parteien auseinanderzuhalten. Die Inhaber dieser **Gewaltherrschaft** auf Zeit nutzten jedoch ihr Amt zum persönlichen Machterwerb, und gegen Ende des 13. Jh.s hatten sich in mehreren Kommunen einzelne Familien durchgesetzt, die sich zu Dynastien entwickelten. Um ihre Position zu sichern, bedienten sich die Signori aller Mittel, von Gewalt, Mord und Krieg über Diplomatie bis zur prachtvollen Hofhaltung.

Ezzelino da Romano

In **Verona** hatte zunächst Ezzelino da Romano (▶Berühmte Persönlichkeiten), der wegen seiner Grausamkeit berüchtigte Schwiegersohn Kaiser Friedrichs II., 1236 die Alleinherrschaft übernommen. Der Anführer der Ghibellinenpartei führte ein furchterregendes Regiment bis zu seinem Tod 1259.

Mastino I. della Scala

Aus den Wirren um die Nachfolge ging schließlich Mastino I. della Scala siegreich hervor. 1259 übernahm er das Amt des Podestà, 1262 wurde er auch Capitano del Popolo und organisierte den Kampf der von den Zunftvorstehern regierten Kommune gegen die Guelfen, bis er 1277 von Verschwörern ermordet wurde. Durch geschicktes Paktieren mit der Lagunenstadt Venedig, der er Märkte und Transportwege Veronas zur Nutzung überließ, konnte er den wirtschaftlichen Aufschwung seiner Stadt fördern.

Alberto della Scala

Die Bürger dankten es Mastino, indem sie auch seinen Bruder Alberto della Scala zum Stadtherrn machten. Dieser ließ alle seine Gegner beseitigen, um zwischen 1277 und 1301 die Herrschaft der aus bescheidenen Verhältnissen stammenden della Scala (ital. Scaligeri = Skaliger) auf Dauer zu sichern. Er umgab sich mit einem Hofstaat, arrangierte sich jeweils mit Papst, Kaiser und Venedig, sodass er seinem Sohn **Bartolomeo** ein geordnetes Haus hinterlassen konnte, der jedoch schon 1303 verstarb, aber in Shakespeares »Romeo und Julia« verewigt wurde (▶Baedeker Wissen S. 264).

Bartolomeos Nachfolger war Alboino della Scala. Von diesem übernahm **Cangrande I. della Scala** (▶Berühmte Persönlichkeiten) die Alleinherrschaft in Verona von 1311 – 1329, nachdem er bereits seit 1308 sein Mitregent war. Unter ihm wandelte sich die Stadtrepublik zu einem Flächenstaat, in den Vicenza, Feltre, Belluno, Padua und Treviso einverleibt wurden. Zugleich sicherte sich Cangrande seine Macht, indem er sich von Kaiser Heinrich VII. im Jahr 1311 das Amt eines Reichsvikars erkaufte, um sich dann in alle oberitalienischen Streitigkeiten einzumischen. Ab 1318 führte er als Generalkapitän den lombardischen Ghibellinenbund an.

Die Familie della Scala führte eine Leiter in ihrem Wappen.

Zeugnis aus der Zeit der Familie della Scala: Ponte Scaligero in Verona

Der Nachfolger Cangrandes I. wurde sein Neffe **Mastino II. della Scala**. Dieser führte die Expansionspolitik mit der Eroberung von Brescia, Parma und Lucca fort, geriet aber in politische Schwierigkeiten, als er sich auch mit Venedig und Florenz anlegte. Die Großmächte wiesen ihn durch einen aufgezwungenen Friedensvertrag 1338 in seine Schranken, sodass bei seinem Tod 1351 das Herrschaftsgebiet wieder stark geschrumpft war: Letztendlich zählten nur noch Verona und Vicenza dazu.

Cangrande II. della Scala, Cansignorio della Scala

Unter dem tyrannischen Cangrande II. della Scala, der von 1351 bis 1359 regierte, setzte sich der **allmähliche Niedergang der Dynastie** fort. Die anschließende Regierungszeit von Cansignorio (1359 bis 1375) war eine Mischung aus Schreckensregiment und letzter veronesischer Kunstblüte im Mittelalter. Das wehrhafte Castelvecchio wurde unter ihm höfisch ausgestaltet; hierzu leisteten die Maler Turone und Altichiero einen wichtigen Beitrag.

Bartolomeo und Antonio della Scala

Nur wenig Glanz überstrahlte noch die Herrschaft von Bartolomeo und Antonio della Scala, der beiden unehelichen Söhne Cansignorios. Im Juli 1381 wurde Bartolomeo von seinem Bruder Antonio ermordet, und dieser begann die Bewohner seines Territoriums regelrecht auszuplündern, um seinen **luxuriösen Lebenswandel** zu finanzieren. Daraufhin gingen die einflussreichsten Familien Veronas nach Mailand ins Exil und baten Bernabò Visconti, den Stadtherrn von Mailand, der mit einer Tochter Mastinos II., Regina della Scala, verheiratet war, die Ordnung in Verona wiederherzustellen. Am 19. Oktober 1387 besetzten die Mailänder Verona, und Antonio della Scala starb kurze Zeit später auf der Flucht.

Herrschaft der Visconti

Nach dem Untergang der Dynastie der della Scala besserten sich die Verhältnisse in Verona allerdings nicht, denn die Visconti gebärdeten sich noch gewalttätiger als ihre Vorgänger. Als Venedig sich dann anschickte, den Machtgelüsten der Visconti Einhalt zu gebieten und sich von der Lagune aus ins Hinterland auszudehnen begann, erkannten auch die Veroneser die Gunst der Stunde und unterwarfen sich der Serenissima, mit der sie immer schon gute Geschäfte gemacht hatten.

UNTER VENEZIANISCHER HERRSCHAFT

1405 – 1797	Verona steht unter der Schutzherrschaft Venedig.
1437	Mailand besetzt Riva.
1439	Seeschlacht der Mailänder und Venezianer bei Maderno
1796	Napoleon zieht in Brescia und Verona ein; im Zuge des Friedensschlusses wird die Gardaseeregion neu verteilt.

Venezianische Zeit

1405 kam Verona unter die Schutzherrschaft der Republik des heiligen Markus. Die Stadt blieb dort bis 1797, also fast 400 Jahre. Auch die Stadt Brescia unterwarf sich 1426 freiwillig den Venezianern.

Konflikt zwischen Venedig und Mailand

Die Ausdehnung der Seerepublik Venedig auf das Festland verlief nicht ohne kriegerische Auseinandersetzungen mit den Nachbarn, vor allem mit dem Herzogtum Mailand. Der Konflikt spitzte sich zu, als die Mailänder 1437 Riva besetzten und im folgenden Jahr auch vor die Mauern von Brescia rückten. Venezianische Einsatztruppen konnten nur den Weg über den Gardasee nehmen, dort aber hatten die Mailänder in Riva eine kleine Flotte bauen und auch den Südzugang zum See versperren lassen. In der Not kam Venedig auf die unglaubliche Idee, seine **Kriegsschiffe über das Gebirge zu transportieren**, um sie an der Nordspitze des Sees bei Torbole zu Wasser zu lassen. Tatsächlich zogen rund 2000 Ochsen sechs Galeeren, zwei Galeonen und 26 Kriegsbarken über einen in den Fels gesprengten Weg unter Verwendung von gefällten Bäumen als Rollen.
Als es am 20. November 1439 zur Seeschlacht auf dem Gardasee bei Maderno kam, siegten zunächst die Mailänder, doch konnten die Venezianer durch den Bau von neuen Schiffen in den Wintermonaten die Schmach wettmachen und am 10. April 1440 vor dem Hafen von Riva die mailändische Flotte zerstören. Bis 1521 regierten die Venezianer in Riva, dann ging der Ort an den Kaiser verloren und wurde dem Fürstbistum Trient zugeschlagen.

Herrschaft der Serenissima Die im Herrschaftsbereich Venedigs verbliebenen Städte Verona und Brescia sowie die Gardaseeorte durchlebten fortan eine friedliche Zeit, denn die Serenissima stand in dem Ruf, eine »Herrschaft der sanften Hand« unter Wahrung der lebenswichtigen **Handelsinteressen** auszuüben, wozu auch der Ausbau Veronas zu einer Festungsstadt zählte. Am Monte Baldo wurde dank des reichlichen Weidelandes im 16. Jh. die Schafzucht auf über 50 000 Tiere ausgedehnt. 1517 wurde sogar ein altes Privileg der Judicaria Gardense aus karolingischer Epoche und des Capitanato del Lago von 1193 wiederbelebt. Dies führte zur Vereinigung der Gardaseeorte zur **Gardesana dell' Acqua** mit dem Ziel, den beträchtlichen Schmuggel über den See vom Monte Baldo zum Westufer zu bekämpfen. Der Doge verlieh Torri das Privileg als Hauptort dieser Schutzgemeinschaft.

Napoleon in Oberitalien Diese politischen Verhältnisse änderten sich erst mit der Eroberung Oberitaliens durch Napoleon, der 1796 in Brescia und Verona einzog und von vielen mit großem Jubel empfangen wurde. Im Friedensschluss von Campo Formio fiel das westliche Ufer des Gardasees zusammen mit der Lombardei, dem Veltlin, den Stadtstaaten Bologna, Ferrara, Modena und Reggio an die von Napoleon neu gegründete **Republik Cisalpina** mit Mailand als Hauptstadt, während das Ostufer des Gardasees mit Verona Österreich angegliedert wurde.

NAPOLEON, HABSBURGER UND DIE NATIONALE EINIGUNG ITALIENS IM 19. JAHRHUNDERT

1801/1802	Ausrufung der italienischen Republik
1804	Umwandlung der Republik in ein Königreich
1814/1815	Lombardei und Veneto fallen an Österreich.
1859	Schlacht von Solferino; Umverteilung der Gardaseeregion
1861	Vittorio Emanuele II. nimmt den Titel König von Italien an.
1870	Rom wird Hauptstadt des italienischen Nationalstaates.

Königreich Italien Die Cisalpinische Republik wurde 1801/1802 in eine italienische Republik und, nachdem Napoleon Bonaparte sich 1804 zum Kaiser gekrönt hatte, zum Königreich Italien umgewandelt. Nun mussten auch die österreichischen Gebiete wieder an die Republik abgetreten werden. Das Land erhielt in diesem Zuge eine **eigene Verfassung**, die sich an die der französischen Republik von 1795 anlehnte, u. a. wurde die Pressefreiheit gewährt. Die Staatsgewalt wurde in Legislative und Exekutive getrennt, die Souveränität des Volks und die Gleichheit der Bürger garantiert. Napoleon führte auch die Präfekturen ein und schuf damit die Verwaltungsgebiete, die heute noch existieren.

Restauration, Risorgimento

Nach dem Sturz Napoleons entschied der Wiener Kongress 1814/1815, die Lombardei und das Veneto an Österreich zurückzugeben. In den folgenden Jahren wurde Verona unter den Habsburgern zu einer mächtigen Festung ausgebaut, um zusammen mit Mantua, Peschiera und Legnago als nordöstlicher Eckpfeiler ihres berühmt-berüchtigten Festungsvierecks zu dienen.
Die Restauration der alten Feudalordnung in Oberitalien brachte der **nationalen Einigungsbewegung** einen enormen Zulauf. Mailand wurde das intellektuelle Zentrum des Risorgimento, der nationalen Einigungsbewegung Italiens, die unter anderem von Giuseppe Garibaldi (1807 – 1882) und von dem liberalen Staatsmann Graf Camillo Cavour (1810 – 1861) vorangetrieben wurde, der seit 1852 Ministerpräsident des Königreichs Sardinien-Piemont war. Das politisch-militärische Organisationszentrum lag in Turin, der Hauptstadt des benachbarten, aber bis zu dem Zeitpunkt im Wesentlichen nach Frankreich orientierten savoyardischen Königshauses.
Während der europaweiten Revolution von 1848 wurden jedoch die **Volkserhebungen in Oberitalien** von den Habsburgern blutig niedergeschlagen. In Brescia hatte der 22-jährige Tito Speri 1849 in einer Einzelaktion während der sogenannten Dieci Giornate, der leidvollen »Zehn Tage«, den Habsburgern die Stirn geboten. Nach der Niederschlagung des Aufstandes durch General Haynau wurde Speri hingerichtet, und Brescia bekam den Ehrennamen Leonessa d‘ Italia – Löwin Italiens.

Darstellung einer Szene am Rand der Schlacht von Solferino

Schlacht von Solferino

1859 kam es zwischen der vereinigten italienisch-französischen Armee und den Österreichern zur Schlacht in der südlich des Gardasees gelegenen Hügelkette zwischen Solferino und San Martino della Battaglia. Dabei wurden modernste Waffen eingesetzt, die schreckliche Verwundungen der Soldaten zur Folge hatten. Diese Ereignisse veranlassten Henri Dunant, das **Rote Kreuz** zu gründen (►Baedeker Wissen S. 154). Im folgenden Frieden von Villafranca erhielt Frankreich die Lombardei, die es an das Königreich Sardinien-Piemont abtrat, während Österreich sein Festungsviereck sowie Venetien und das Trentino behielt.

Nationale Einigung Italiens

Am 14. März 1861 nahm schließlich **Vittorio Emanuele II.** von Sardinien-Piemont auf Beschluss des neu gewählten ersten italienischen Parlaments den Titel König von Italien an. Erst 1866, als Österreich im Krieg mit Preußen lag, konnte Napoleon III. die Abtretung Venetiens an Italien erzwingen, allerdings ohne Riva und das Trentino. Immerhin waren somit die Österreicher aus Oberitalien weitgehend vertrieben worden. 1870 gaben sich auch die Truppen des Kirchenstaates geschlagen und Rom wurde Hauptstadt eines geeinten italienischen Nationalstaats.

20. UND 21. JAHRHUNDERT

1919	Österreich tritt das Nordufer des Gardasees an Italien ab.
1970	Aufteilung des Staates in autonome Regionen

Erdbeben

1901 erschütterte ein Erdbeben den Gardaseeraum, bei dem insbesondere Salò, aber auch einige weitere Orte in der Umgebung erhebliche Zerstörungen erlitten.

Erster Weltkrieg

Während des Ersten Weltkriegs fanden zwischen Italienern und Österreichern im Etschtal erbitterte Kämpfe statt. Im Friedensschluss von Saint Germain (1919) wurde Österreich gezwungen, das Nordufer des Gardasees einschließlich Trient an Italien abzutreten, sodass fortan keine Staatsgrenze mehr den Gardasee teilte.

Faschismus

1922 errang **Benito Mussolini** (►Berühmte Persönlichkeiten) mit seiner Partito Nazionale Fascista die Macht in Italien, höhlte in kurzer Zeit den Rechtsstaat aus und regierte in der Folgezeit mit diktatorischen Vollmachten. Im faschistischen Italien verbesserte sich durch Arbeitsbeschaffungsprogramme und einen staatlich geförderten Sozialtourismus die Infrastruktur im Gardaseegebiet, es wurden Straßen gebaut wie 1929 die Gardesana Orientale von Torbole in Richtung Süden, und zwei Jahre später war auch die tunnelreiche Trassenführung an der Westseite fertiggestellt.

Zweiter Weltkrieg

Im September 1940 trat Italien auf der Seite Deutschlands in den Zweiten Weltkrieg ein. Nach dem Sturz Benito Mussolinis im Juli 1943 schloss es mit den Alliierten einen Waffenstillstand. Mussolini zog sich in das deutsch besetzte Oberitalien zurück und gründete im September in Salò am Gardasee die Repubblica Sociale Italiana; im April 1945 wurde er auf der Flucht bei Tremezzo am Comer See von Widerstandskämpfern erschossen. Nach einem Referendum, in dem sich im Juni 1946 die Mehrheit der Wähler für die **Republik** ausgesprochen hatte, dankte König Vittorio Emanuele III. ab.

Verwaltungsreform

1970 trug man im Rahmen einer Verwaltungsreform dem stärkeren Regionalbewusstsein Rechnung und teilte den italienischen Staat in zwanzig z. T. autonome Regionen auf. An den Gardasee grenzen nunmehr die Regionen Lombardia, Veneto und Trentino-Alto Adige.

1990er-Jahre

Groß angelegte richterliche Ermittlungen in einer Bestechungsaffäre lösten 1992 in Mailand unter dem Motto »mani pulite« (saubere Hände) die Zerschlagung des seit fast 50 Jahren bestehenden, restlos verkrusteten Regierungssystems aus. Bei den Parlamentswahlen im selben Jahr erhielt die Democrazia Cristiana die Quittung für Korruption, Ämtermissbrauch und Misswirtschaft. Der unerwartete Sieger hieß **Silvio Berlusconi**, Begründer der Bewegung Forza Italia, im Bündnis mit der separatistischen Lega Nord und der neofaschistischen Alleanza Nazionale. 1994 verließen die Lega Nord und eine christdemokratische Splittergruppe die Koalition der rechten Mitte und brachten so die Regierung Berlusconi zu Fall. Es folgte eine »Regierung der Technokraten« unter Lamberto Dini. Von 1996 bis 1998 regierte der parteilose Wirtschaftswissenschaftler **Romano Prodi** mit dem Bündnis »Ulivo« (Ölbaum), einer Mitte-Links-Allianz.
Am 1. April 1998 wurde Italien **Vollmitglied des Schengener Abkommens**. Nach dem Rücktritt des Ministerpräsidenten Prodi im Oktober 1998 wurde der Chef der »Demokratischen Partei der Linken«, **Massimo d' Alema**, neuer Ministerpräsident.

Das neue Jahrtausend

Bei den Parlamentswahlen 2001 siegte das Bündnis der rechten Mitte unter Berlusconi, der wiederholt im Kreuzfeuer der Kritik stand wegen Medienmanipulation und gesetzwidriger Erlasse. Ab 2006 regierte die von Romano Prodi geführte Mitte-Links-Koalition, sie zerbrach im Januar 2008. Erneut übernahm Berlusconi mit seiner Mitte-Rechts-Regierung die Macht und hielt sich trotz zahlreicher Skandale bis 2011 im Amt. Im Sog der globalen **Finanz- und Wirtschaftskrise**, die in Italien heftige Turbulenzen auslöste, musste er sich dem nationalen Druck und der internationalen Kritik beugen. Am 16. November 2011 übergab er die Regierungsgeschäfte dem international geschätzten, parteilosen Finanzexperten **Mario Monti**, der Maßnahmen eingeleitet hat, um das Staatsdefizit zu verringern.

Kunst und Kultur

Kunstgeschichte

Architektonisches Highlight der Region ist sicher das grandiose Amphitheater in Verona. Interessant sind aber auch Burgen und schöne Kirchen – teilweise von venezianischer Bauweise geprägt – und außerdem die typischen Hotels und Villen, die im 19. Jahrhundert am Ufer des Gardasees entstanden.

RÖMISCHE ANTIKE

Die Anfänge

Vom 3. Jh. v. Chr. bis in die Zeit des schon christlich geprägten 5. Jh.s n. Chr. hatte die römische Zivilisation entscheidenden Einfluss auf den Gardaseeraum und auf die umliegenden Städte. Die römische Kunst war z. T. von der etruskischen Kultur beeinflusst, übernahm aber auch Formvorstellungen der griechischen Klassik, insbesondere in den Gattungen Skulptur und Malerei. Die eigenständigen Leistungen der Römer lagen vor allem auf dem Gebiet der Monumentalarchitektur, der Ingenieurtechnik und des Kunstgewerbes.

Baukunst

Ziegel und Gussmauerwerk ersetzten zunehmend den Naturstein und machten auch große Gewölbebauten wie Thermen oder Kaiserpaläste auf komplizierten Grundrissen möglich. Das mehrgeschossige Mietswohnhaus, wie das vornehme Peristylhaus mit säulenumstandenem Innenhof, waren ebenso Bauschöpfungen der Römer wie Amphitheater, Wasserleitungen, Straßenanlagen und Kastelle. Im Tempelbau herrschte der seitlich geschlossene, rechteckige Podiumstempel mit frontseitiger Freitreppe vor. In der römischen Provinz, z. B. in Brescia und Verona, wurden die Bauwerke natürlich etwas einfacher gestaltet als in Rom. Trotzdem beeindruckt in Verona heute immer noch das **zweigeschossige Amphitheater**, das Mitte des 1. Jh.s für Gladiatorenspiele und Tierkämpfe errichtet wurde. Es besteht aus Rustikablöcken und fasst 22 000 Zuschauer. Aber auch die römische Brückenbaukunst hat mit der Ponte Pietra in Verona aus augusteischer Zeit ein Zeugnis hinterlassen. Von den Veroneser Stadttoren haben sich die Porta dei Borsari und die Porta dei Leoni aus dem 1. Jh. fragmentarisch erhalten. Bemerkenswert ist auch der Ehrenbogen Arco dei Gavi für die gleichnamige Familie. Zu den reizvollen Villenanlagen zählen die Villa Romana in Desenzano (3. Jh.) sowie die Grotte di Catullo in Sirmione, eine riesige, mehrfach erweiterte Villa (1. – 3. Jh.).

Der Dom Santa Maria Matricolare in Verona. Das Hauptportal von Maestro Nicolò ist ein Meisterwerk des romanischen Bauschmucks.

Die »Grotte des Catull«: Reste einer römischen Villa in Sirmione

Skulptur Die Römer kopierten in der Regel griechische Statuen, schufen selbst aber meisterhafte Porträtköpfe und Reliefszenen auf Sarkophagen. Farb- und formenreiche Mosaike und Wandmalereien sowie Kleinbronzen, Gemmen, Kameen, Medaillen, Silbergeschirre und figürliche Gläser zählen ebenfalls zu den **kunsthandwerklichen Leistungen der Römer**. In der Krypta von San Giovanni in Valle in Verona befinden sich zwei hochwertige Sarkophage aus dem 4. Jh., von denen der eine mit dem Brustbild eines Paares im Muschelmedaillon noch heidnisch ist, während der andere den Erlöser über den vier Paradiesflüssen zeigt.

ROMANIK

Entwicklung des Sakralbaus Ausgehend von der römischen Baukunst entwickelte sich ab dem 4. Jh. der Kirchenbau in eigenen Formen, wobei der **Basilika** besondere Bedeutung zukam. Aus dem Griechischen übersetzt bedeutet Basilika Königshalle und bezeichnete wohl zunächst den Amtssitz des Archon Basileus, eines hohen Verwaltungsbeamten im antiken Athen. Den Römern diente der rechteckige Bautypus mit oft breitem Mittelraum und durch Säulen abgetrennten schmalen Seitenräumen als Markt- oder Gerichtshalle. An der Stirnseite befand sich der Eingang, an der anderen die Tribuna bzw. Apsis als halbkreisförmige Nische mit dem Marktvorsteher- bzw. Richterstuhl oder auch einem Bildwerk. Ab dem frühen 4. Jh., als das Christentum im Römischen

Reich zur Staatsreligion aufstieg und große Versammlungsräume benötigte, wurden nach dem Vorbild der antiken Hallen zunehmend lang gestreckte, meist nach Osten gerichtete Kirchen mit erhöhtem Mittelschiff und niedrigeren Seitenschiffen errichtet.
Durch Fensterreihen in den hohen Mittelschiffwänden (Obergaden) wurde das Innere von Tageslicht beleuchtet. Im Westen lag der Eingang, häufig von einer Vorhalle (Narthex) oder einem Vorhof (Atrium) abgeschlossen. Im Osten stand in der Apsis der Altar. Zuweilen wurde unter der Apsis eine Krypta zur Verehrung von Märtyrern oder Heiligen angelegt. Der **Grundriss** erhielt im Lauf der Zeit analog zur Kreuzverehrung durch ein eingefügtes Querhaus in der Ostpartie einc kreuzförmige Gestalt. Im Schnittpunkt von Langhaus und Querhaus entstand die Vierung, die später durch einen Turm oder eine Kuppel akzentuiert wurde. Während in frühchristlichen Basiliken die Trennung der Schiffe noch durch Säulen mit geradem Gebälk erfolgte, traten im Hochmittelalter Pfeiler und Arkaden an deren Stelle. Der offene Dachstuhl oder die gerade Holzbalkendecke wurden durch gewölbte Decken ersetzt.

Sakralbauten im Gebiet des Gardasees

Zahlreiche Kirchen im Gardaseegebiet, vor allem in den Bischofsstädten Brescia und Verona, gehen auf den frühchristlichen Basilikatypus zurück, wenngleich nachfolgende Baumaßnahmen in vielen Fällen Änderungen bewirkt haben, nicht zuletzt aufgrund des furchtbaren Erdbebens von 1117, dem etliche Kirchen in Oberitalien zum Opfer fielen. Der Wiederaufbau der **Kathedrale S. Maria Matricolare** in Verona als dreischiffige Pfeilerbasilika zog sich bis 1187 hin und führte nicht nur zur Erneuerung der mit einem Portalvorbau verzierten Kirchenfront, sondern auch zur Neugestaltung der in die Höhe gestaffelten Ostseite in monumentaler Form mit einer gewaltigen Apsis. Glatte Außenflächen werden von flachen Lisenen gerahmt, antikisierende Kapitelle und der Ornamentfries am Kranzgesims gehören zur sparsamen Zier.
Nicht weniger eindrucksvoll ist der Ostbau der 1164 geweihten **Kirche San Giovanni in Valle** in Verona in Form einer Drei-Apsiden-Gruppe. Das Innere dieser Kirche ist ein Beispiel für den romanischen Sakralbau in Verona, der als dreischiffige basilikale Anlage ohne Querhaus errichtet wurde. Durch das Hauptportal führen mehrere Stufen in das tiefer gelegte Langhaus, das von kraftvollen Rundbögen mit Stützenwechseln rhythmisiert wird, während der dreiapsidial geschlossene Chor über einer geräumigen Krypta emporgehoben wird und ein rekonstruierter offener Dachstuhl den Bau in der Höhe begrenzt.
In der Kirche des Stadtpatrons **San Zeno** (12. Jh.) werden die romanischen Formen ins Monumentale gesteigert und zugleich verfeinert. Typisch für die Veroneser Kirchen ist die farbige Streifung des Außenbaus durch Schichten aus Tuff- und Backstein. San Zeno besitzt

zudem noch einen der imposantesten Campanile der Romanik, der aus mehrfarbigen Bausteinen zusammengefügt ist und von einem Kegeldach über dem Glockengeschoss bekrönt wird. Im dreischiffigen Innern von San Zeno wechseln kräftige Kreuzpfeiler mit schlanken Rundstützen, auf denen einfach abgestufte Rundbögen ruhen. Das querhauslose Langhaus geht über in einen geräumigen Hochchor, der sich über einer kreuzgratgewölbten neunschiffigen Krypta erhebt. Bemerkenswert unter den kleineren Kirchen sind in Bardolino **San Severo** als Bau des 12. Jh.s mit unregelmäßigem Dreiapsidenschluss und die auf das 9. Jh. zurückgehende Kirche San Zeno als einschiffiger Bau mit Querhaus.

Romanischer Bauschmuck

Vor allem die Verzierung der Kirchen mit Portal- und Kapitellschmuck bot den meist anonymen, in Bauhütten organisierten Bildhauern Gelegenheit, ihr Können zu zeigen. Das 1139 ausgeführte **Portal des Mariendoms in Verona** mit vorgesetztem zweigeschossigem Baldachingehäuse, das von schlanken, gedrehten Säulen auf furchterregenden Fabeltieren getragen wird, ist sogar vom Meister Nicolò signiert. Maestro Nicolò hat auch die **Portalanlage von San Zeno** mit der Baldachinvorhalle gestaltet, deren schlanke Säulen von zähnebleckenden Löwen aus rotem veronesischem Marmor getragen werden. Die Wandfelder zu beiden Seiten des Portals zeigen u. a. Szenen aus dem Alten und Neuen Testament. Beeindruckend ist zudem die Bronzetür aus zwei Entstehungsphasen (um 1100 und um 1200) mit einzeln gearbeiteten Bronzeplatten, die alt- und neutestamentliche Szenen, Wundertaten des hl. Zeno, Königsfiguren und Tugendal-

Das Portal der Kirche San Zeno in Verona ist ein Meisterwerk der romanischen Bildhauerkunst.

legorien darstellen. Sant Andrea in Maderno schmückt ein typisch romanisches Stufenportal mit Flechtbändern, Ranken und Fabelwesen, während im Innern Bestien und Adler sowie Akanthuslaub und Palmetten als Kapitellzier dienen. In S. Giovanni in Fonte (Verona) ist ein kostbares, **spätromanisches Taufbecken** in Form eines Oktogons (um 1200) vorhanden.

Profanbauten

Die Entstehung der Stadtkommunen ab dem 12. Jh. führte auch im Städtebau zu Neuerungen. In Verona wurde gegen Ende des 12. Jh.s der **Palazzo del Commune** als frei stehender Blockbau mit rotem Backstein und gelblich weißen Tuffsteinschichten gebaut und mit Rundbogenfenstern im Mittelgeschoss und Triforengruppen mit Doppelsäulen im Obergeschoss ausgestaltet.

GOTIK

Sakralbauten

Von Frankreich her hielt der gotische Baustil im Verlauf des 13. Jh.s Einzug in den Gardaseeraum. Der extreme Vertikalismus der französischen Gotik fand in Oberitalien aber keine Nachahmung. Prachtvolle Fassaden mit figurenreichen Portalzonen und Rosenfenstern, äußeres Strebewerk zur Stützung der Hochschiffwände, Spitzbogen und filigrane Maßwerkfenster, mehrteilige Wandgliederungen und der Chorumgang mit Kapellenkranz sind Eigenarten des gotischen Kirchenbaus. Die Räume wurden durch Kreuzgewölbe abgeschlossen, deren Rippen vor allem in der Spätgotik immer dekorativer zu Stern- und Netzgewölben gestaltet wurden. Vor allem die großen, in den Städten ansässigen Orden der Dominikaner und Franziskaner bevorzugten für ihre großen Predigtkirchen den gotischen Baustil, während bei den meist schon in romanischer Epoche errichteten Domkirchen nur Teilbereiche gotisiert wurden. Die **Kirche S. Anastasia in Verona**, kurz vor 1290 begonnen, ist ein eindrucksvolles Beispiel der Backsteingotik in Oberitalien mit basilikalem Querschnitt, Kreuzrippengewölben und polygonalen Chorkapellen. Die Franziskaner wandelten in Verona die romanische **Kirche San Fermo** 1260 in einen gotischen Predigtraum um mit polygonalem Chorschluss und einem großartigen, mehrfach abgestuften schiffskielförmigen Holzgewölbe (um 1350).

Profanbauten

Die politische und wirtschaftliche Macht der Städte spiegelt sich seit dem 13. Jh. in den **imposanten Kommunalpalästen** von Brescia und Verona mit Arkadenzonen, reicher Durchfensterung, Innenhof und Turm. Einzelne Stadtherren errichteten zudem repräsentative, **kombinierte Wohn- und Wehrbauten**, wie das Castelvecchio der della Scala in Verona, ein mächtiger Backsteinbau (1354 – 1375) mit Zinnen, Torturm und befestigter Brücke über die Etsch. Die **Bürger-**

bauten entstanden in einfachem Fachwerk oder als wehrhafte Paläste des Patriziats und des Stadtadels. Zahlreiche Geschlechtertürme, in späterer Zeit meist geschleift, zeugen noch von den innenpolitischen Kämpfen zwischen Guelfen und Ghibellinen um die Vorherrschaft in der Stadt. Dem Handel bei schlechtem Wetter und an heißen Tagen dienten die portici (Bogengänge), die viele Gardaseeorte heute noch schmücken.
Im Umland der Städte, auf den Hügeln am See, an Flussübergängen und an Handelsstraßen entlang wurden zum Schutz **Burgen** gebaut. Eindrucksvoll ist vor allem die gotische Wasserburg von Sirmione (13./14. Jh.) auf quadratischem Grundriss mit ausgekragtem Wehrgang, Torturm, Zwinger, Zugbrücke und hohem Bergfried. Nur noch eine Ruine ist heute die einst mächtige Höhenburg von Arco. Eine umlaufende Zinnenmauer, ein Zugbrückentor und eine vorgeschobene Abschnittsmauer mit Rundturm sichern noch heute das Dorf aus dem 13./14. Jh. im Castello von Padenghe. Erhöht angelegt wurde auch die gotische Flieh- und Wohnburg in Moniga.
Ein technisches Meisterwerk ist der **Ponte Visconteo**, ein aus Wasserkanal, Wehr, Damm und Brücken bestehendes Befestigungswerk von 1393 des Mailänder Stadtherrn Gian Galeazzo Visconti zur Sicherung des Flusses Mincio gegen Mantua und Venedig.

Skulptur Neben der Kirchenportalplastik, die aber im Gardaseeraum nicht sehr ausgeprägt war, oblag den Bildhauern der Gotik in besonderer Weise die Grabmalplastik. Bedeutende Schöpfungen sind die Grablegen der della Scala in Verona auf dem Friedhof der Kirche Santa Maria Antica, wo sich die **Entwicklung vom Grabmal zum öffentlichen Denkmal** nachvollziehen lässt.
Zur Sakralplastik zählen auch zahlreiche Kruzifixdarstellungen wie jene ausdrucksvolle des 15. Jh.s in Santa Maria Maggiore in Garda oder das Triumphbogenkreuz des Hans von Ulm in S. Maria Annunziata in Salò. Reich figurierte Chorgestühle wie das in San Zeno von 1443 waren das Metier der Holzschnitzer, die auch prächtige Altarschreine schufen. In den Städten boten die zahlreichen Brunnen den Steinmetzen weitere Gestaltungsmöglichkeiten.

Malerei Zahlreiche gotische Kirchen waren wie eine Bilderbibel mit Wandmalereizyklen zum Alten und Neuen Testament und zu den Lebensgeschichten der Heiligen ausgeschmückt. Die Ausdrucksbreite reichte von volkstümlichen Darstellungen wie dem Abendmahl aus dem 14. Jh. (einer Mischung aus byzantinischer Strenge und einheimischen Tischsitten) in San Nicolà von Brenzone über die große Kreuzigung in der Apsis von San Zeno in Verona (kurz nach 1400) bis zu den prächtigen und vielfigurigen Szenarien von Altichiero da Zevio (►Berühmte Persönlichkeiten). Die vielseitige Altartafelmalerei der Gotik ist heute fast nur noch in den Museen von Verona und Brescia nachvollziehbar. Auf dem Gebiet der Profanmalerei sind die **Freskenzyklen der Burg von Avio** aus dem 14. Jh. herausragend, wo in Form eines gemalten Wandbehangs Schlachten- und Liebesszenen dargestellt sind.

RENAISSANCE

Wiedergeburt der Antike

Die von Florenz ausgehende, zwischen 1420 und 1520 vollzogene Ablösung der Gotik durch eine Wiedergeburt (ital. rinascità) der Antike zielte weniger auf die Nachahmung antiker Kunstformen als vielmehr auf eine Durchdringung griechisch-römischer Kulturinhalte mit spätmittelalterlichen christlichen Wertvorstellungen, die zu einer Abkehr von starren Ordnungen hin zu einer schöpferisch-prozesshaften Auseinandersetzung zwischen Kunst und Natur, Wissenschaft und Religion, Mensch und Umwelt führten. In der Plastik trat das **neue Menschenbild** in Erscheinung, basierend auf klassisch-antiken Proportionen und Standmotiven (Kontrapost) bis hin zur frei stehenden Aktfigur. In der Malerei ermöglichte erst die Wiederentdeckung der Zentralperspektive die Darstellung illusionärer Räume. Die Baukunst orientierte sich an griechisch-römischen Tempeln und kombinierte Säulen, Rundbogen, Gebälk und Dreiecksgiebel zu neuen Schöpfungen. Neben Fassadengestaltungen mit klassischen Säulenordnungen waren die Hängekuppeln (Pendentifs) und doppelschaligen Kuppelkonstruktionen epochemachende Leistungen.

Das beeindruckende Castel Beseno, die größte Festungsanlage des Trentino, wurde in der Zeit vom 12. bis zum 15. Jahrhundert gebaut.

Sakralbauten Als hohen und hellen überkuppelten Zentralraum auf kreisrundem Grundriss hat Michele Sanmicheli die Capella Pellegrini (1529 bis 1557) von S. Bernadino in Verona konzipiert. Sanmichelis Kuppelentwurf für San Giorgio Maggiore am Etschufer, der auf hohem Tambour gebaut die Silhouette Veronas bestimmt, wurde erst nach seinem Tod 1604 verwirklicht. **S. Maria Maddalena in Desenzano** ist eine Schöpfung von Giulio Todeschini (1524 – 1603), angelegt als Stufenhalle in schweren, antikisierenden Formen der Hochrenaissance von 1586. Als kleinere, aber reizvolle Spätrenaissancekirche ist die **Collegiata von Arco** bemerkenswert.

Profanbauten Die venezianische Herrschaft über Brescia, den Gardasee und Verona ab der ersten Hälfte des 15. Jh.s fand ihren baukünstlerischen Niederschlag in der Errichtung der **Loggia als Sitz des Statthalters** von Venedig. So entstand in Verona die Loggia del Consiglio zwischen 1476 und 1493. Michele Sanmicheli (►Berühmte Persönlichkeiten), der sich hauptsächlich als Festungsbaumeister einen Namen machte, schuf in seiner Heimatstadt Verona eindrucksvolle Stadttore wie die Porta Nuova oder die Porta del Palio (1550 – 1557) mit kannelierten Säulen und antikischem Gebälk. Von ihm stammen auch die kraftvoll-schweren Stadtpaläste Pompei, Canossa und Bevilacqua sowie die Villa Guarienti auf der Punta San Vigilio.

Skulptur Einige ältere Kirchen wurden in der Renaissancezeit verschönert, z. B. erhielt der Dom S. Maria Annunziata in Salò ein triumphbogenartiges Portal (1506 – 1509) mit Doppelsäulen und Dreiecksgiebel. Kunstvoll intarsiert mit Girlanden, Trophäen und Passionssymbolen hat Giovanni da Verona in S. Maria in Organo das Chorgestühl (1491 – 1499) sowie Kästen und Schränke in der Sakristei mit **illusionistischen Wiedergaben Veroneser Stadtansichten**. Die Grabmalkunst in Verona setzt die traditionelle Verbindung von Totenehrung und Reiterdenkmal fort in der 1424 geschaffenen Grablege des Condottiere Cortesia Serego in S. Anastasia.

Eine Steigerung erfährt die Grabmalgestaltung durch die Verbindung von Skulptur und Malerei, wie die Zusammenarbeit des Bildhauers Nanni di Bartolo und des Malers Pisanello beim Grabmonument für Niccolò Rangoni di Brenzone (1425/1426) in **S. Fermo Maggiore in Verona** beweist. Eingebunden in eine triumphbogenartige Architektur zieren allegorische Frauengestalten, ein idealisiertes Standbild des Verstorbenen und eine Christusfigur das Grabmal des venezianischen Condottiere Giano Fregoso, das Danese Cattaneo 1565 schuf. Der Grabmaltypus wurde im Veneto bis ins 17. Jh. hinein nachgeahmt. Bemerkenswert sind auch die Einzelsäulen mit bekrönendem Markuslöwen, die als Machtsymbole Venedigs den antiken Herrschersäulen nachgebildet sind, wie in Lonato vor dem Rathaus und in Verona.

Malerei der Frührenaissance

Antonio Pisano, genannt **Pisanello** (ca. 1395 – ca. 1455), schuf mit seinen Ausmalungen an verschiedenen Stätten in Oberitalien die Grundlagen für die Entwicklung der Renaissancemalerei. Ausgehend vom feinlinigen, zartfarbenen, dekorativ-anmutigen sogenannten Weichen Stil der Gotik, erreichte Pisanello in seinen Werken eine überraschende Naturtreue in Verbindung mit perspektivischer Raum- und Körpergestaltung. Als Medailleur war er maßgeblich an der aus der antiken Medaillenkunst weiterentwickelten Darstellung des Profilbildnisses beteiligt. Nur wenige malerische Werke von ihm sind erhalten, darunter der Aufbruch des hl. Georg zum Drachenkampf (um 1435) als Fresko in S. Anastasia in Verona.

Mit **Andrea Mantegna** (1431 – 1506) trat neben seinem Schwager **Giovanni Bellini** der bedeutendste Frührenaissancemaler Oberitaliens auf, der in San Zeno in Verona ein großartiges Triptychon (1456 – 1459; Kopie) mit thronender Madonna und Heiligen schuf. Kraftvoll farbig modellierte Figuren füllen den Bildraum aus, der den realen Raum mittels meisterlicher Perspektivmalerei fortsetzt.

Um 1500 hatte sich in **Verona** eine **regionale Malschule** herausgebildet, die der Renaissancemalerei großen Auftrieb gab. Dazu gehörten Liberale da Verona (ca. 1445 – ca. 1532), sein Schüler Niccolò Giolfino (1476 – 1555), Domenico Morone (1442 bis nach 1517), sein Sohn Francesco Morone (1470 – 1529) und Giovanni Francesco Caroto (ca. 1480 – 1546). In der Familienkapelle der Avanzi in S. Bernadino sind Tafelbilder von ihnen zu sehen und in der Capella di S. Biagio von SS. Nazaro e Celso haben sich Fresken von einigen dieser

Gartenanlage im Renaissancestil: Giardino Giusti in Verona

Maler erhalten. Zenon Veronese (1484 – 1554) hat in San Giovanni Decollato in Salò ein wichtiges Werk der Enthauptung Johannes' des Täufers gemalt, unter Verwendung einer renaissancehaften Architekturkulisse und einer eindrucksvollen Gardaseelandschaft.

Malerei der Hochrenaissance

Im 16. Jh. entwickelte sich Venedig zum Zentrum der Hochrenaissancemalerei und strahlte auf den Gardasee aus. Der aus Verona stammende Paolo Caliari, genannt **Veronese** (1528 – 1588, ►Berühmte Persönlichkeiten), stieg in Venedig zu Ruhm auf als Maler großer Gastmähler, religiöser und mythologischer Themen. Für S. Giorgio Maggiore in Verona gestaltete er eine gewaltige, figurenreiche Komposition in meisterhafter Lichtbehandlung und subtiler Farbgebung: die Marter des hl. Georg (1566). Iacopo Negretti (1544 bis 1628), genannt Palma il Giovane (der Jüngere), war stark von Tintoretto beeinflusst und pflegte einen prunkvoll manierierten Malstil. Für S. Maria Annunziata in Salò freskierte er die Kuppel mit einer Darstellung der »Mariä Himmelfahrt«.

BAROCK

Venedigs Einfluss

Die der Renaissance folgende Epoche des Barock, mit der Spätphase als Rokokozeit von etwa 1600 bis zum Ende des 18. Jh.s, verstärkte den Einfluss Venedigs auf die zu seinem Herrschaftsbereich zählenden Städte. In der Kirchenbaukunst durchdringen sich Langrichtungsbau und Zentralbau, sogar elliptische Grundrissformen treten auf in Verbindung mit Wandpfeilersystemen, Kuppelkonstruktionen und fein gestuften Türmen. Vor- und zurückspringende Glieder verleihen den Baukörpern der Kirchen und Schlösser Bewegtheit. Großartige **Deckenmalereien** schmücken Gewölbe, und verspielte Stuckaturen sowie gemalte Figuren mit verzücktem Ausdruck verkleiden die Wände, wobei oft die Auflösung der Grenzen zwischen Architektur, Malerei und Plastik angestrebt wurde.

Sakralbauten

Für den monumentalen kreuzförmigen Bau der **Pfarrkirche in Lonato** mit hoher Vierungskuppel zeichnete Paolo Soratini (1682 bis 1762) verantwortlich. Mitte des 18. Jh.s entstand die **Pfarrkirche von San Felice del Benaco** als Raumgefüge mit querovaler Kuppel zwischen querhausförmigen Kapellenausbildungen.

Profanbauten

Zahlreiche städtische Wohnpaläste in Verona wurden im Barockstil verschönert, aber nur wenige wirklich neu gebaut. Der 1688 in Verona errichtete Palazzo Maffei mit kolossaler Säulenordnung, übergiebelten Fenstern und Balustraden an der Piazza delle Erbe schließt diesen Platz in prächtiger Form ab. Die schlossartige **Villa Bettoni** mit Terrassengarten in Bogliaco wurde 1763 nach den Plänen von

Venezianisch geprägt: die barocke Domkuppel von Lonato

Antonio Marchetti vollendet. Die elfachsige Anlage ist mittenbetont durch Eingänge zwischen gekoppelten Säulen, die die Fenstertüren des Festsaales hervorheben. Ein Geschossaufsatz mit umlaufender vasen- und statuenverzierter Balustrade verkleidet die Dachzone.

Skulptur

Altaraufbauten und Grabmäler sowie Stuckaturen und plastische Ausschmückungen von Villen und Schlössern blieben vordringliche Aufgaben der Bildhauer in der Barockzeit.

Malerei

Auswärtige und einheimische Maler schmückten in großen **illusionistischen Deckenbildern** Kirchen und Paläste im Gardaseeraum aus. Die Chiesa dell' Inviolata in Riva erhielt zu Beginn des 17. Jh.s prächtige Stuckierungen von Davide Reti aus Rom und Fresken von Meistern aus Arezzo. **Andrea Celesti** (1637 – 1712) hinterließ in SS. Pietro e Paolo in Toscolano mehrere Altarbilder, gestaltete das große Triptychon mit Lebensstationen der Maria Magdalena für Santa Maria Maddalena in Desenzano und schuf im Palazzo Merli von Lonato ein monumentales Pestgemälde in Erinnerung an die verheerende Seuche von 1630. **Giovanni Battista Tiepolo** (1696 – 1770) malte für S. Maria Maddalena in Desenzano das »Letzte Abendmahl« mit einem jugendlichen Christus an der Schmalseite eines den Bildraum effektvoll erschließenden Tisches; der Hintergrund der Szene zeigt in abgestufter Helligkeit eine Säule und ein Tonnengewölbe.

19. JAHRHUNDERT

Architektur

Die letzten beiden Jahrhunderte konnten im Gardaseegebiet nicht die Kunstvielfalt der vorangegangenen Epochen fortsetzen. Als Reaktion auf die spielerisch-dekorative Formensprache des Barock griff zunächst der **Klassizismus** im frühen 19. Jh. auf das strenge Formenvokabular der griechisch-römischen Antike zurück. Die klassizistische Fassade mit einem Säulenvorbau von 1840 an der Pfarrkirche von Bardolino, SS. Niccolò e Severo, liefert dafür ein schönes Beispiel. Einzelne vornehmere Wohnbauten in den Städten und einige Villen in den Gardaseeorten weisen ebenfalls eine klar gegliederte Architektur mit antiken Versatzstücken auf.

In der zweiten Hälfte des 19. Jh.s trat der **Historismus** als Gegenbewegung zum Klassizismus auf. Er nahm Anleihen aus diversen Epochen auf und wurde besonders anschaulich im Villen- und Hotelbau der Gardaseeorte umgesetzt. Im neugotischen Stil entstanden die Villa Scipione-Borghese auf der Isola del Garda und die Villa Albertini in Garda sowie die Villa Feltrinelli in Gargnano.

Der **Jugendstil** setzte der Natur abgeschaute schwungvoll-fließende Formen und ornamentale Linienspiele am Ende des 19. Jh.s gegen die historisierenden Formen. Der Mailänder Architekt Giuseppe Sommaruga (1867 – 1917), der einige Jugendstilvillen in Sárnico für die Familie Faccanoni baute, ist ein Vertreter dieser Gegenbewegung.

> **! BAEDEKER TIPP**
>
> *Hotelarchitektur*
>
> Die schönsten Hotelbauten des 19. Jh.s am Gardasee finden Sie in Gardone Riviera mit dem Grand Hotel (1882), in Maderno mit dem Hotel du Parc (1895) und dem Hotel Bristol (1904) und in Salò mit dem Hotel Laurin (1911).

Malerei und Skulptur

Es zählt zu den Merkwürdigkeiten der Kunstgeschichte, dass in der so ausgeprägten **Landschaftsmalerei** des 19. Jh.s der Gardasee kaum eine Rolle spielt. William Turner, Karl Rottmann, Anselm Feuerbach, Leo von Klenze, Camille Corot, Hans Thoma und Gustav Klimt haben den Gardasee besucht, aber von diesen romantischen, naturalistischen oder impressionistischen Malern sind keine nennenswerten Bilder über die Gardaseelandschaft entstanden, allenfalls Skizzen oder einige kleinere Darstellungen.

Giovanni Segantini (►Berühmte Persönlichkeiten) kam zwar 1858 in Arco nicht weit vom Gardasee zur Welt, hat sich nach seiner Ausbildung in Mailand aber der alpinen Landschaftsdarstellung zugewandt und das Leben und Arbeiten der Bauern und Hirten geschildert, meist in Graubünden und im Engadin, wo in St. Moritz das Segantini-Museum zahlreiche Werke des zwischen Realismus und Symbolismus schwankenden Malers präsentiert. Sein riesiges Alpentriptychon (1898/1899) vermittelt sein Landschaftsgefühl und Menschenbild auf eindrucksvolle Weise.

Die weniger bekannten italienischen Maler Gio Batta Ferrari, Antonio Vicentini und Cesare Bertolotti erschöpften sich um die Jahrhundertwende in mehr oder weniger romantisierenden Schilderungen der Seelandschaft. Alle weiteren Kunstströmungen zogen am Gardasee vorbei, ohne bleibende Spuren zu hinterlassen.

20. JAHRHUNDERT UND GEGENWART

Architektur

In den ersten Jahrzehnten des 20. Jh.s war der **Funktionalismus**, auch International Style genannt, die vorherrschende Antwort auf die dekorativen Baustile vorausgegangener Epochen und entwickelte ein Gestaltungsprinzip in der Architektur, demzufolge die Erscheinungsform eines Bauwerks von seiner Funktion abzuleiten sei. Neben den praktisch-nützlichen Aspekten spielte auch sach- und materialgerechte Formgebung eine wichtige Rolle. Es wurde weiterhin mit neuen Materialien experimentiert.
Im Gegensatz dazu vertrat die **faschistische Staatsbaukunst** in Italien einen Neoklassizismus römisch-imperialer Prägung. In eine ähnliche Richtung zielte auch die skurrile Ausgestaltung der Villa Vittoriale degli Italiani des Exzentrikers Gabriele d‘ Annunzio in Gardone (►Baedeker Wissen S. 60).
Erst nach dem Zweiten Weltkrieg kam die **moderne Architektur** zum Zug. Der Venezianer **Carlo Scarpa** (1906 – 1978) befasste sich mit der Innenraumgestaltung vorhandener Gebäude. Zu den Hauptwerken seiner »kritischen Restauration« (restauro critico) gehört die Umgestaltung des Kastells der della Scala zum Museo Castelvecchio. Die Einrichtung dieses Kunstmuseums zeigt Dialog und Kontrast zwischen bestehenden und neuen Bauteilen. Auch die Banca Popolare di Verona (1973 – 1975) wurde nach seinen Plänen errichtet.
Der aus Sondrio stammende **Pier Luigi Nervi** (1891 – 1979), einer der bedeutendsten Konstrukteure in Stahlbeton, vor allem beim Hallenbau, schuf in Verona die Risorgimento-Brücke (1966) und die Bibliothek (1978). Ende 2002 wurde das Museo d‘ Arte moderna e contemporane di Trento e Rovereto in Rovereto eröffnet. Entworfen wurde es vom Tessiner Stararchitekten **Mario Botta**.

Malerei

Auch im 20. Jh. blieb das Kunstleben am Gardasee eher blass. Lediglich der Trentiner Künstler **Fortunato Depero** (1892 – 1960), der 1921 in Mailand an der Gruppenausstellung der Futuristen teilnahm, fand in Rovereto eine Heimat, wo ein Museum über sein künstlerisches Schaffen informiert. Es ist das einzige futuristische Kunstmuseum Italiens und zeigt einen riesigen Fundus an Gemälden, Plastiken, Plakaten, Spielzeug und Möbelstücken. In Costermano am Gardasee liegt das Atelier des 1932 geborenen **Pino Castagna**, der große abstrakte Metallplastiken gestaltet.

Berühmte Persönlichkeiten

ALTICHIERI DA ZEVIO (1320 – NACH 1390)

Maler

Der Maler Altichieri da Zevio, der in Zevio bei Verona geboren wurde, erhielt seine Ausbildung bei dem Veroneser Meister Turone; gemeinsam mit Turone zählt er zu den **Gründern einer Veroneser Malschule** der Gotik.

Die Veroneser Malschule vertrat einen ausgesprochen erzählfreudigen Malstil, der der verfeinerten Lebensart der höfischen Gesellschaft entsprach, wie sie seinerzeit am Hof der Skaliger in Verona gepflegt wurde. Darstellungen des Rittertums waren ebenso sein Metier wie religiöse Tafelmalerei. Seine Ausdrucksvielfalt, die vom Erfassen exotischer Gewänder bis zur Wiedergabe porträthafter Gesichtszüge reichte, lassen sich in Verona besonders gut in der Kirche Sant' Anastasia in der Capella Cavalli beobachten. Kurz vor 1390 malte er dort drei Ritter aus dem Geschlecht der Cavalli, die in einem Sakralraum von ihren Schutzpatronen der Fürbitte Marias empfohlen werden.

ALESSANDRO BONVICINO, GEN. MORETTO DA BRESCIA (CA. 1498 – 1554)

Maler

Unter dem Einfluss von Vincenzo Foppa entwickelte Moretto da Brescia als der Hauptmeister der Malerei des 16. Jh.s in Brescia einen sich vom Linearismus und zarten Farbenschmelz der späten Gotik abgrenzenden Stil, der sich der farben- und sinnenfrohen Malerei Venedigs öffnete. Genaue Beobachtung und eher kühle Farbgebung kennzeichnen seine religiösen Tafelbilder. In der Porträtmalerei schuf Moretto einfühlsame und meisterhaft charakteristische Bildnisse der Hochrenaissance. Obwohl zeitlebens in Brescia ansässig, war sein **guter Ruf vor allem als Porträtmaler** in ganz Oberitalien verbreitet.

PAOLO CALIARI, GEN. VERONESE (1528 – 1588)

Maler

Der aus Verona stammende Paolo Caliari, genannt Veronese, ist ein großartiger Schilderer venezianischer Lebensfreude und Prachtentfaltung im 16. Jh., die sich in seinen religiösen und mythologischen Darstellungen widerspiegeln. Klare Kompositionen und leuchtende Farben sowie die **wunderbare Umsetzung sinnlicher Motive** zeichnen seine oft großformatigen Gemälde aus.

Anfänglich war Vernonese vom Manierismus beeinflusst. Nachdem er sich 1553 in Venedig niedergelassen hatte, wandte er sich stärker

den eher klassisch-strengen Kompositionsauffassungen Tizians zu. Veroneses figurenreiche Bilder, darunter die prächtigen Festmähler sowie allegorische Deckenausschmückungen, zeichnen sich durch ihren Farbreichtum und die Lebendigkeit der Personen aus. Die Vielzahl von Aufträgen konnte er nur mithilfe einer großen Werkstatt und mehreren Gehilfen bewältigen. In Verona findet man Werke von Veronese in der Pinakothek und in San Giorgio Maggiore.

GAIUS VALERIUS CATULLUS (CA. 87 – 54 V. CHR.)

Dichter

Catull wurde in Verona geboren, ging nach Rom und stieg dort zu dichterischem Ruhm auf. Er zählte zu einem Kreis junger, fortschrittlicher Dichter, für die die **hellenistische Dichtkunst als Maßstab** galt und der gelehrte Dichter ein Ideal darstellte.

Aus Catulls Sammlung von rund 120 Gedichten, die die Widmung an den Schriftsteller Cornelius Nepos tragen, sind vor allem seine Verse über Freundschaft und Geselligkeit von großer Lebendigkeit und Frische. Persönliche Einfühlung zeichnen seine Liebesgedichte um die zentrale Frauenfigur Lesbia aus, in Anspielung auf die Dichterin Sappho aus Lesbos, die allerdings wegen großer Freizügigkeit manchen sittenstrengen Römer erzürnten: »Leben wollen wir Lesbia, und uns lieben. / Und der alten Philister Kritteleien / solln uns allzumal keinen Heller wert sein.«

Von starker Ausdruckskraft sind auch seine Hochzeitsgedichte in hexametrischem oder elegischem Versmaß sowie seine bedeutenden Epigramme, während sich andere Texte auch durch beißenden Spott auszeichnen.

HENRI DUNANT (1828 – 1910)

►Baedeker Wissen S. 154

EZZELINO DA ROMANO (1194 – 1259)

Feldherr

Durch seine Heirat 1238 mit Selvaggia, einer unehelichen Tochter von Kaiser Friedrich II., hatte Ezzelino engste Verbindungen zum Stauferkaiser, dessen Interessen er in Oberitalien auf oft grausame

Weise vertrat. Groß geworden im Kriegsdienst, herrschte der rücksichtslose Anführer der Ghibellinenpartei ab 1236 als Signore, als **unumschränkter Stadtherr in Verona** und Vicenza, später auch in Padua, Belluno, Feltre und Trient. Er führte ein furchterregendes Regiment und war wegen seiner Grausamkeit verhasst: »Keiner der Späteren hat den Ezzelino an Colossalität des Verbrechens irgendwie erreicht« (Jakob Burckhart). Daher verbündeten sich Venedig, Teile des oberitalienischen Stadtadels und der Papst gegen den Günstling Friedrichs II. In der Schlacht bei Soncino wurde Ezzelino 1259 besiegt und in Gefangenschaft genommen, wo er seinen Verletzungen erlag. In der italienischen Volkssage lebt Ezzelino noch heute fort als »Teufelssohn« und »Gottesgeißel«, fand andererseits aber auch als despotischer Renaissancefürst Eingang in die Literaturgeschichte, z. B. in Conrad Ferdinand Meyers Novelle »Die Hochzeit des Mönchs« oder in Joseph von Eichendorffs Gedicht »Ezelin von Romano«.

BENITO MUSSOLINI (1883 – 1945)

Politiker

Benito Mussolini ließ am 15. September 1943 die Faschistische Sozialrepublik mit Salò als Hauptstadt am Gardasee ausrufen. Zuvor war der Duce gestürzt, verhaftet und von deutschen Fallschirmjägern wieder befreit worden. Er hatte aber seine Macht längst eingebüßt und führte mit seiner Exilregierung lediglich ein Schattendasein von Hitlers Gnaden. Als die deutsche Front in Italien zusammenbrach, nahte auch das Ende des Duce, der sich in die Schweiz absetzen wollte und auf dem Weg dorthin mit seiner Geliebten Clara Petacci von italienischen Widerstandskämpfern ergriffen und ohne weiteres Gerichtsverfahren am 28. April 1945 erschossen wurde.

Mussolinis politischer Aufstieg hatte kurz nach dem Ersten Weltkrieg begonnen, als er 1919 die Bewegung Fascio di combattimento gründete, aus der 1921 die **Partito**

Exzentriker, Dichter oder Heiliger?

Wer war der Mann, zu dessen Mausoleum heute noch jedes Jahr 300 000 Menschen pilgern und der den Räumen seiner Villa Namen wie »Schreibzimmer des Verstümmelten« und »Zimmer des Aussätzigen« gab?

Zur Verdeutlichung: Der Hausherr, Gabriele d'Annunzio, wollte sich als Aussätziger im mittelalterlichen Sinne verstanden wissen, als diese nämlich als »von Gott berührt« bzw. als heilig galten. Ein **Exzentriker** sondergleichen muss er gewesen sein, von gierigem Lebenshunger besessen, mit einem Hang zum Opium und zu schönen Frauen, zudem voll grenzenloser Selbstgefälligkeit und Eitelkeit. Gabriele d' Annunzio (1863 – 1938) war ein bedeutender, wortgewaltiger italienischer Dichter, ein »Kriegsheld« und ein erfolgreicher Casanova. Er bezeichnete sich selbst als **»Interpret des menschlichen Wahnsinns«**.

Ob er vielleicht doch eher ein Vertreter als ein Interpret dieser Spezies war, diese Frage tut sich zwangsläufig auf, wenn man seine berühmte Residenz am Gardasee, das **Vittoriale degli Italiani** in Gardone Riviera betritt. Von 1921 bis zu seinem Tod lebte d' Annunzio in Gesellschaft seiner Frau und mehrerer Geliebten in dieser skurrilen Villa. Wenige Tage vor dem Erwerb des Hauses hatte er die eigenmächtige, 16-monatige Besetzung von Fiume (heute Rijeka) beenden müssen: Entgegen dem Waffenstillstandsabkommen hatte er 1919 die Stadt, die Jugoslawien zugesprochen worden war, mit einer kleinen Gruppe von Bewaffneten besetzt, um sie quasi im Alleingang für Italien zurückzuerobern. Ein anderes verrücktes Kriegsabenteuer hatte er sich am 9. August 1918 geleistet, als er mit seinem Doppeldecker über dem feindlichen Wien kreiste und antiösterreichische Flugblätter abwarf.

Kunst, Kitsch und Kurioses im Vittoriale

Vittoriale degli Italiani

»Ohne Kriegsfieber ist das Leben sehr langweilig«, schrieb der nationalistische Kämpfer und stellte sich Haus und Garten seines »Vittoriale« mit Kriegsgerät voll. Kuriosestes Denkmal ist wohl der riesige Bug des von ihm einst befehligten Schlachtschiffes »Puglia«. Doch der Höhepunkt seiner **Selbstinszenierung** ist die Villa: Der exzentrische Dichter füllte das Haus mit einer großen Menge an außergewöhnlichen Kunstwerken, buntem Nippes und scheußlichem Kitsch. Im **»Reliquienzimmer«** z. B. bewahrte er außer unzähligen Statuen von diversen Heiligen, Propheten und Göttern auch das verbeulte Lenkrad eines Motorbootes auf, mit dem einer seiner Freunde in den Tod fuhr. In die **»Werkstatt«**, sein Arbeitszimmer, kommt man nur mit einer Verbeugung, weil die Tür so niedrig ist – eine Geste, die Ehrfurcht vor seiner Arbeit erzwingen soll. Im **»Labyrinth-Flur«** stehen etwa 2000 Bücher seiner mehr als 30 000 Werke umfassenden Bibliothek. Etwas freundlicher wirkt unter all den dunklen, meist holzgetäfelten Zimmern nur der Speisesaal, das **»Cheli-Zimmer«**, das im Art-déco-Stil mit einem blau-goldenen Himmel und rot-gold-schwarzer Wandverkleidung gestaltet ist. Der Name Cheli erinnert an d' Annunzios dahingeschiedene große Lieblingsschildkröte, die als Nachbildung mit echtem Panzer auf der Speisetafel hockt.

Das vielleicht befremdlichste Zeugnis seiner Selbstüberhöhung ist das **marmorne Mausoleum** im Park: In der Mitte eines Aussichtsplateaus thront sein Sarkophag, umgeben von den sternförmig angeordneten Marmorsärgen seiner Kriegskameraden aus Fiume. Nicht erst beim Anblick dieser merkwürdigen Totenstätte fühlt man sich an faschistische Architektur erinnert. Und der Eindruck trügt nicht. Auch politisch fühlte er sich Mussolini, als dieser noch ein unbekannter Sozialist war, verbunden.

Literarisches Werk

Die **Nähe zum Faschismus**, der ausschweifende, unkonventionelle Lebensstil, seine Egozentrik brachten sein schriftstellerisches Werk ins Zwielicht. Bereits mit 16 Jahren hatte er seinen ersten Gedichtband veröffentlicht. Es folgten Redaktionsarbeit bei »La Tribuna«, die Herausgabe kürzerer Prosatexte, pathetischer Hymnen und Elegien, 1889 der Roman »Il Piacere« (»Lust«), der von Nietzsche beeinflusst war und ihn bekannt machte, sowie Dramen wie »Città morta« (»Die tote Stadt«). D' Annunzios Stärke lag in der Aufnahmebereitschaft für literarische Strömungen, v. a. für den französischen Symbolismus. Er bekannte sich zu einem heidnischen Sinnen- und Schönheitskult und galt als einer der **umstrittensten Lyriker Italiens**: War er begnadeter Dichter, ein Faschist, ein eitler Erotomane, ein Heiliger oder ein Aussätziger?

Nazionale Fascista hervorging. Mit dieser konnte er noch im selben Jahr 21 Parlamentssitze erringen. Der sogenannte Marsch auf Rom endete in der Ernennung Mussolinis zum Ministerpräsidenten einer konservativ-bürgerlichen Regierung 1922 durch Vittorio Emanuele III., bei der die Faschisten jedoch Schlüsselpositionen besetzten. In kurzer Zeit konnte Mussolini den Rechtsstaat aushöhlen, seine Machtstellung ausbauen und Ende 1922 mittels eines Gran Consiglio del Fascismo das Land kontrollieren. Die totalitäre Staatsvorstellung Mussolinis, die er in seiner Schrift »Lehre des Faschismus« (1932) darlegte, beruhte auf diffusen ideologischen Vorstellungen und einem korporativ gegliederten Gesellschaftssystem.

In den 1930er-Jahren war Mussolini auf dem Höhepunkt seiner Alleinherrschaft und vertrat eine **imperialistische Außenpolitik**, die jedoch immer stärker unter den Einfluss Hitlerdeutschlands geriet und zum Eintritt Italiens in den Zweiten Weltkrieg an der Seite Deutschlands führte. Militärische Misserfolge und innere Krisen wie die Massenstreiks vom März 1943 sowie die alliierte Invasion auf Sizilien zwangen Mussolini zur Übergabe des militärischen Oberbefehls an den italienischen König, der Mussolini sogleich verhaften ließ. Aus der Haft am Gran Sasso d' Italia befreiten ihn schließlich deutsche Fallschirmjäger und ermöglichten ihm bis zu seiner Ermordung ein politisch unbedeutendes, aber angenehmes Leben am Gardasee.

MICHELE SANMICHELI (1484 – 1559)

Baumeister

Der in Verona geborene Michele Sanmicheli zählt zu den bedeutendsten Festungsbaumeistern der Renaissance.

Nachdem er eine erste Grundausbildung bekommen hatte, erweiterte er sein Wissen im Kreis der päpstlichen Baumeister bei Bramante und Sangallo, um ab 1509 Bauleiter am Dom in Orvieto zu werden. Als Kommissionsmitglied bereiste er die Festungen des Kirchenstaates und machte Vorschläge zur baulichen Verbesserung. Die Republik Venedig erkannte sein Talent und bot ihm 1528 eine Festanstellung an. Michele Sanmicheli ließ sich in seiner Heimatstadt nieder und übernahm als oberster Baumeister in allen Fragen, die Befestigungen betrafen, **Aufträge zur Verstärkung der Festungsgürtel in zahlreichen Städten des Veneto**. In Verona schuf er eindrucksvolle Torbauten wie die Porta Nuova, die Porta San Zeno und die Porta Palio im Renaissancestil. Neue Festungspläne entwarf er auch für die venezianischen Besitzungen auf Korfu und Kreta, wobei er vor allem die Polygonalbefestigung mit eckigen Basteien, breiten Gräben, niedrigen Kurtinen, Kavalieren und Außenwerken weiterentwickelte und zum eigentlichen Baumeister der sogenannten bastionierten Front avancierte.

Im **Kirchen- und Palastbau** hat er nur wenige Werke schaffen können, darunter die Capella Pellegrini als Zentralbau mit Kuppel und kleiner Vorhalle sowie den Achteckbau mit Säulenumgang der Madonna di Campagna nahe Verona. Zu seinen wichtigen **Villen- und Palastbauten** in Verona zählen die Palazzi Canossa, Bevilaqua und Pompei in kraftvoll-schweren Renaissanceformen mit Bezug zur römischen Antike.

CANGRANDE I. DELLA SCALA (1291 – 1329)

Stadtherr von Verona

1311 wurde der 20-jährige Cangrande I. zum alleinigen Stadtherrn von Verona, da sein Bruder, der ihn zum Mitregenten gemacht hatte, plötzlich verstarb. Nachdem bereits Mastino I. in der zweiten Hälfte des 13. Jh.s die Basis für den Aufstieg seines Geschlechts zum Signore gelegt hatte, konnte Cangrande I. die führende Position seiner Familie in der Stadt noch ausbauen, indem er als **Taktiker, Intrigant und Eroberer** agierte. Durch die Unterstützung des Romzuges von Kaiser Heinrich VII. rückte Cangrande gegen entsprechende Bezahlung zum Reichsvikar auf und nutzte die neue Würde, um sich in alle oberitalienischen Streitigkeiten einzumischen. Durch eine geschickte Kriegsführung wandelte sich Verona während seiner Regierungszeit von einem Stadt- in einen Flächenstaat, in den auch Vicenza, Feltre, Belluno, Padua und Treviso einverleibt wurden, wobei Cangrande stets darauf achtete, die Großmacht Venedig vor seiner Haustür mit Respekt zu behandeln. Seiner Tüchtigkeit als Feldherr verdankte er 1318 auch die Wahl zum Generalkapitän des lombardischen Ghibellinenbundes. Trotz langer Abwesenheit von Verona wegen seiner Kriegszüge gelang es Cangrande, eine **von den Zeitgenossen bewunderte Hofhaltung** zu führen. Verbannten aus anderen Städten wurde Asyl gewährt, Künstler, Gelehrte, Händler und Heerführer besuchten Verona. Als Cangrande nach einem aufreibenden Leben 1329 starb, hatte er nur außereheliche Nachkommen, sodass die Söhne seines Bruders die Herrschaft antraten. Cangrande selbst lebt im öffentlichen Bewusstsein nicht nur als Förderer des großartigen Malers Giotto und des berühmten Dichters Dante Alighieri fort, sondern auch als kämpferischer Ritter – als solcher ist er in seinem Grabmal vor der Kirche von Santa Maria Antica in Verona dargestellt.

JULIUS CAESAR SCALIGER (1484 – 1558)

Humanist und Naturforscher

Julius Caesar Scaliger wurde in Riva del Garda geboren, erhielt eine fundierte Ausbildung an der Universität Bologna und lebte seit etwa 1525 in Agen, wo er einen bedeutenden Kommentar zu Hippokrates' »De somniis« (1539) und die wichtige, auf philosophischer Anschauung basierende lateinische Grammatik »De causis linguae latinae« (1540) verfasste. In Wissenschaftsfragen korrespondierte und stritt er mit Erasmus von Rotterdam, Rabelais und Cardano. Sein posthum erschienener Kommentar zur Pflanzenkunde Theophrasts (1566) und seine lateinische Übersetzung der Zoologie des Aristoteles (1619) mehrten seinen Ruhm ebenso wie sein Hauptwerk, die »Poetices libri septem« (1561), **eine der einflussreichsten Poetiken des Humanismus**, die die dichterische Theorie und Praxis der europäischen Literatur bis ins 18. Jh. entscheidend geprägt hat.

GIOVANNI SEGANTINI (1858 – 1899)

Maler

Giovanni Segantini wuchs in Arco in ärmsten Verhältnissen auf und gelangte in Mailand während seiner Lehrzeit als Dekorationsmaler über Abendkurse an der Accademia di Brera zu seinem eigenen Malstil. Anfangs dunkel und pastos malend, hellte sich seine Palette später bis zu neoimpressionistischer Farbigkeit auf. Inhaltlich und formal ist Segantinis Malkunst auf das Wesentliche reduziert, wobei die Gebirgslandschaft und das harte Leben der Bauern und Hirten thematisch im Vordergrund stehen. **Zwischen Realismus, Symbolismus, Jugendstil und Neoimpressionismus** behauptet sich Segantini eigenwillig mit seiner bildnerischen Wahrheitssuche.

Seit den 1990er-Jahren wird Segantini, dessen Werke jahrzehntelang als kitschig abgetan wurden, als Wegbereiter der Moderne angesehen. 2011 widmete die Stiftung Beyeler in Riehen bei Basel ihm eine Einzelausstellung.

HL. ZENO (4. JH.)

Der von 362 bis 371 amtierende Bischof von Verona stammte aus Nordafrika, war vielleicht sogar ein Schwarzafrikaner, denn eine gotische Sitzfigur zeigt ihn in seiner Grabkirche San Zeno in Verona dunkelhäutig. Er zählt zu den bedeutenden frühchristlichen Kanzelrednern, die die Lehre Jesu im Veneto gegen das aufflackernde Heidentum vehement verteidigten. Die mittelalterlichen Legenden rühmen seine **Fürsorge für Arme und Kranke** und sein unerbittliches Vorgehen gegen den Arianismus und die spätantike Philosophie. Als Zeno am 12. April 371 starb – später sein Gedenktag – hinterließ er auch eine umfangreiche Sammlung von lateinischen Schriftauslegungen und Abhandlungen zu Taufe, Osterliturgie und Mariologie.

BAR
CRISTALLO gelateria
BAR

ERLEBEN UND GENIESSEN

Welche kulinarischen Spezialitäten gibt es am Gardasee und wo kann man am schönsten übernachten? Wann finden die besten Festivals und Events am Lago statt und wie sieht es bei den Opernfestspielen in der Arena von Verona hinter den Kulissen aus? Informationen dazu finden Sie in diesem Kapitel.

Essen und Trinken

Gesund, vital und Pasta

Alle Welt spricht von gesunder Ernährung und vitaler Küche. Der Gardasee hat sie – zumindest, wenn man die ursprünglich praktizierte und in den letzten Jahren wiederentdeckte puristische Küche meint. Sie basiert auf Olivenöl, Fisch, Zitrone und passt fast perfekt zu modernen Ernährungsanforderungen.

Wenn das nichts heißt: Limone verzeichnet die höchste Konzentration an über 80-Jährigen in Italien. Vor allem Herzinfarkte sind hier deutlich seltener als im Landesdurchschnitt, was möglicherweise auch durch die Ernährung begünstigt wird. Gesundheitsanforderungen hin und Kohlehydrate-Skeptiker her, am Gardasee bestimmt natürlich auch die italienische Esskultur das Geschehen auf Tisch und Teller. Ohne **Pasta** – ein Teufel in der aktuellen Kohlehydrate-Diskussion – und **Vino** geht nichts. Sogar mittags wird ein Primo gereicht, und diese Vorspeise besteht eben meistens aus Nudeln. Und dass ein Glas Wein nicht fehlen darf, versteht sich von selbst.

Kochkünste der Regionen

Die Grundausrichtung der Gardasee-Küche ist regional sehr unterschiedlich, sieht man einmal von den Einheitskarten rein touristisch orientierter Lokale ab. Seefisch und Kaninchen prägen den Speiseplan auf der **veronesischen Ostseite**. In Verona selbst gibt man sich großstädtisch und breit gefächert im Angebot. Im **trentinischen Teil** des Sees im Norden stehen Rind und Schwein in verschiedenen Variationen im Vordergrund, während man auf der **Brescia-Seite** im Westen das Fleisch gerne als deftige Spieße auf den Grill legt. Köstliche Käse- und Wurstwaren werden überall in der Region erzeugt.
Nudeln beherrschen jede »Lista« (Speisekarte), sie sind nie Beilage, sondern immer Primo. Gleiches gilt für **Reis**, der ebenfalls als Vorspeise in Form von Risotto gegessen wird. Beilagen, wie wir Deutsche sie mögen, isst man in Italien weniger. **Kartoffeln** mit Rosmarin und Mais-Polenta, gerne vom Grill, stehen manchmal als Contorno auf der Speisekarte, häufiger die unvermeidlichen Pommes Frites.

Morgens, mittags, abends

Morgens wird auf die Schnelle gegessen. **La Colazione**, das Frühstück, besteht außerhalb der Touristenhotels mit ihren Buffets lediglich aus Caffè, Brioche (Hörnchen) und einem Blick in die Zeitung, häufig im Stehen an der Bar – fertig! Mittags nimmt man sich schon mehr Zeit – ab 12.30 Uhr für **il Pranzo**. Drei Gänge mit Wein sind durchaus üblich. Während **la Cena**, das Abendessen ab 20 Uhr und später zelebriert wird.

Gesund und vital: Zitronen gehören am Gardasee fast immer dazu.

Gesellige Tischrunden Abends und sonntagmittags ist die Runde, die gemeinsam speist, eher groß, und einer bezahlt – meist der Tischvorstand. Das gilt vor allem, wenn sich der große Familienkreis in den Trattorien trifft, wo das Coperto, ab 1 € pro Person für Brot, Grissini, meist auch Stofftischtücher und -servietten, zu den Selbstverständlichkeiten gehört. Zwei bis drei Stunden für vier, manchmal **fünf Gänge** und nicht nur ein Fläschchen sind keine Seltenheit. Auf das Antipasto folgen Pasta, Risotto oder Zuppa (Suppe). Dann kommen Secondo (Hauptgericht) und Dolce (Dessert). Contorni (Beilagen) müssen extra bestellt werden und werden auch extra berechnet. Manchmal wird zwischendurch ein Sorbet gereicht und abgeschlossen wird jedes Essen mit Kaffee und vielleicht einem Grappa.

Lokale Neben dem **Ristorante** (Restaurant) sorgen die **Trattoria** und die **Osteria** für das leibliche Wohl. Während noch vor wenigen Jahren ein Ristorante ein eher teures Haus mit gepflegter Atmosphäre und eine Trattoria ein eher einfaches Speiselokal war, ist eine Unterscheidung in dieser Weise heute kaum mehr möglich. Neben den beschriebenen Gaststätten gibt es natürlich Pizzerien und auch einige Imbissstuben, die einfache regionale Gerichte anbieten.

Besonders außerhalb der Saison haben am See fast alle Restaurants nach **22 Uhr** ihre Küche geschlossen. Nur der Holzkohleofen für eine Pizza brennt dann manchmal noch.

GENIESSEN – VOM APERITIF BIS ZUR ZABAIONE

Aperitif Italien ist das Land des Aperitifs. **Campari**, den man pur, mit Soda oder Orangensaft gemischt trinken kann, stammt aus Mailand. Jede Saison bringt ein neues trendiges Getränk. Sehr beliebt ist derzeit der **Hugo**, Prosecco mit einem Schuss Holunderblütensirup und Eiswürfeln. Seit Jahren schon schlürft man **Aperol Spritz**, den Longdrink bestehend aus sieben Teilen Prosecco und drei Teilen Aperol (Bitterlikör) plus einer Orangenscheibe und Eiswürfeln.

Getränke zum Essen Standardgetränke zu den Mahlzeiten sind **Wein** (vino) und **Mineralwasser** (acqua minerale) mit oder ohne Kohlensäure (con / senza gas). Das Wasser aus S. Pellegrino Terme ist das bekannteste regionale Mineralwasser. Gern getrunken werden auch Limonaden (limonata) oder Fruchtsäfte (succo di ...). Außerdem kann man verschiedene **Biere** (birra) bestellen, sowohl das leichte italienische als auch diverse ausländische. **Tischweine** werden offen serviert – in der Karaffe zu 1 Liter (un litro), 0,5 Liter (mezzo litro) oder 0,25 Liter (quarto litro) oder im Glas (un bicchiere). Die älteren Jahrgänge und Weine von hoher Qualität werden in verkorkten Flaschen mit Etikett an den Tisch gebracht und dort geöffnet.

Der Tag klingt aus, der Abend beginnt – Zeit für einen Aperitif.

Antipasti

Als Antipasti gibt es oft Oliven (olive), Artischocken (carciofi), Wurst (salame) oder Schinken (prosciutto). In manchen Restaurants werden auch eine Art kleine Ravioli in Bouillon (agnolini in brodo) angeboten. Bresaola, ein abgehangener Rinderschinken, der in dünnen Scheiben und häufig mariniert auf den Tisch kommt, ist eine lombardische Spezialität, aber überall am See zu bekommen.

Pasta

Zum ersten Gang kann man fast immer zwischen Spaghetti, Makkaroni, Lasagne, Cannelloni, Ravioli und Tagliatelle wählen (►Baedeker Wissen, S. 72). Besondere Zubereitungen sind die **Tortelli di zucca**, Teigtaschen mit Kürbisfüllung, oder Gnocchi di zucca, Kürbisnocken. **Pizzoccheri** – Bandnudeln aus Buchweizenmehl – isst man gelegentlich im nordwestlichen Gardaseegebiet. Sie werden aus Kartoffeln, Kohl und geschmolzenem Käse zubereitet.

Suppen

Alternativ zur Pasta kann man als ersten Gang die wohlschmeckenden Suppen essen, denen oft auch ein paar Nudeln beigemengt sind. Meistens werden **Minestroni**, Suppen mit verschiedenen Gemüsen, serviert oder eine **Zuppa di fagioli** (Bohnensuppe), mitunter auch **Zuppa di ceci** (Kichererbsensuppe). Wer mag, kann eine Suppe aus Kutteln (trippa) bestellen. Bei einer **Stracciatella** handelt es sich um eine Kraftbrühe mit Eierstich.

Pasta

Sophia Lorens Ausspruch »Alles, was Sie hier sehen, habe ich den Spaghetti zu verdanken« ist legendär. Und auch die Geschichte, dass Garibaldi 1860 nach der Befreiung Neapels die Pasta als die Italien einigende Kraft beschwor, zeigt, wie untrennbar Italiener und Pasta zusammengehören. Pasta wird aus Hartweizenmehl und Wasser gemacht, es gibt Hunderte verschiedener Formen und Sorten. Einige entstanden aus Lust am Design, andere für bestimmte traditionelle Soßen. Eine Auswahl:

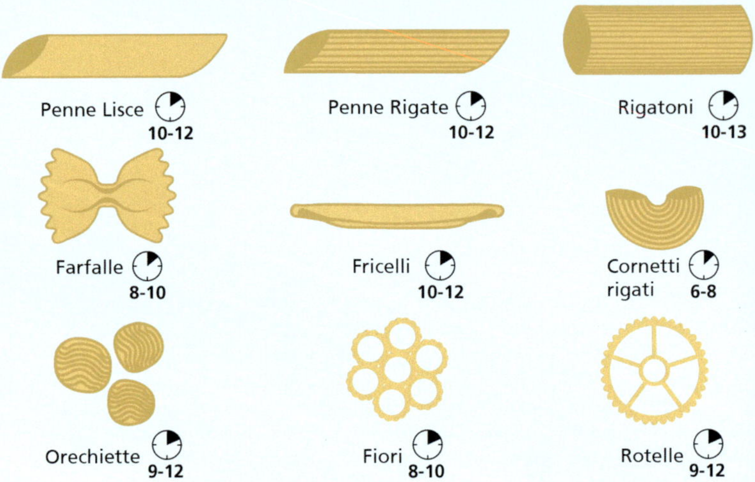

▶ Nudeln machen glücklich
Sie sind wichtige Kohlenhydrat- und Energielieferanten. Die Kohlenhydrate bilden bei der Aufnahme Serotonin, einen anerkannten Stimmungsaufheller, der in geringem Maß antidepressiv wirkt und gute Laune ans Gehirn sendet.

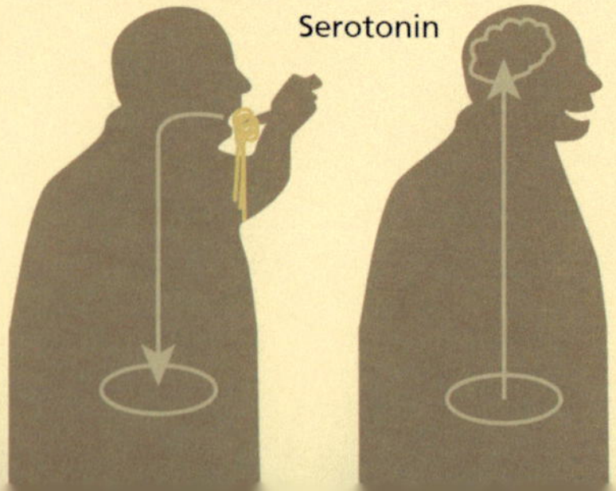

▶ Bunte Nudeln
Nudeln erhalten durch natürliche Inhaltsstoffe ihre Farbe:

- Tomate, Rote Beete
- Spinat, Basilikum, Petersilie, Brennnessel
- Eigelb, Safran
- Pilze, Kakao
- Methylenblau, Curacao
- Sepiatinte

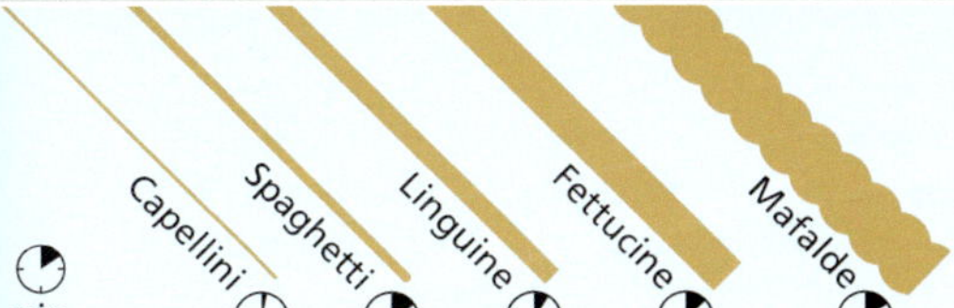

min.
Perfekte Kochzeit für »al dente«

Capellini	Spaghetti	Linguine	Fettucine	Mafalde
2-4	9-12	6-9	8-10	9-12

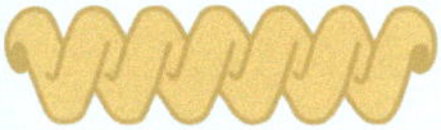

Cavatappi 9-12

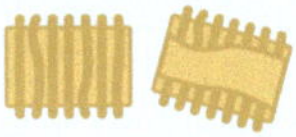

Radiatori 10-13

Fusilli 10-12

Troffie 11-13

Alfabeto 5-8

Conchiglie 8-10

Gefüllte Nudeln
Der Teig wird mit Ei gemacht, damit er geschmeidiger ist.

Ravioli
z.B. gefüllt mit Rindfleisch

Tortellini
z.B. gefüllt mit Fleisch, Ricotta

Cannelloni
z.B. gefüllt mit Ricotta, Tomaten

Agnolotti
z.B. gefüllt mit Fleisch, Käse

Tondo
z.B. gefüllt mit Pilzen, Trüffel

Triangoli
z.B. gefüllt mit Ricotta, Spinat

▶ **Ein uraltes Lebensmittel**
Älteste Nachweise von Nudeln

China: seit der Han-Dynastie (3. Jh. v.Chr.)

Italien: Darstellung auf etruskischen Fresken in Cerveteri (7. Jh. v.Chr.)

Römisches Rezept (1. Jh. n.Chr.)

Arabien: (seit dem 11. Jh.)

▶ **Pasta-Lexikon**

-elle	breit
-ette	schmal oder klein
-ine/ini	klein
-oni	groß
Rigate	geriffelt
Lisce	glatt
Mezze	angeschnitten/ verkürzt (eigentlich: halbe)
Penne	schräg/ angeschnitten (von penna: Schreibfeder)

▶ **Nudeln der Welt**

Asien: Reisnudeln (aus Reismehl) und Glasnudeln (aus Mungobohnen)

Türkei: Manti (gefüllte Teigtaschen)

Russland: Piroggen (gefüllte Teigtaschen)

Schwaben: Spätzle

©BAEDEKER

Risotto Der in der Po-Ebene angebaute Reis steht in allen möglichen Risottovariationen auf der Speisekarte am Gardasee. Für einen guten Risotto benötigt man besonderen Reis, dessen Korn beim Kochen am äußersten Rand weich wird, innen aber fest bleibt. Am bekanntesten sind der **Risotto alla milanese** mit Safran und der **Risotto alla mantovana**, der mit Salamistücken serviert wird. Wer **Risotto con le rane** bestellt, sollte wissen, dass er ein Reisgericht mit Froschschenkeln bekommt. Und **Risotto alla certosina** ist ebenfalls mit Froschfleisch, außerdem mit Barsch und Süßwassergarnelen sowie Gemüse angereichert.

Polentagerichte Fleischgerichte werden oft mit Polenta serviert, so auch das Gericht Ossobuco, mit Gemüse gedünstete Kalbshaxe, das aus dem Veltlin stammt. **Polenta e osei alla bergamasca** ist eine mit Wildgeflügel, Butter und Salbei zubereitete Polenta, die man gelegentlich im südwestlichen Gardaseegebiet bekommt. Zur Polenta isst man auch Cassoeula, einen Eintopf mit Schwein, Kohl, Sellerie und Karotten. Aber man bekommt den Maisbrei auch als Hauptgericht. Die **Polenta rustica** wird mit Butter und Zwiebeln gebraten, die **Polenta taragna** zusätzlich mit herzhaftem Käse gewürzt.

Fleisch und Fisch Vor allem im Süden findet man Restaurants, in denen man zusehen kann, wie Fleisch und Fisch am offenen Feuer zubereitet werden. Verschiedene gegrillte Fleischsorten kann man unter »grigliata mista« bestellen.
Lombata ist ein Lendenstück, **Stracotto** ein Schmorbraten, der regional unterschiedlich zubereitet wird. **Bollito misto**, ein traditioneller Eintopf aus Kalb-, Hühner- und Rindfleisch, oft auch Zunge und Wurst, wird je nach Region mit Salsa (Sauce) oder Mostarda, eingelegten Senffrüchten, serviert. **Carpaccio** ist sehr dünn geschnittenes rohes Fleisch oder Fisch, das mit Olivenöl und Basilikum oder einer anderen Marinade gereicht wird. Am Gardasee und den benachbarten kleineren Seen gibt es hervorragende **Fischgerichte**. Stör (storione), Karpfen (carpa), Schleie (tinca), Aal (anguilla), Lachs (salm), Hecht (Luccio) und Forelle (trota) stehen auf dem Speiseplan.

> **?** BAEDEKER WISSEN
>
> *Wussten Sie schon ...*
>
> ... dass es in italienischen Restaurants unüblich ist, sich den Platz selbst auszusuchen? Man wartet am Eingang, bis der Kellner den Platz anweist. Häufig werden zusätzlich die Bedienung (servizio) und das Gedeck (coperto) berechnet. Als Trinkgeld sind 10% vom Rechnungsbetrag angemessen.

Dolci Ein sehr schmackhaftes Dessert ist **Zabaione**, eine mit Eigelb hergestellte Weinschaumspeise. **Cotizze** sind frittierte Apfelstücke; unter **Cassata** versteht man eine Eisspezialität mit kandierten Früchten.

Formaggio: Käseproduktion in einer Molkerei nördlich des Gardasees

Gelato ist Eis, **Profiterol** eine Kreation aus Schokoladenmousse und Sahne oder Vanille-Creme, geformt zu Bällchen. Bei **Tiramisu** sollte man stets fragen, ob es hausgemacht ist, in touristisch ausgerichteten Restaurants gibt es nämlich oft nur noch Fertig-Tiramisu.

Formaggio

Beliebte Käsesorten sind **Taleggio** und **Gorgonzola**. Ferner sollte man auch den **Grana padano** probieren, einen feinkörnigen Hartkäse, der sich zum Reiben eignet, oder auch den weichen Bel casale. Hoher Wertschätzung erfreut sich auch der **Bitto**, der als junger Hartkäse sehr mild ist und später fest und pikant wird. **Casera** und **Scimud** werden aus entrahmter Kuhmilch produziert, sie sind leicht säuerlich und pikant. Aus Bagolino in der Nähe des Idrosees kommt der **Bagoss**, ein würziger Hartkäse. Auch der **Cingherlin**, ein Ziegenkäse, ist zu empfehlen. Von der Westseite des Gardasees kommt der aromatische **Tremosine**, der auf der gleichnamigen Hochebene erzeugt wird, der **Monte Baldo** dagegen vom gleichlautenden Bergmassiv im Osten.

Typische Gerichte

Ein Besuch am Gardasee ist ein Besuch in mehreren Regionen. Der See ist politisch in drei Provinzen aufgeteilt: Der Norden gehört zum Trentino, der Osten zu Verona, der Westen zu Brescia. Und jede Provinz kocht tatsächlich ihr eigenes Süppchen, nicht nur politisch …

Strangolapreti: »Priesterwürger« heißt dieses beliebte trentinische Gericht: Der Legende nach konnten sich bei den Spinat-Gnocchi in Salbei-Butter selbst hohe kirchliche Würdenträger nicht beherrschen, sondern würgten, also schaufelten, ein Stück nach dem anderen in sich hinein, bis die Kutte spannte.
Für 2 Personen benötigt man 250 g gehackten Blattspinat, eine halbe gepresste Knoblauchzehe, je 125 g Ricotta und Weißbrot. Alles wird zusammengemixt, 1 Ei, 50 g geriebener Parmesan, 1,5 Esslöffel Semmelbrösel, etwas Salz, Pfeffer, Muskat sowie eine halbe Handvoll frischer Salbeiblätter und 25 g Butter kommen dazu. Die Spinatnocken kocht man im Wasser und schwenkt sie kurz in der Pfanne in der zerlaufenen Salbei-Butter.

Carne Salada: Die zweite typische Spezialität des Trentino ist Carne Salada, am besten con Fagioli, also Salzfleisch mit braunen Bohnen. Basis ist eine Rinderkeule, die in Meersalz, etwas Zucker, Rotwein, Thymian, Majoran, Lorbeer, Rosmarin, Wacholderbeeren, Zimt, Muskat und Pfeffer eingelegt wird und im Römertopf an einem kühlen Ort 30 Tage lang ruhen muss. Dünn geschnitten kann man das Fleisch auch als Carpaccio essen.

Bigoli con le Sarde: Zu den Gardasee-Klassikern an allen Ufern gehören Bigoli con le Sarde, dicke, hausgemachte Spaghetti mit Sardinen, Olivenöl und Petersilie. Dazu benötigt man für 2 Personen lediglich 200 g Sardinen, 1 Zehe Knoblauch, Olivenöl, Salz und die dicken, spaghetti-ähnlichen Bigoli.

Pasta con Ragu di Coniglio: Ebenfalls mit Bigoli, aber auch mit Spaghetti, Makkaroni, Pappardelle oder Tagliatelle schmeckt diese Spezialität vom Ostufer: Nudeln mit weißem Kaninchenragout, also ohne Tomaten. 200 g klein geschnittenes Kaninchenfleisch ist die Grundlage für 2 Personen. Dazu kommen 30 g Pancetta oder Räucherspeck, 1 Zwiebel, 1 Knoblauchzehe, 1 Stange Sellerie, 2 Rosmanringzweige, 1 Esslöffel Olivenöl, 50 ml Weißwein, Salz und Pfeffer. Und natürlich die Pasta.

Luccio in Salsa: Im Süden sollte man Hecht in Soße nicht auslassen, wobei die Soße aus in Olivenöl gebratenen Sardinen gewonnen wird, die man mit Kapern und Zwiebeln verfeinert. Dazu gibt's Polenta, selten als Brei, meist als geröstete Scheiben. Für 2 Personen benötigt man einen 400-g-Hecht, für die Soße 0,05 l Weißweinessig, 0,2 l Weißwein, 40 g Zwiebeln, Karotten, Sellerie, ein halbes Bund Petersilie, 1 Lorbeerblatt, Kapern in Essig, gesalzene Sardellen, Zimt, Salz, Pfeffer und natürlich Olivenöl aus der Gardaseeregion.

WEINE VOM GARDASEE

Traditionsreicher Weinbau

Seit vielen Jahrhunderten hat der Weinbau vor allem im Süden des Gardasees Tradition. **»Bardolino«, »Tocai di San Martino«, »Chiaretto« und »Bianco di Custoza«** sind Weine, die so manche Kenner ausgesprochen gerne genießen. Die meisten Reben stehen auf den Hügeln im südlichen Uferbereich des Gardasees. Aus den Trauben werden bekömmliche Rot-, Rosé- und Weißweine gekeltert. Zudem ist das Anbaugebiet des »Valpolicella« nicht allzu weit entfernt. Es erstreckt sich weiter östlich – jenseits der Etsch bzw. nordwestlich von Verona (▶Baedeker Wissen, S. 80).

Klassifizierung

Unter den Gardasee-Weinen sind einige als **DOC-Weine** klassifiziert. Im Fall der DOC-Weine (Denominazione di Origine Controllata) ist der Ursprung kontrolliert. Im Gegensatz zu den **Tafelweinen** (Vino da tavola) stammen sie aus einem genau definierten Anbaugebiet, unterliegen Produktionsvorschriften und müssen zur analytischen und geschmacklichen Prüfung eingereicht werden.

Bardolino Classico

Der bekannteste Gardaseewein, der »Bardolino Classico«, wird am Südostufer des Sees erzeugt. Er ist in der Regel ein eher leichter, mitunter aber auch sehr gehaltvoller Rotwein, der gut zu vielen Spezialitäten der Gardasee-Küche passt.

Riviera del Garda Bresciano

Vom gegenüberliegenden südwestlichen Seeufer kommen Weine mit der Herkunfts- bzw. DOC-Bezeichnung »Riviera del Garda Bresciano«. Sehr gehaltvoll ist der »Rosso«, der vielfach aus Groppello-Trauben gekeltert wird. In guten Weinhandlungen findet man diesen Tropfen als **»Groppello della Riviera del Garda«**. Zu den besten Groppellos gehört seit vielen Jahren der »Don Lisander«, den man im Weingut Monte Cicogna in Moniga del Garda einkaufen kann.

Chiaretto

Als »Chiaretto« bezeichnet man in erster Linie Roséweine, die an der **Riviera del Garda Bresciano** (südwestliches Seeufer) erzeugt werden. Es sind sehr spritzige und frische Weine, die man genießt, solange sie noch jung sind. Auch der aus dem Bardolino gewonnene Schillerwein trägt die Bezeichnung »Chiaretto«.

Lugana

Ein ziemlich kleines Weinbaugebiet am südlichen Gardaseeufer ist die Gegend um Lugana. Von hier kommt ein **vorzüglicher Weißwein**, der aus Trauben der Trebbiano-Rebe erzeugt wird. Er ist als fruchtig und sehr spritzig bekannt. Die besten »Lugana«-Weine bekommt man in den Kellereien von Fraccaroli, Ottella und Zenato.

Bianco di Custoza

Ein weiterer guter Weißwein ist der Bianco di Custoza, der aus dem südöstlichen Gardaseegebiet stammt. Er wird ebenfalls aus Trebbiano-Trauben, aber auch aus Trauben der Garganega-Rebe gekeltert. Er ist bekannt für seinen milden und geschmeidigen Charakter.

Valpolicella

Aus dem Valpolicella-Tal östlich des Gardasees kommt ein guter Rotwein, der auch außerhalb Italiens bekannt ist. Meist ist es ein eher leichter Rotwein, es gibt aber auch gehaltvollere und schwerere Tropfen unter den Valpolicella-Weinen. Lohnend ist auf jeden Fall ein Ausflug in die Weinregion, in der man die Weine auch kosten und erwerben kann.

Tocai di S. Martino

Weit verbreitet ist im Gardaseegebiet die **Tocai-Rebe**, aus deren Trauben man einen charaktervollen und körperreichen Weißwein erzeugen kann. Einer der besten ist der Tocai di San Martino della Battaglia. Dieser DOC-Prädikatswein erfreut sich auch bei passionierten Weintrinkern starken Zuspruchs. Der italienische Tocai hat übrigens nichts mit dem Tokajer zu tun, dem schweren ungarischen Dessertwein.

Trentiner Weine

Im Norden des Gardasees werden zwei vorzügliche, gehaltvolle Rotweine gekeltert: der Marzemino und der Teroldego.

Weingüter (Auswahl)

Bardolino
Zeni
Tel. 04 56 22 83 31
www.zeni.it

Custoza
Cavalchina
Tel. 0 45 51 60 02
www.cavalchina.it

Lazise
Le Tende
Tel. 04 57 59 07 48
www.letende.it

Moniga del Garda
Costaripa
Tel. 03 65 50 20 10
www.costaripa.it

Padenghe
Emilio Zuliani
Via Tito Speri
Tel. 03 09 90 70 26
www.vinizuliani.it

Valeggio sul Mincio
Corte Gardoni
Tel. 04 57 95 03 82
www.cortegardoni.it

Bardolino, der bekannteste Gardaseewein

Wein vom Gardasee

Die bekannteste Weinbaugemeinde mit dem größten Anbaugebiet am Gardasee ist Bardolino am Ostufer. Entsprechend populär ist dieser Wein, und er ist gut. Darüber sollte man aber nicht vergessen, dass einige kleinere Seeregionen sehr beachtliche Weine produzieren.

▶ Klassifizierungsschema italienischer Weine

Qualitätsweine bestimmter Ursprungsgebiete

DOCG (Denominazione di Origine Controllata e Garantita): garantierte Ursprungsbezeichnung für Weine, die den höchsten Qualitätsansprüchen genügen müssen. Jeder dieser Weine erhält ein staatliches Garantiesiegel.

DOC (Denominazione di origine controllata): definiert klar die Grenzen der Anbaugebiete, einen Weinstil und die zugelassene Rebsorte.

Tafelweine

IGT (Indicazione Geografica Tipica): Kategorie für regionale Landweine und Rebsorten, Jahrgang und Region sind auf dem Etikett vermerkt.

▶ Klassifizierungskriterien

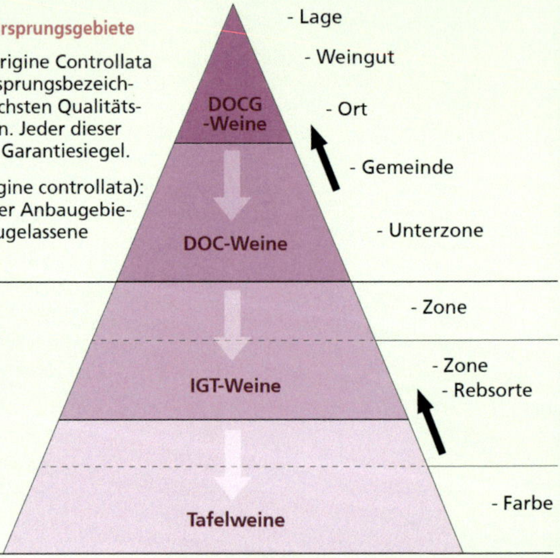

▶ Bardolino Classico: Rebsorten

»Corvina Veronese«
35–65 % Anteil, gibt dem Wein Körper und Farbe

»Rondinella«
10–40 % Anteil, gibt dem Wein Lebhaftigkeit.

Andere Sorten in geringeren Mengen: »Molinara« (Wohlgeruch) und »Sangiovese« (Feinheit und Struktur)

▶ Andere DOC-Weine vom Gardasee

Chiaretto: Leichter Rosé von der Riviera del Garda mit fruchtiger Note

Bresciano: ein frischer, aromatischer und fruchtbetonter Rotwein vom Südwestufer und aus Bardolino

Groppello: gehaltvoller und schwerer Rotwein von der Riviera del Garda Bresciano

Lugana: ein frischer und sehr leichter Weißwein vom Südufer

Bianco di Custozia: klassischer und fruchtiger Weißwein vom Südostufer mit goldiger Farbe und leicht nussigem Aroma

▶ Die Weinanbaugebiete rund um den Gardasee mit den DOC-Grenzen

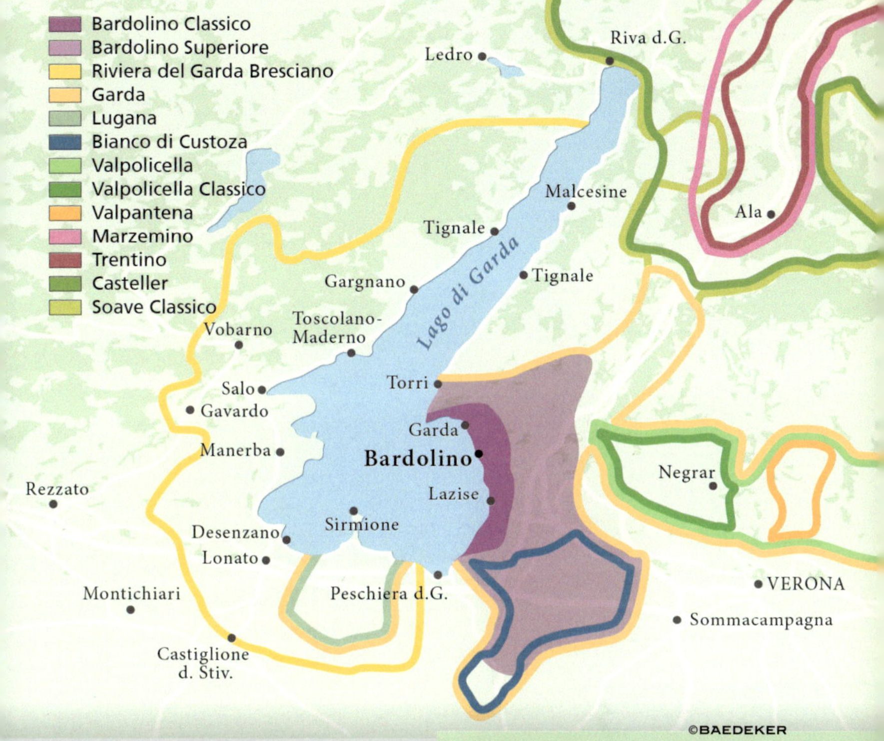

▶ Italiens Weinproduktion

nach Regionen in Prozent, Stand 2010

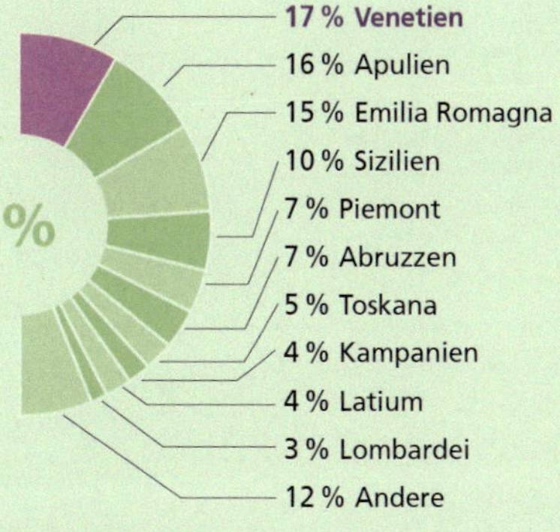

▶ Abnehmerländer italienischer Weine

in Mio. Euro, Stand 2010

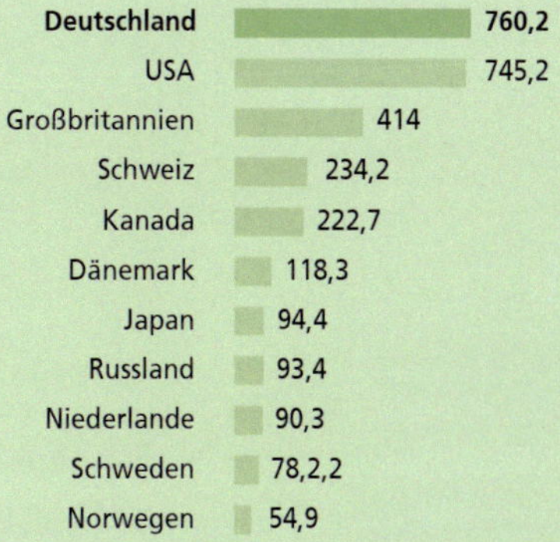

Feiertage · Feste · Events

Va bene – Cincin!

Italiener feiern weniger emotional als man vielleicht denken könnte – sowohl beim kleinen privaten Geburtstagsfest auf der Terrasse mit Blick auf den See als auch beim weltbekannten Karneval in Venedig, wo man sich geradezu zurückhaltend, beinahe schon distanziert gibt.

Wie man am Lago feiert

Feiern am Gardasee haben immer etwas mit Essen, Trinken und Palavern zu tun. In Letzterem sind die Italiener Weltmeister – auch wenn sie es noch lieber im Fußball wären. Wenn der örtliche Tennisklub zur Eröffnung der Freiluftsaison lädt oder wenn auf ein rundes Jubiläum angestoßen wird: Tutto bene? Si! Si! Va bene. Cincin! – Geht's gut? Ja, ja, es geht gut! Prost!
Beobachten kann man das am besten bei privaten Feiern, aber auch bei den lokalen Festen in der Nebensaison, sei es im Januar nach dem Neujahrsschwimmen im eiskalten See oder im Oktober bei den Weinfesten rund um Bardolino, sei es am Santa-Catarina-Tag im November, wenn die Olivenernte eingefahren ist und das erste Öl frisch gepresst wurde, oder in der Vorweihnachtszeit auf den Weihnachtsmärkten. Echte **Highlights** sind der Ostermontag in Campo di Brenzone, wenn in riesigen Kesseln über offenem Feuer die Bigoli con le Sarde, Spaghetti mit Sardinen, gekocht werden, und die zauberhaften Augustnächte mit schönster Sommerstimmung in allen größeren Orten am See. Cincin!

Abends und nachts

Wie es sich für ein (fast) mediterranes Reiseziel gehört, gibt es am Gardasee und in Verona ein reges Nachtleben. In zahlreichen **Diskotheken und Clubs** kann man sich bis in die frühen Morgenstunden austoben. Die angesagten Adressen ändern sich stets und ständig, sodass man auf eine Auflistung getrost verzichten kann. Besonders beliebt sind schon seit Langem die Clubs bei Desenzano und in Bardolino.
Aber auch ohne Laser-Light-Shows und Soundgewitter kann man am Gardasee nachts einiges erleben. In der Hochsaison sind die Uferpromenaden und Altstädte stimmungsvoll beleuchtet. Auf Straßen und Plätzen spielen **Musiker und Bands**, zeigen Straßenkünstler, was sie können, und die Restaurantwirte tischen gut und gerne bis Mitternacht im Freien auf. Vielerorts gibt es Open-Air-Partys, Pop- und Rockkonzerte oder Feuerwerke – langweilig kann es einem an solchen Sommerabenden am Gardasee nicht werden.

Ausfahrt zum nächtlichen Kanurennen: Der Palio delle Contrade in Garda geht auf eine venezianische Tradition zurück.

Veranstaltungskalender

GESETZLICHE FEIERTAGE

1. Januar (Neujahr: Capodanno)
6. Januar (Hl. Drei Könige: Epifania)
Ostersonntag, Ostermontag (Pasqua, Lunedi dell' angelo)
25. April (Tag der Befreiung 1945: Festa della liberazione)
1. Mai (Tag der Arbeit: Festa del primo maggio)
15. August (Mariä Himmelfahrt: Assunzione / Ferragosto, Höhepunkt der inneritalienischen Ferienreisezeit)
1. November (Allerheiligen: Ognissanti)
8. Dezember (Mariä Empfängnis: Immacolata Concezione)
25. und 26. Dezember (Weihnachten: Natale Santo Stefano)

Die Festa Nazionale della Repubblica (Nationalfeier der Republik) findet am 1. Sonntag nach dem 2. Juni statt, die Festa dell' Unità Nazionale (Tag der nationalen Einheit) am 1. Sonntag im November.

FESTE UND EVENTS

JANUAR

Neujahrsschwimmen

Am 1.1. findet in Magugnano (Brenzone) ab 15 Uhr das traditionelle Neujahrsschwimmen im See statt – egal, wie wie das Wetter und wie eiskalt das Wasser ist.

MÄRZ

Festa di Mezzaquaresima

Drei Wochen vor Ostern, in der Mitte der Fastenzeit, wird in Limone die »mezza quaresima« begangen. Die Mezzaquaresima ist kein Fastenbrechen – gläubige Christen essen nach wie vor kein Fleisch –, aber es gibt Fisch in Hülle und Fülle. Und da dieser bekanntlich schwimmen muss, wird dazu Weißwein ausgeschenkt.

JUNI

Festa del Nodo d' Amore

Die Tortellini wurden in Valeggio erfunden. Deshalb wird an jedem dritten Dienstag im Juni die 600 m lange Visconti-Brücke zum Riesen-Open-Air-Restaurant. 4000 Menschen feiern auf der Brücke die Festa del Nodo d' Amore mit mehr als 600 000 Nodo d' Amore, Liebesknoten, wie die Tortellini in Valeggio genannt werden.

JUNI – SEPTEMBER

Malcesine e L'Europe

In Malcesine werden in schönem Rahmen und vor herrlicher Kulisse auf der Freilichtbühne bei der Burg Sommerkonzerte veranstaltet, außerdem gibt es auch Theatervorführungen.

JULI

Regatta Bisse

Ein spätabendliches Bootsrennen auf dem südlichen Gardasee, Start ist in Bardolino. Gerudert wird, anknüpfend an Traditionen der venezianischen Republik, im Stehen, und zwar in schönen alten Booten. Der historische Wettbewerb wird eingeleitet mit einem Umzug der Fahnenschwinger.

JULI / AUGUST

Verona

Opernfestspiele in der Arena di Verona (► Baedeker Wissen S. 86)

AUGUST

Notte di San Lorenzo

Eine ganz besondere Nacht ist die am 10. August, wenn es Sternschnuppen »regnet«. Ganz Italien guckt dann in den Himmel, in Peschiere wird in der Sternschnuppennacht ein wahres Volksfest veranstaltet, begleitet von Leckereien und Musik.

Palio delle Contrade

Wettkampf zwischen den Stadtvierteln von Garda. Jedes Jahr am 15. August wird ein nächtliches Kanurennen ausgetragen: Je vier Ruderer in Booten, wie sie früher zum Transport und Fischfang eingesetzt wurden, treten gegeneinander an. Das Fest geht auf eine venezianische Tradition zurück. Die Sieger werden mit einem Feuerwerk gefeiert.

Notte d' Incanto

▶ Dezenzano

SEPTEMBER

Centomiglia

Jedes Jahr Anfang September startet im Jachthafen von Bogliaco (Gargnano) die »Hundert-Meilen-Regatta« (Centomiglia), die renommierteste Segelregatta am Gardasee. Das internationale Rennen findet seit mehr als 60 Jahren statt. Alle Segelbegeisterte sollten diese Veranstaltung einplanen.

Rock Master

Bei Arco werden jedes Jahr im September die internationalen Meisterschaften im Freeclimbing ausgetragen, 2011 wurde im Sommer sogar die Weltmeisterschaft hier veranstaltet.

Gehört bei vielen Festen dazu: Feuerwerk über dem Lago

SEPTEMBER / OKTOBER

Festa dell' Uva

Seit mehr als sechs Jahrzehnten wird in Bardolino im Herbst ein großes Weinfest am Hafen und an der Uferpromenade veranstaltet. Eine gute Gelegenheit, sich durch die Bardolino-Weine zu probieren! Wenn es dunkel wird, gibt's ein Feuerwerk.

NOVEMBER

San-Catarina-Tag

In Castelletto di Brenzone wird Ende November groß gefeiert, wenn alle Oliven geerntet sind und in den Ölpressen die ersten Tropfen des jungen Öls fließen. Das neue, kalt gepresste Extra Vergine kann man am San-Catarina-Tag bei den Produzenten probieren und kaufen.

Oper in der Arena

Zum 100. Geburtstag von Giuseppe Verdi am 10. August 1913 führte man in der Arena von Verona seine Oper »Aida« auf. Es war der Startschuss für das heute erfolgreichste Opernfestival der Welt.

▶ Arena in Zahlen 2012

Gesamtbesucherzahl	600 000	Länge	138 m
Sitzplätze	22 000	Breite	109 m
Spieltage	45 – 50	Höhe	24,1 m
Opern	5 – 6	Bühnengröße	1500 m³

▶ Hitliste 1998 – 2012

Bei den Festspielen gibt es einige »Stammopern«: Seit 1998 wurde in jedem Jahr »Aida« gegeben, durchschnittlich jedes zweite Jahr gab es »Carmen« und »Nambucco« zu sehen. Insgesamt wurden in den letzten 15 Jahren 18 verschiedene Opern aufgeführt.

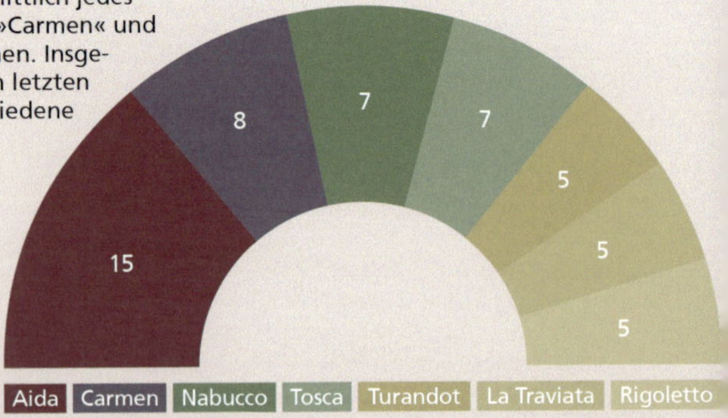

Opern, die mehr als fünf Mal gespielt wurden

▶ **Das Programm der Opernfestspiele**

www.arena.it

▶ **Kontinuität**

Von Beginn an setzte man in Verona auf ein festes Ensemble aus Orchester Chor und Ballett.

Besetzung

Orchester	84
Chor	54
Chor (Aida)	180
Ballettensemble	13

▶ **Mit Abstand Nr. 1**

Besucherzahlen im Vergleich mit anderen Festspielen

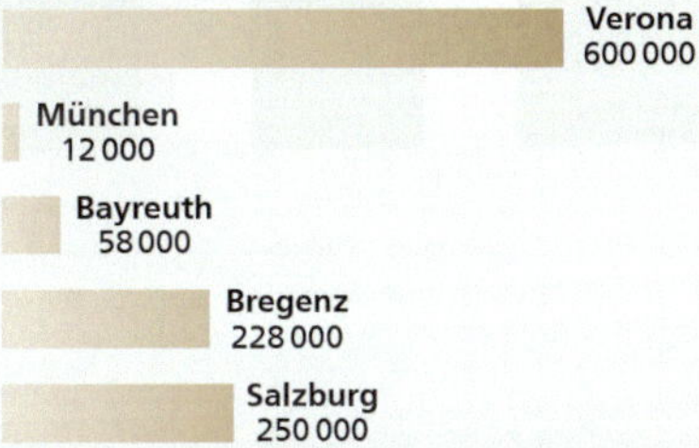

▶ **Kartenpreise (2012)**

Während das Publikum im Parkett den Opern eher andächtig zuhört, werden die Besucher auf den »billigen« Rangplätzen zu »Komparsen« der Vorstellung: Es wird lautstark mitgefühlt und mitgelitten.

	wochentags/ Wochenende
1. Parkett Gold	183/198€
1. Parkett	153/168€
2. Parkett	116/127€
Nummerierter Rangplatz	94/104€
Nummerierter Rangplatz seitlich	73/84€
Unnummerierter Rangplatz (D, E)	25/27€
Unnummerierter Rangplatz (C, F)	21/23€

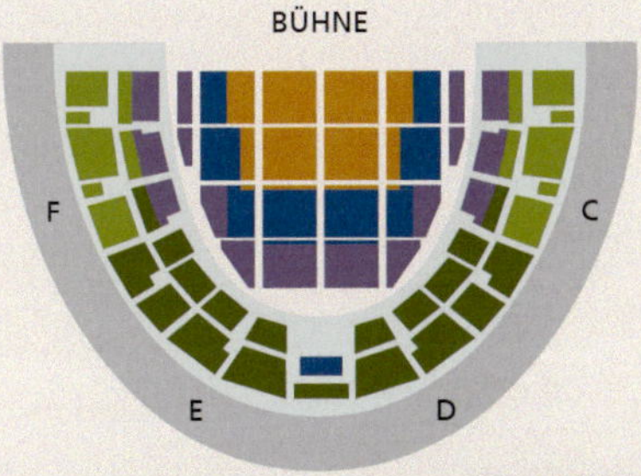

©BAEDEKER

Gänsehaut unterm Sternenhimmel

Wenn in der Arena von Verona der Feldherr Radames in der Arie »Holde Aida« seine Tenorstimme erklingen lässt, herrscht auf den steinernen Sitzstufen andächtige Stille, denn jeder will das hohe C dieser Bravour-Arie hören. Und wehe es wird nicht erreicht, dann fliegen die Sitzkissen und das Publikum schimpft.

Nur die Kerzen darf man noch mitbringen. Die Flasche Custoza und der Picknick-Korb sollen dagegen zu Hause bleiben. Denn seit 2010 gibt es neue Regeln für die Gradinate, die unnummerierten Rangplätze der Arena di Verona. Pedro macht deshalb neuerdings mehr Geschäft auf der Tribüne, wo er Birra, Coca, Panini lauthals anpreist. Ein Tamile verkauft Gelati – ohne Worte – und Elisa lockt mit Sitzkissen: für 3 Euro, die vor der Arena nur einen kosten. Ein laues Lüftchen streicht über die Köpfe und die Dämmerung taucht Ränge, Parkett und Bühne langsam ins Dunkel. Jetzt ist die Zeit, die Kerzen zu entzünden. Das gehört sich so vor jeder Aufführung in der Arena. Obwohl nur etwa jeder 10. Besucher ein Lichtlein brennen lässt, saugt man regelrecht die Atmosphäre in diesem 2000 Jahre alten Bauwerk auf, verspeist sie wie leckere Antipasti. Jeder will alles sehen und mitbekommen: den Nachthimmel der blauen Stunde, das Dekolleté der schönen Signora, den zarten Schein der Kerzen, dass Pedro auf die Cola für 4 Euro nur einen zurückgibt. Ach, das war ein Zehner, kein Fünfer? Scusi ..., das kann schon mal passieren. Das Kommen und Gehen auf den Rängen, das Flanieren im Parkett, das Herumstehen der Herren in feinen Zegna-Anzügen: am liebsten würde man auch den ganzen Tratsch verstehen, ehe sich die 15 000 Zuschauer endgültig auf ihren Platz setzen, wenn der Gong ertönt. Jetzt können Primo und Secondo folgen. Ob mit Bizet und Carmen oder mit Verdi und Aida, der unangefochtenen Numero Uno der Festspiele, ob Turandot, Traviata oder Troubadour.

Höhen und Tiefen

Mehr als 700 Personen arbeiten an einer Aufführung von Verdis »Aida« mit, von den Handwerkern, Technikern und Beleuchtern über die Kulissenschieber und Garderobieren bis zum Produktionsleiter. Sie sind unabdingbar für den reibungslosen Ablauf der allabendlichen Opernaufführungen im Sommer, obwohl das Festival in erster Linie von den großen Namen der Gesangssolisten profitiert. Seit 1913, als zum 100. Geburtstag von Giuseppe Verdi die ersten Opernfestspiele in der Arena stattfanden, haben viele **weltberühmte Sängerinnen und Sänger** Gastrollen bei den Operninszenierungen gespielt. Die Zeiten einer Maria Callas oder eines Pavarotti sind jedoch vorbei. Die großen Feuilletons besprechen nicht einmal mehr die Premiere zur Festspielzeiteröffnung. Dazu passt, dass die preisgünstigen, nicht nummerierten

Steinstufenplätze als die akustisch besten gelten. Verona hat zwar die größte Opernfreilichtbühne der Welt, ist aber nun mal nicht Bayreuth oder Salzburg. Dafür wird in Verona wegen dieser **einzigartigen Atmosphäre** schon mal ein Opernmuffel zum Opernfan.

Chor und Orchester

Nicht ganz ohne ist das Dirigieren einer groß angelegten Aufführung unter freiem Himmel. Der Chor mit etwa 180 Sängerinnen und Sängern steht meist weit vom Orchester entfernt, sodass es **Klangverzögerungen** zwischen Chor und Orchester gibt. Deshalb dirigiert der Chorleiter aus einem Souffleurkasten an der Bühne den Chor einen Viertel- oder Achteltakt vor dem Orchester her. Auch die rund 230 Komparsen müssen zur rechten Zeit am richtigen Platz stehen. Für jede Aufführung sind ein paar Hundert Hosen, Jacken, Mäntel, Schuhe, Gürtel und Schnallen bereitzustellen und anzulegen.

Bühnenbild

Eine weitere Meisterleistung ist das Bühnenbild, das in Rücksprache mit dem jeweiligen Gastregisseur nach einem Modell (1:50) in den hauseigenen Werkstätten gefertigt wird. Eine Drehbühne gibt es nicht in der Arena, alle Kulissen müssen zerlegbar und schnell auf- und abbaubar sein, wobei kein Teil höher als 25 m sein darf, da es sonst nicht durch das Bühnentor passt. Einige Tausend Requisiten müssen hergestellt und korrekt auf der Bühne platziert werden. Für die Oper »Carmen« beispielsweise wird in sechs Stunden eine **1200-teilige Dekoration** auf- und abgebaut.

Das Wetter

Der Blick zum Himmel gehört zum Ritual der Veroneser Opernfestspiele. Setzt vor Spielbeginn Regen ein, wird verschoben. Dann kann es vorkommen, dass die Vorstellung erst um Mitternacht anfängt. Nur wenn **wetterbedingt abgebrochen** werden muss, bekommen die Zuschauer ihr Geld zurück – natürlich verzichtet die Festspielleitung nicht gern auf Tageseinnahmen von umgerechnet ca. 400 000 Euro. Damit sind die Kosten für das Arenaspektakel aber nur zur Hälfte gedeckt. Der italienische Staat muss jedes Jahr die rund 50 Millionen Euro Unkosten für die Festspiele und das fest engagierte Ensemble zur Hälfte bezuschussen, wovon immerhin zwei Drittel der Gesamtkosten für Personal anfallen. Die Opernfestspiele sind also **kein billiges Vergnügen**, auch nicht für Musikbegeisterte. Für die begehrten nummerierten Sitzplätze in den vorderen Reihen zahlt man knapp 200 Euro, auf den hinteren Rängen ist es mit rund 20 Euro deutlich billiger, dafür ist man aber vom Bühnengeschehen weit entfernt. Doch was zählen materielle Überlegungen angesichts eines so großartigen und einmaligen Kunstgenusses in historischem Ambiente unter freiem Himmel? Natur und Kunst verschmelzen, und man kann schon eine Gänsehaut bekommen, wenn unterm Sternenhimmel der Maler Mario Cavaradossi im dritten Akt der »Tosca« von Puccini zu intonieren beginnt: »Und es blitzten die Sterne ...«

Mit Kindern unterwegs

Keine Langeweile

Selbst wenn sich die Kleinen nach drei Tagen am See und an den Stränden mopsen, gibt's am Lago jede Menge Abwechslung. Vor allem der Süden des Gardasees ist mit flachen Stränden, Natur-, Wasser- und Vergnügungsparks mit all den Tieren, Rutschen und Attraktionen ein Eldorado für Kinder. Segeln und Surfen ist möglich. Und es gibt noch viel mehr!

Freizeitparks

In Sachen Freizeitparks haben Eltern und Kinder am Gardasee die Qual der Wahl, es gibt jede Menge. Der beste ist der **Parco Natura Viva** mit seinen Dinos, der berühmteste das **Gardaland** mit unzähligen Fun-Attraktionen und dem Sealife mit echten Haien. Und für alle, denen das Seewasser nicht genug bietet, gibt es auch etliche Badeparks und -landschaften.

Ausflüge

Schöne Ausflüge kann man in die **Berge** machen, etwa zum Monte Baldo, ► S. 197). Oder man unternimmt mit dem **Mountainbike** Touren durch die Gegend, das ist einfach in die Tat umzusetzen, es gibt zahlreiche Mietstationen. Außerdem könnten **Bootsausflüge** ein Ferienhit sein, Boote mieten und auch ohne Führerschein selbst fahren, ist in mehreren Orten am See möglich (► S. 109, 146). Wenn die Kleinen lieber einen Seebär am Ruder wünschen und das Schiff aussehen soll wie das von Captain Sparrow, dann sollte man auf einen Segeltörn mit Kapitän Aldo Valente auf der San Nicolò setzen, dem letzten Vollholzboot auf dem Gardasee, das in Bardolino in See sticht (www.europlan.it).

»Inselhüpfen«

Oder soll's ein bisschen Inselhüpfen sein? Auf die Isola San Biagio vor Manerba (► S. 194) kann man waten, auf die Isola dell' Olivo vor Malcesine (► S. 190) mit der Luftmatratze paddeln.

Besichtigen

Man kann auch eine echte Contessa in ihrem **Schloss** besuchen. Die Besitzerin der Isola del Garda trägt sogar ein Tattoo auf ihrer linken Schulter (► S. 229)! Auch der wohl **kürzeste Fluss der Welt** könnte interessant sein, fließt der Aril doch unter einigen Häusern und drei Brücken hindurch, bildet einen kleinen See und einenWasserfall – und alles auf gerade mal 175 m (► S. 193). In Garda macht es Spaß, den riesigen **Krokodilkopf** zu entdecken (► S. 158). Lockvögel sind auch die **Schauderterrasse** von Tremosine (► S. 248) und der schiefe Turm vom Gardasee, der Torre Apponale von Riva (► S. 216). In Sirmione kann man gut auf den 47 m hohen Hauptturm der **Burg**

Auch die Kids wissen, was gut ist!

steigen (► S. 236), im Museum von Torri del Benaco wird dem kleinen Netzfischer vom Strand erklärt, wie die Profi-Gardasee-Fischer ihre Forellen ködern (► S. 242). Und in Malcesine geht immer die Story, wie **Goethe verhaftet** wurde (► S. 190) – und wie man diese Geschichte nach den Ferien mal ganz cool im Deutschunterricht erzählen kann.

Campen Im Süden des Gardasees reiht sich ein Campingplatz an den anderen (► S. 104), was als Übernachtungsalternative bekanntermaßen absolut kindertauglich ist, zumal häufig spezielle Kids-Animationsprogramme angeboten werden.

Last but not least Außerdem haben Kinder in Italien immer noch zwei große Vorteile beim Essen im Restaurant: Erstens dürfen die Bambini in Bella Italia fast alles und die Kellner sind so verständnisvoll. Und zweitens gibt's Spaghetti, Pizza und Eis so viel man will!

Alles für Kinder

Parco Natura Viva

Knapp 5 km südöstlich von Lazise
www.parconaturaviva.it
Öffnungszeiten: März – Okt. tgl. 9.00 – 18.00 Uhr
Eintritt: Kinder (bis 12 Jahre) 15 €, Erwachsene 20 €

Sie lebten vor 225 Mio. Jahren und sind supergut im Parco Natura Viva nachgebildet: Tyrannosaurus, Stegosaurus und andere Familienmitglieder. Im Parco Natura Viva gibt es zwei Parks, und Tyrannosaurus & Co. sind im Dinosaurierpark des Zoologischen Gartens zu sehen. Auch Affen und Kängurus etc. kann man hier bewundern. Der zweite Park ist der Safari-Park, durch den man wie auf einer richtigen Safari mit dem Auto fährt und Zebras, Giraffen, Tiger und Löwen zu Gesicht bekommt (► Lazise).

Gardaland

1,5 km nördlich von Peschiera an der Gardesana
Tel. 04 56 44 97 77
www.gardaland.it
Wechselnde Öffnungszeiten: etwa Juli/Aug. 9.30 – 23.00, Sept. – Juni 10.00 – 18.00 Uhr
Eintritt: ab 31 € (verschiedene Staffelungen und Rabatte)

Alle, die gern Karussell, Achterbahn, Wildwasser- und Geisterbahn fahren, die sich vorwärts, rückwärts, seitwärts, kopfüber und im Kreis drehen und durch Gespensterhöhlen, Pharaonentempel oder Elfenreiche sausen, sind hier richtig! Spannend sind auch das Delfinarium und das Sealife (► Peschiera).

Canevaworld

Via Fossolta 1 (2 km südlich von Lazise)
www.canevaworld.it
Öffnungszeiten: Juni – Sept. tgl. 10.00 – 18.00; Juli, Aug. teilweise bis 2.00 Uhr
Eintritt: ab 19 € (verschiedene Staffelungen und Rabatte)

Italiens größter Badepark! Auf Wasserratten warten das Wellenbad, die Shark Bay, die Pirates Lagoon, die Coral Bay – alles Swimmingpools –, Sprungtürme, Kamikaze-Riesenwasserrutsche und eine Kunsteisbahn. Angeschlossen ist der Movieland Park (► Lazise).

Friends of Arco

Loc. Laghel 29, Arco
Tel. 04 64 53 28 28
www.friendsofarco.it
Outdoor-Spezialisten organisieren Kletter- und Abenteuercamps sowie Raftingausflüge für Familien mit nicht zu kleinen Kindern. Eine gute Möglichkeit, die Natur zu entdecken, Tiere zu beobachten, Felswände zu erklimmen und den Umgang mit Seil und Karabiner zu erlernen.

Vasco Renna

Parco Pavese 38069
Torbole sul Garda
Tel. 04 64 50 59 93
www.vascorenna.com
Die Surfschule Vasco Renna in Torbole bietet Surfkurse, die auch für Kinder gut geeignet sind.

Acquapark Altomincio

Ca. 4 km südlich von Peschiera bei Valeggio sul Mincio.
Tel. 04 57 94 51 31
www.gardapass.info/altomincio/parco.html
Geöffnet: Ende Mai – Mitte Sept. tgl. 10.00 – 19.00 Uhr
Eintritt: Kinder 8 €, Erwachsene 25 €
Wasserpark mit Schwimmbecken, Lagunen, Grotten Riesenrutschen, Liegewiese und Beachvolleyball

Parco La Quiete

4 km südöstlich von Lonato
Tel. 03 09 10 31 71
www.parcolaquiete.it
Geöffnet: Ende Mai – Ende Sept. tgl. 9.30 – 19.00 Uhr
Eintritt: Kinder 7 – 9 €, Erwachsene 9 – 12 €
Vielseitiger Wasserpark mit See und Möglichkeiten zum Barbecue, Fußball-, Volleyball- und Minigolfspielen.

Aquasplash Riovalli

In Cavaion Veronese 4 km nordöstlich von Lazise
Tel. 04 56 26 83 92
www.riovalli.it
Geöffnet: Juni – Sept. tgl. 9.00 – 19.30 Uhr
Eintritt: Kinder 6 – 7 €, Erwachsene 8 – 10 €
Wassersportpark mit zwei Schwimmbecken, mehreren Riesenrutschbahnen und diversen Sportanlagen

Segeln lernen für Junioren

Shopping

CUCINA TRADIZIONALE ITALIANA
€ 5.90
Lago di Garda
€ 5.90
AI 5 SAPORI

»Slow Città« am Lago

Der Gardasee ist nicht gerade der Ort, an dem man sich mit Gucci, Prada und Co. eindecken könnte. Dafür muss man schon nach Verona. In den unaufgeregten Gassen der Orte am See zeigen sich die Boutiquen bodenständiger, ohne aber altmodisch zu sein.

Individuelles Shoppen

Solide Bodenständigkeit findet man vor allem an der Piazza Tre Novembre in Riva im Norden oder in der Via Papa in Desenzano im Süden. Nur vereinzelt sieht man in den Hauptgassen, etwa in Riva, Salò, Desenzano und Sirmione, auch mal einen Brand-Laden der italienischen Kosmetik-, Mode- und Designindustrie. Was durchaus charmant ist: Der unabhängige Einzelhandel spielt eine große Rolle, er stemmte sich erfolgreich gegen Globalisierungstendenzen und Einheitsgeschmack in Sachen Textil- und Schuhmode. Slow Food kam ja aus Italien, und Slow Città, die »langsame Stadt« mit ihren **ursprünglichen Geschäften**, die in italienischen Großstädten mittlerweile in aller Munde ist, hat am Lago schlicht und einfach überlebt.

Angebot

Typische Souvenirs aus dem Gardaseegebiet sind Weine, kalt gepresstes Olivenöl, Keramik und Kunsthandwerk aus Olivenbaumholz, das allerdings meist aus anderen Ländern stammt. Aus den Bergen kann es auch ein Glas Honig sein, ein Stücke Bio-Seife mit Lavendelduft oder etwas von den Wochenmärkten: Ledergürtel, Schmuck, ein Pizzateller oder ein Grappaglas.
Streng verboten ist in Italien nicht nur der Verkauf, sondern auch der Erwerb von **Markenfälschungen**. Also Vorsicht bei den auf der Straße angebotenen Markenschnäppchen!

Kulinarisches

An landwirtschaftlichen Produkten und Feinkostspezialitäten bietet der Raum um den Gardasee einiges, was sich als Mitbringsel eignet. Dies gilt beispielsweise für den klebrig-süßen Torrone (Nougat), den lecker-lockeren Panettone (Kuchen mit kandierten Früchten) und die knusprigen Amaretti (Mandelmakronen). In mehreren Orten wird ein köstlicher Amaretto (Mandellikör) verkauft. Viele dieser Produkte kann man auch **direkt bei den Erzeugern** erwerben. So bieten beispielsweise zahlreiche Agriturismo-Betriebe selbst erzeugte Fleisch- und Wurstwaren, Ravioli, Käse, Olivenöl, eingelegte Gemüse und verschiedene Weine an. Sehr begehrt sind auch diverse Grappa sowie Trüffel vom Monte Baldo.

Buntes Mitbringsel aus den Sommerferien: Nudeln vom Gardasee schmecken auch zu Hause noch nach Urlaub.

Einzelhandelsgeschäfte Eine gute Einkaufsstadt in Gardaseenähe ist **Verona**. Die besten Geschäfte liegen rund um die Arena sowie in den Straßen um die Piazza delle Erbe, vor allem in der Via Mazzini und der Via Cappello.

Einkaufszentren An den Stadträndern bzw. in Reichweite von touristischen Zentren, etwa in Rovereto oder Affi, gibt es riesige Einkaufszentren, die sich teilweise in ihrem Angebot **spezialisiert** haben, nur bestimmte Artikel (z. B. Schuhe, Kleidung, Heimtextilien) verkaufen, diese aber besonders preiswert anbieten können.

Antiquitäten In allen Touristenorten rund um den Gardasee werden nur wenige echte Antiquitäten, dafür aber besonders viel Edelramsch aus Olivenholz, Kupfer, Messing und anderen Materialien angeboten. Besonders vorsichtig sollte man beim Kauf angeblich »alter« Möbel sein. Viele dieser wertvoll aussehenden Stücke sind **gefälscht**.

Reichlich Auswahl an Oliven auf einem der Wochenmärkte

Öffnungszeiten

Die Öffnungszeiten der Einzelhandelsgeschäfte sind sehr unterschiedlich. Die meisten Händler haben ihre Läden 9.00 – 12.30 Uhr und 16.00 – 19.00 Uhr geöffnet, in den touristischen Zentren oft auch länger oder in der Saison auch durchgehend. Am Samstagnachmittag und Sonntag sind Geschäfte normalerweise geschlossen, manchmal auch am Montagvormittag. In beliebten Touristenorten sind im Juli und August die Geschäfte auch samstags und sonntags geöffnet.

Wochenmärkte

Produkte aus der Region erhält man in unterschiedlicher Qualität **relativ günstig** auf den Wochenmärkten, die rund um den Gardasee in vielen Orten abgehalten werden.

Flohmärkte

In einigen Orten rund um den Gardasee sowie in den nahen Großstädten finden mehr oder weniger regelmäßig Flohmärkte statt. Passionierte Flohmarkt-Gänger treffen sich an jedem ersten Sonntag im Monat (außer Juli und August) in Desenzano, wo auf der Piazza Malvezzi vor allem Antiquitäten auf Käufer warten.

Übernachten

Campingplätze und Spa-Resorts

Alles begann mit ein paar Zelten auf der Wiese hinterm Bauernhof. Mittlerweile gehört der Gardasee zu den beliebtesten Urlaubszielen in Norditalien und die Auswahl an Unterkünften ist groß – es gibt alles von der einfachen Bleibe im Hinterland des Lago bis zur kleinen Luxusoase direkt am Seeufer.

Immer wieder Gardasee

Der Gardasee ist ein Urlaubsziel für die ganze Familie, und alle kommen immer wieder: Die Mütter und Väter der 1960er-Jahre sind inzwischen Großmütter und Großväter, die Tochter war von Geburt an am See und ist nun selbst schwanger. Häufig werden auch die Unterkünfte »vererbt«. Aus der Casa Soundso, nicht klassifiziert, für 20 Mark die Nacht, ist mittlerweile ein hübsches 4-Sterne-Hotel mit Pool geworden und man zahlt 150 Euro. Und die armen Wirte von damals sind nicht nur alt, sondern – wie so viele am See – auch reich geworden.
In den Fünfzigerjahren hielt der Camping-, in den Sechzigern der Albergo-Tourismus Einzug. Mit der Mistgabel verscheuchten die Gardasee-Bauern ihre Kühe, um Platz für Zelte zu machen. Etwas später wurde dann das Kinderzimmer im Sommer vermietet, um den Besuchern vom Vorjahr, die schon damals immer wiederkamen, ein Bett anbieten zu können. Nach und nach wurde das Niveau angehoben und die ersten privaten Hotels mit ein paar Zimmern entstanden. Lange Zeit war der See ein 2- bis 3-Sterne-Ziel. Erst in den letzten Jahren etablierten sich mal ein Desginhotel hier, mal ein Wellnessresort dort, ein Boutique- oder Luxushotel direkt am Ufer und ein Agriturismo im Hinterland.

Hotels

Rund um den Gardasee gibt es heute **mehrere Tausend Hotelbetten**. Während der Oster- und Pfingstfeiertage sowie der sommerlichen Hauptreisezeit kann es zu Engpässen kommen, in diesen Zeiten ist eine rechtzeitige **Zimmerreservierung** unbedingt zu empfehlen. In der Vor- und Nachsaison hat man aber wenig Probleme, eine Unterkunft zu finden. Im Winter schließen viele Hotels und Pensionen am See. In jedem Fall helfen die Touristeninformationen vor Ort weiter, dort erhält man auch aktuelle Hotelverzeichnisse.

Hotelkategorien

Die Hotels in Italien sind offiziell in **fünf Kategorien** eingeteilt: lusso, prima, seconda, terza und quarta categoria, d. h. vom Luxushotel mit fünf Sternen bis zur einfachen Unterkunft mit einem Stern. Die Zusatzbezeichnung Luxus (L) erhalten Fünf-Sterne-Hotels, die au-

Luxuriöse Bleibe für Gutbetuchte: die Villa Feltrinelli in Gargnano

Schöne Lage: Hotel Sole in Riva mit Blick auf den Anleger

ßergewöhnliche Ausstattungen und Dienstleistungen bieten. Insgesamt liefert die Klassifizierung nur einen groben Anhaltspunkt, da sich die Preisbereiche überschneiden bzw. innerhalb einer Kategorie die Qualität in erheblichem Maße schwanken kann. Zudem findet man auch kleinere, nicht klassifizierte Betriebe, die durchaus akzeptabel sind.

Preise

Für eine Nacht in einem einigermaßen annehmbaren Hotel muss man pro Person mindestens 25 Euro rechnen. Die Preise variieren sehr stark zwischen Haupt- und Nebensaison. In den größeren Städten und den direkt am See gelegenen Orten werden wesentlich höhere Preise genommen als in abgelegeneren Unterkünften im Hinterland. Für Einzelzimmer zahlt man 25 bis 30 % weniger als für ein Doppelzimmer.

Agriturismo

Am Gardasee und in der Region um den See wird die italienische Form von »Ferien auf dem Bauernhof« angeboten. Die Unterkünfte reichen von **Zeltplätzen** und einfachen Zimmern bis hin zu gut ausgestatteten **Apartments**. Unter Agriturismo versteht man nicht nur Übernachtungsmöglichkeiten, auch nette **Landgasthöfe**, in denen man die regionale Küche probieren kann, sind in den Agriturismo-Verzeichnissen aufgelistet, ebenso ländliche **Kleinerzeuger**, die Spezialitäten wie Wein, Grappa, Olivenöl, Fleisch- und Wurstwaren, Molkereiprodukte, Honig, Marmelade oder Gebäck herstellen. Viele Agriturismo-Betriebe bieten ihren Gästen ein umfangreiches Freizeitangebot.

Jugendherbergen

Für die Übernachtung in italienischen Jugendherbergen benötigt man einen **internationalen Jugendherbergsausweis**, der u. a. beim DJH Service in Detmold erhältlich ist (s. u.). Die Übernachtungspreise in italienischen Jugendherbergen liegen zwischen 10 und 15 Euro pro Person. In einigen Herbergen bekommt man Frühstück und warme Mahlzeiten bzw. Lunchpakete. In der Hauptreisezeit im Sommer sollte man unbedingt reservieren.

Camping

Direkt am Gardasee, an den kleineren Seen und in der Umgebung gibt es mehrere Dutzend **Campingplätze**. Viele Stellplätze sind von Dauergästen belegt, sodass die Anzahl für Kurzzeitgäste in der Saison begrenzt ist. Wer also am Gardasee bzw. im Hinterland mit Wohnmobil oder Zelt Urlaub machen will, sollte rechtzeitig reservieren. Dies gilt insbesondere für Wochenenden, Feiertage und in der Hochsaison (Juli/August). Viele Campingplätze sind ohnedies nur in den Sommermonaten geöffnet. Einige Campingplätze bieten auch kleine Bungalows mit den nötigen Küchenutensilien an. Mit einem **Wohnmobil** oder Wohnwagen darf man generell eine Nacht auf einem Park- oder Rastplatz bzw. am Straßenrand stehen, sofern nicht ausdrücklich verboten. Wildes Zelten ist nicht erlaubt. Auf Privatgrundstücken muss man die Erlaubnis des Besitzers einholen. Mitunter wird im Rahmen des Agriturismo Zelten auf Privatgrundstücken angeboten. **Informationen** erhält man bei den Touristeninformationen vor Ort, in Deutschland, Österreich und der Schweiz bei den ENIT-Büros (►Auskunft) und dem italienischen Campingverband.

Adressen

AGRITURISMO

www.terranostra.it
www.agriturist.it
www.turismoverdelombardia.it

JUGENDHERBERGEN

Associazione Italiana Alberghi per la Gioventù
Via Cavour 44
I-00184 Roma
Tel. 0 64 87 11 52
www.travel.it/hostels

DJH Service
Bismarckstr. 8
D-32756 Detmold
Tel. 0 52 31/7 40 10
www.jugendherberge.de

Riva
Hostel Riva del Garda – Benacus
120 Betten
Piazza Cavour 10
I-38066 Riva, TN
Tel. 04 64 55 49 11
www.hihostels.com

Rovereto
Ostello di Rovereto
130 Betten
Via delle Scuole 16/18
I-38068 Rovereto
Tel. 04 64 48 67 57
www.ostellorovereto.it

Wellness mit Seeblick

Salus per Aquum, Gesundheit durch Wasser, ist ein Synonym für Wellness, Beauty und Gesundheit geworden. Hoch über Gargnano gelingt die angenehmste Interpretation von Spa am Gardasee.

Noch vor zehn Jahren musste man für ein ansprechendes Wellness-Angebot nach Österreich. Deutschland hat diesbezüglich aufgeholt. Und Italien ist langsam im Kommen. Aber wie oft wurde – und wird noch immer – mit dem nicht geschützten Begriff Spa Etikettenschwindel betrieben! Da baut einer eine Sauna in den Keller – und schon wird das Etikett »& Spa« hinter den Hotelnamen gedruckt. Ein Hotel am Strand gibt die Empfehlung heraus, spazieren zu gehen, und mausert sich dadurch zum Wellness-Resort. Das mag zu Zeiten von Friedrich Nietzsche richtig gewesen sein, dem das Spazierengehen am Gardasee eine Wohltat war, weil ihm der Süden so viel Kraft und Energie gab. Aber seit 1903 sind mehr als 100 Jahre vergangen und in Sachen Spa wurden zwar keine Regeln geschaffen, aber doch zumindest Standards gesetzt. Mit Häusern wie dem Lefay Resort & Spa, das neben einem guten Wellness-Bereich gegenüber seinen Konkurrenten den Vorteil der Weitläufigkeit und Großzügigkeit in einer unverbauten Altiplano-Lage hat.

Luxus tut gut

Im Feen-Resort mit Panaromasicht wird die **Landschaft** zur großen Bühne. Der See scheint trotz Höhendifferenz mit den beiden Außenpools zu verschmelzen. »Luxus ist nicht, was glitzert, sondern das, was uns im tieferen Sinne gut tut«, sagt Alcide Leali, Hoteldirektor und Sohn der Besitzerfamilie. Im Lefay könne man sich im Urlaub verlieren, »um danach wieder zu sich selbst zu finden. Die Gäste können eine 360-Grad-Wohlfühlerfahrung machen«.

Nachhaltig

Während so mancher Konkurrent am See sein Spa in klassische Ferienhotelarchitektur kleidet, wie etwa das fraglos gute Caesius Therme & Spa Resort in Bardolino oder im braunen Designkleid zu einer minimalistischen Gruft macht, wie der Lido Palace in Riva, spielt die Familie Leali hoch über dem See eine viel weitreichendere Karte: Die ehemaligen Besitzer der Air Dolomiti setzen auf ganzheitliches Wohlbefinden, das schon bei der **Architektur** beginnt. Von außen wirkt das lichtdurchflutete Resort wie eine **traditionelle Limonaia**. Sämtliche Suiten – nur solche gibt es – sind mit natürlichen Materialien ausgestaltet, mit Marmor, Nuss- und vor allem duftendem Olivenholz. Zum ganzheitlichen Wohlfühlen gehört für viele aber auch die **Umweltverträglichkeit**. 93 Prozent der Energie für Heizung, Warmwasser und Pools stammt aus erneuerbaren Quellen, was eine erhebliche CO2-Verringerung bewirkt.

Wohlfühlküche

Die Küche setzt selbstredend auf **regionale und saisonale Produkte**, denn Alcide sieht auch »den Esstisch als integralen Bestandteil eines Wegs zum Wohlbefinden«. Dazu gehört in Italien eine gute Flasche Wein. Wer zum entschlackenden und kalorienarmen (Wahl-)Menü vom Chef de Cuisine Maurizio Bufiaber lieber einen frischen Saft oder lauwarmes Wasser trinken möchte, wird nicht schräg angeschaut. Was auch eine Basis für ganzheitliche Wellness ist: Wer Saft zum Dinner trinkt, trinkt halt Saft. Wer klassische italienische Küche vorzieht: bitte!

Spa und gute Energie

Und wer in der Sauna die Badehose nicht ausziehen will, wie viele Italiener, lässt sie eben an. Im Lefay-Spa setzt man auf die Wiederherstellung der Lebensenergie nach Prinzipien der **traditionellen chinesischen Medizin**, auf Beachtung der Energiebahnen sowie den Einsatz von Massagetechniken, Heilpflanzen und Nadeln. Wer sein Wohlbefinden ohne Anwendung sucht, findet es in Süß- und Salzwasserpools, einer Relaxgrotte, einer Dampf-, einer Kräuter-, Olivenholz-, Finnischen und Damensauna – und beim Blick auf den See und auf die Zipfelmützenberge Pizzocolo und Fassane, besonders wenn abends die Sonne ganz langsam, Zentimeter für Zentimeter, zwischen den beiden Bergen eintaucht.

Lefay Resort & Spa, Gargnano, www.lefayresorts.com.

Weitere empfehlenswerte Wellness-Adressen am See:

Caesius Terme & Spa Resort mit 5 Pools und Thermalzentrum, Bardolino, www.hotelcaesiusterme.it.

Lido Palace mit minimalistischem, fast nüchternem Spa, aber exzellenten Anwendungen, Riva, www.lido-palace.it

Parco Termale del Garda (öffentlich) mit 5000 m² Natursee und 37 Grad warmem Thermalwasser, Colà, www.villadeicedri.it.

Principe di Lazise mit 2000 m² Spa und 4 Saunen bzw. Dampfbädern, Lazise, www.hotelprincipedilazise.com

Terme di Sirmione (öffentlich) mit Warmwasser-Außenpool direkt am See, Sirmione, www.termedisirmione.com.

360-Grad-Wohlfühlerfahrung

Verona

Villa Francescatti Ostello
120 Betten
Salita Fontana del Ferro 15
I-37129 Verona
Tel. 0 45 59 03 60
www.ostelloverona.it

CAMPING

Confederazione Italiana Campeggiatori

Via Vittorio Emanuele II
I-50041 Calenzano (FI)
Tel. 0 55 88 23 91
www.federcampeggio.it
www.camping.it

AUSWAHL AN CAMPINGPLÄTZEN

Brenzone

Camping Baldo
Loc. Marniga
Tel. 04 57 42 04 29
campingbaldo@tiscalinet.it
Kleiner, recht gemütlicher und einigermaßen ruhiger Campingplatz am See (50 Stellplätze)

Camping Edelweiß
Loc. Prada Alta
Tel. 04 56 28 90 60
www.edelweiss-hotel.it
Der rund 1000 m hoch gelegene Campingplatz eignet sich für Gäste, die noch eine echte Sommerfrische suchen. 30 Autominuten zum See (60 Stellplätze).

Bardolino

Camping Cisano
Loc. Cisano
Tel. 04 56 22 90 98
www.camping-cisano.it
Riesiger Campingplatz auf leicht geneigtem Wiesengelände an einem mehrere Hundert Meter langen Strand, 600 Zeltplätze und 150 Bungalows. Diverse Sport- und Freizeiteinrichtungen (u. a. Swimmingpool, Tennisplatz).

Camping Serenella
Tel. 04 57 21 13 33
www.camping-serenella.it
391 Touristenplätze und 60 Bungalows. Großer, direkt am See gelegener Campingplatz mit diversen neuen Einrichtungen (u. a. Restaurant, Swimmingpool)

Desenzano

Villagio Turistico Vò
Tel. 03 09 12 13 25
www.voit.it
80 Bungalows
Nördlich des Ortes auf einer Landzunge gelegener Campingplatz mit Privatstrand, Schwimmbecken und diversen Sportplätzen

Camping Italia
Loc. Rivoltella
Tel. 03 09 11 02 77
200 Zeltplätze
Schöner Platz am See mit altem Zypressenbestand. Auch ein Schwimmbecken ist vorhanden.

Lazise

Camping Spiaggia d'Oro
Tel. 04 57 58 00 07
www.campingspiaggiadoro.com
3-Sterne-Campingplatz mit mehr als 200 Stell- und Zeltplätzen sowie Bungalows, Wasserpark und Sportplätzen, direkt an einem der wenigen Sandstrände am See

Malcesine

Camping Tonini
Tel. 04 57 40 13 41
www.campingtonini.com

64 Zeltplätze
Hübscher, von Olivenbäumen bestandener Campingplatz mit schönem Blick auf den See

Peschiera

Camping & Bungalow
Bella Italia
Loc. San Benedetto
Tel. 04 56 40 06 88
www.gardacamp.com
575 Stellplätze und 330 Bungalows
Großzügige und komfortable Anlage an einem langen Strand

Riva

Camping Bavaria
Tel. 04 64 55 25 24
www.bavarianet.it
75 Plätze
Vor allem von Surfern stark besuchter Campingplatz, liegt direkt am See.

Camping Monte Brione
Tel. 04 64 52 08 85
www.campingbrione.com
116 Plätze und 15 Bungalows
Komfortabel ausgestatteter Platz (u. a. Swimmingpool) in Seenähe

San Felice del Benaco

Camping Fornella
Loc. Fornella
Tel. 0 36 56 22 94
www.fornella.it
250 Stellplätze
Angenehmer und recht gut ausgestatteter Campingplatz auf einer kleinen Halbinsel mit altem Waldbestand

Camping Ideal Molino
Tel. 0 36 56 20 23
www.campingmolino.it
75 Plätze und Bungalows.
Hübscher Campingplatz auf dem leicht geneigten Gelände einer alten Mühle abseits der Straße von Salò nach Desenzano

Torbole

Camping Europa
Tel. 04 64 50 58 88
www.campingeuropatorbole.it
78 Plätze
Parkartige Anlage an der Seepromenade, nahe am ca. 100 m langen Kiesstrand.

Urlaub aktiv

Traumhafte Winde

Früh um halb sieben bei Torbole: Die ersten Sonnenstrahlen blinzeln über den Monte Baldo und siehe da – der See ist schon voller Segel. Windsurfen hat den Lago weltweit bekannt gemacht. Außer Windsurfen gibt es aber noch diverse andere Sport- und Freizeitmöglichkeiten. Und da die Berge nah sind, kann man auch Wandern, Klettern und Skifahren.

WINDSURFEN

Für Anfänger und Könner

Ein Brett, ein Segel, ein Mann – und der fuhr auch noch schnell! Als Anfang der 1970er-Jahre der erste Surfer auf dem Gardasee auftauchte, da staunten die Leute! Heute gehört der Lago zu den Top-Spots für Windsurfer weltweit. Im trentinischen Teil des Sees dürfen seit Jahren keine privaten Motorboote mehr fahren – wegen der Surfer! Nicht einmal eine Mahagoni-Riva darf in Riva einlaufen. Auch Kiten ist wegen der Dichte von Surfern zwischen Torbole und Riva verboten. Windsurfen beherrscht den Norden völlig, insbesondere Torbole. Von Ostern bis September herrscht Trubel, es finden reihenweise Wettkämpfe und Meisterschaften statt (Info unter www.circolosurftorbole.com). Könner fahren wie auf dem Laufsteg, während so manchem Anfänger der Mund offen stehen bleibt. Und Ex-Weltmeister Andrea Cucchi – aus Malcesine am Gardasee! – präsentierte natürlich in Torbole das **erste schwarze Surfsegel** mit dem Namen **Point-7**: Point-7 entspricht der 1,0 im Surfsport.

> ? BAEDEKER WISSEN
>
> *Achtung: Schwimmweste*
>
> Als Surfer ist man verpflichtet, eine Schwimmweste (salvagente) zu tragen. Wer von der Wasserschutzpolizei ohne Weste erwischt wird, muss mit empfindlichen Geldstrafen rechnen.

Nordwind, Südwind

Der gesamte Lebensrhythmus am Lago scheint sich nach dem Wind zu richten. Und der ist zuverlässig: Morgens von sechs bis zehn bläst der **Pelér** vom Norden, nachmittags zwischen eins und sieben die **Ora** vom Süden. Früher kamen die Lastschiffe mit der Ora, um anderntags am Morgen mit dem Pelér zurück in den Süden zu segeln. Heute nimmt jeder Surfer sofort sein Rigg in die Hand, wenn der Nord- oder Südwind mit soliden **4 – 5 Windstärken** einsetzt. Dann kann das scheinbar endlose Kilometerfressen auf dem Lago-Highway zwischen Torbole und Riva beginnen.

Katamaransegeln: Auch dafür sind die Winde am Lago perfekt.

Windsurfen hat den Gardasee weltweit bekannt gemacht.

Die Plätze mit den besten Windstärken sind bei Nordwind am Hotel Pier, auf halber Höhe zwischen Riva und Limone, bei Südwind direkt vor Torbole, wenn die Ora warm und schnurstracks auf den Ort bläst. Und genau dieser tolle Mix aus Nord- und Südwind, gepaart mit großer **Zuverlässigkeit** – an rund 200 Tagen im Jahr gibt es Wind – zieht alle an. Und das gilt nicht nur für aktive Wassersportler, sondern auch für Zuschauer: Die schnellsten Surfer düsen mit bis zu 70 km/h über den See. Und die Moves von einigen der weltbesten Freestyler anzuschauen, ist eine Augenweide, selbst wenn man nicht vom Fach ist.

BADEN, SEGELN, TAUCHEN, KAJAK FAHREN ...

Baden Dank seiner schönen Strände ist der Gardasee eines der ältesten Ziele von Badeurlaubern aus dem deutschsprachigen Raum. Rund um den See gibt es Strände (Spiagga) bzw. Strandbäder (Lido), die unterschiedlich komfortabel ausgestattet sind. Da es fast nur **Kiesstrände** gibt, empfiehlt es sich, Badeschuhe zu tragen. Die **Wasserqualität** kann während der Hauptreisezeit unter www.gardasee.de.com abgefragt werden.

Segeln Der Gardasee ist auch ein **beliebtes Segelrevier**, das sehr gern von Wochenendseglern aus dem süddeutschen Raum besucht wird. Rund um den See gibt es etwa zwei Dutzend Segelklubs, in denen auch

Gäste willkommen sind. Bei den Touristeninformationen vor Ort sind alle wichtigen Informationen zum Thema Segeln erhältlich.

Tauchen

Seit einiger Zeit kommen auch vermehrt Hobbytaucher an den Gardasee. Interessante Tauchplätze gibt es vor allem vor Riva (Nordufer), Salò (Westufer) und Torri del Benaco (Ostufer) sowie vor Peschiera und Desenzano (beide Südufer).

Kanu- und Kajakfahren

Passionierte Kanuten und Kajakfahrer trifft man nicht nur auf dem Gardasee und auf dem Lago d' Iseo, sondern auch auf einigen Wasserläufen in der Umgebung. In den meisten Surfschulen kann man Boote mieten.

Motorboote

In einigen Orten wie Brenzone, Garda oder Gargnano können Motorboote auch **ohne Führerschein** gemietet werden. Man muss auf kürzestem Weg einen 500 m breiten Schutzstreifen in Seeufernähe durchqueren, in dem Motorbootfahren grundsätzlich verboten ist. Ganz untersagt ist Motorbootfahren an der nördlichen Seespitze vor Riva und Torbole.

Zum **Angeln** am Gardasee oder an den kleineren Seen wie dem Lago d' Idro oder dem Lago d' Iseo benötigt man eine kostenpflichtige Genehmigung der italienischen Sportanglervereinigung, die in den Touristenbüros erteilt wird. Unter Könnern ist auch das Sarca-Tal beliebt, da große Fänge, besonders Forellen, zur Regel gehören.

? BAEDEKER WISSEN

Die besten Strände

Bardolino: Strand nahe der Punta Cornicello
Desenzano: Lido Spiagga d' Oro
Garda: Kiesstrand westlich des Hotel du Parc
Manerba: Lido La Romantica
Malcesine: Lido Paina
Riva: Spiaggia Sabbioni
Sirmione: Lido delle Bionde

IN DEN BERGEN

Wandern

Die überaus reizvolle Bergwelt um den Gardasee lockt vom Frühling bis in den Spätherbst Wanderer an. Besonders schöne Wandergebiete sind der **Parco Regionale Alto Garda Bresciano**, der das Berggebiet zwischen dem Gardasee und dem Lago d' Idro umfasst. Östlich des Gardasees erhebt sich der **Monte Baldo**, ebenfalls ein Wanderparadies. Passionierte Bergwanderer zieht es zudem in die weiter östlich gelegenen **Monti Lessini** und natürlich zu den im Norden aufragenden Gipfeln der **Brenta-Gruppe** bzw. der Adamello-Gruppe. Praktisch überall stehen Schutzhütten zur Verfügung. Wer Hochgebirgs- und Klettertouren unternehmen möchte, tut dies am besten mit einem Bergführer.

Klettern In der Umgebung des Gardasees kann man auch gut klettern. Mekka der Freeclimber ist **Arco** am Nordende des Gardasees, wo alljährlich internationale Meisterschaften ausgetragen werden.

Canyoning Wer wilde Natur liebt und in glatten Canyons schwimmen, tauchen und gleiten möchte, kann Canyoning auch in der Region rund um den Gardasee ausüben.

Wintersport In der Hochgebirgslandschaft nördlich des Gardasees findet man hervorragende **Wintersportmöglichkeiten**, insbesondere in den schneesicheren Hochalpengebieten der Brenta-Gruppe (Gruppo di Brenta) und der Dolomiten (Dolomiti). Allein im Geltungsbereich des Skipasses »Dolomiti Superski«, in dem auch der bekannte Wintersportplatz Cortina d' Ampezzo liegt, stehen ca. 500 Skilifte zur Verfügung und werden etwa 1200 Pistenkilometer präpariert. Am schnellsten erreicht man die Skipisten auf dem 2218 m hohen **Monte Baldo** östlich von Malcesine, wo man nach strengen Wintern noch im Frühling Ski fahren kann. Sehr beliebt und gut erschlossen ist das unweit nordwestlich von Trient gelegene Skirevier auf dem 2124 m hohen **Paganella** mit den Wintersportorten Fai della Paganella, Andalo und Molveno. Sonnige und schneesichere Skipisten bietet das **Val di Sole** mit den vier Wintersportplätzen Marilleva, Folgarida, Passo Tonale und Pejo. Westlich der Tonale-Passhöhe erreicht man den Wintersportort Ponte di Legno, wo sich passionierte Langläufer wohlfühlen. Die absolute Königin unter den Wintersportorten in der Nähe des Gardasees ist **Madonna di Campiglio**, das man von Riva aus in einer Stunde erreichen kann. Hier gibt es nicht nur eine Weltcup-Slalomstrecke für Könner, sondern auch einen Fun-Park für begeisterte Snowboarder.

> **! BAEDEKER TIPP**
>
> *Privatstunden beim Tennisprofi*
>
> Tennis spielen kann man auch gegen einen Ex-Weltranglistenspieler für nur 40 € pro Stunde inklusive Platzmiete. Der Deutsch sprechende ehemalige Tennisprofi Piero Battistoni gibt im Raum Malcesine private Unterrichtsstunden (Tel. 34 54 65 61 60).

AN LAND UND IN DER LUFT

Radfahren Für passionierte Radler gibt es rund um den Gardasee eine breite Palette von Möglichkeiten. Sie reicht von geruhsamen Radtouren in der Ebene über Fahrten entlang der Seeufer bis hin zu schweißtreibenden Bergtouren. Alle touristischen Informationsstellen (►Auskunft) und der Touring Club Italiano haben gutes Informations- und Kartenmaterial.

Mountainbiking

Ein Paradies für Mountainbiker ist der **Parco Regionale Alto Garda Bresciano**. Vor Ort bekommt man Informationsmaterial, es werden auch organisierte Mountainbike-Touren durch den Naturpark angeboten. Schöne Bergfahrten kann man mit dem Rad auch im Hinterland des nördlichen Gardasees – besonders bei Arco, Riva und Torbole – unternehmen. In Torbole gibt es einen Shuttle-Service, der die Radfahrer auf die Berge bringt.

Reiten

Vor allem im südlichen und westlichen Hinterland des Gardasees gibt es eine größere Zahl von **Bauern- bzw. Reiterhöfen**, auf denen Feriengäste reiten können. Die meisten Höfe sind dem Agriturismo-Programm angeschlossen (►Übernachten). Aktuelle Adressenlisten haben die Touristeninformationen (►Auskunft).

Golf

Rund um den Gardasee gibt es mehr als ein Dutzend Golfplätze, auf denen Gäste willkommen sind. Besonders schöne **Golfplätze** findet man bei Toscolano-Maderno (Bogliaco Golf Club), Soiano (Garda Golf & Country Club) und Peschiera (Golf Resort Paradiso).

Paragliding

Bei günstiger Witterung sieht man vor allem bei Malcesine viele bunte Schirme vom **Monte Baldo** herunterschweben. Weitere Paragliding-Zentren gibt es bei Bardolino am südöstlichen Seeufer und Gardone am südwestlichen Seeufer.

Kaum zu toppen: Biken auf Traumstrecken mit Blick auf den See

WELLNESS

Schon seit Langem kommen Gäste zur reinen Erholung an den Gardasee. Allein die klimatischen Bedingungen sorgen bei vielen Besuchern für Wohlbefinden. Es gibt zwei ausgewiesene Kurorte mit entsprechenden Einrichtungen: Sirmione und Bardolino.

Sirmione Auf der schmalen, bis zu 68 m hohen Landzunge, die in den südlichen Gardasee hineinragt, treten bis zu **69 °C heiße Mineralwässer** aus. Sie sind schwach radioaktiv, schwefelhaltig und haben relativ hohe Jod-, Brom- und Chloranteile. Die Thermalwässer werden bei verschiedenen Krankheitsbildern (u. a. Erkrankungen des Bewegungsapparates, rheumatische Erkankungen, Atemwegsbeschwerden) als Heil- und Kurmittel eingesetzt. Außerdem kann man sich in Sirmione Heilschlammbäder und -packungen, Unterwassermassagen und Wärmebehandlungen verabreichen lassen. Auch mit Inhalieren der Dämpfe hat man hier schon große Erfolge erzielt (www.termedisirmione.com).

Bardolino Neben Meran hat sich in den letzten Jahren der Weinort Bardolino als **Traubenkur-Destination** profilieren können. Wer seinen Körper auf bekömmliche Art entschlacken will, ist hier bestens aufgehoben. Weitere Infomationen erhält man beim Consorzio Tutela Vino Bardolino (www.winebardolino.it).

Colà di Lazise Auch in Colà di Lazise entspringt Thermalwasser, das Bikarbonat, Kalzium, Magnesium und nicht unbeträchtliche Mengen an Silizium enthält. Es eignet sich zur Behandlung von nicht akuten Erkrankungen des Bewegungsapparats und peripheren Gefäß- und Hauterkrankungen (www.villadeicedri.it).

Sportangebote

CANYONING

Guide Alpine Arco
Via Caterina 40, I-38062 Arco
Tel. 04 64 50 70 75
www.guidealpinearco.com

GOLF

Golf Club Bogliaco
Via del Golf 21
I-25088 Toscolano Maderno
Tel. 03 65 64 30 06
www.golfbogliaco.com
18-Loch-Platz

Country Club Garda Golf
Via A. Omodeo 2
Soaino del Lago
Tel. 03 65 64 47 07
www.gardagolf.it
27-Loch-Platz

Golf Paradiso di Garda
Via Campaldo 13
I-25010 Limone
Tel. 03 65 95 41 74
www.golfclubparadiso.it

KLETTERN

Kletterschule Franz Heiß

Localitá Fossa, I-38069 Nago
Tel. 34 66 12 01 99
www.klettern-arco.com

PARAGLIDING

Paragliding Club Malcesine

Via Gardesana 36
I-37018 Malcesine
Tel. 33 91 66 71 43
www.paraglidingmalcesine.it

RADFAHREN

Torbole Tour

Via delle Busatte 83
I-38069 Torbole
Tel. 0 32 94 35 28 78
www.torboletour.com

SEGELN

Stickl Sportcamp

Via Gardesana 136
I-37018 Val di Sogno di Malcesine
Tel. 04 57 40 16 97
www.stickl.com
www.wind-info.eu

WINDSURFEN / KITESURFEN

Wind Riders

Via Nova 24, I-25010 Limone
Tel. 3 48 88 97 54 67
www.windriders.eu
Ist auf Kitesurfen spezialisiert

Stickl Sportcamp

Via Gardesana 136
I-37018 Val di Sogno di Malcesine
Tel. 04 57 40 16 97
www.stickl.com
Die beste Schule am See, geführt vom Ex-Weltmeister Heinz Stickl

Pier Windsurf

Località Gola 2
I-38066 Riva
Tel. 04 64 55 09 28
www.pierwindsurf.it
Liegt an einem der besten Wind-Spots am See

Centro Surf Sirmione

Via Brescia 31
I-25019 Sirmione
Tel. 03 09 19 61 30
www.centrosurfsirmione.it
Auch im Süden kann man surfen!

Circolo Surf Torbole

Via della Lova 1
I-38069 Torbole
Tel. 04 64 50 53 85
www.circolosurftorbole.com
Der Platz für Infos, Kurse und Kontakte schlechthin

TAUCHEN

TritoneSub

Via Giotto 104
I-25015 Desenzano
Tel. 0 34 77 10 46 33
www.tritonesub.it

WINTERSPORT

Schneehöhen

www.schneehoehen.de/schnee-hoehen/italien

Avanti - los geht's!

TOUREN

Rund um den Gardasee gibt es sehr unterschiedliche Landschaften und Orte zu entdecken. Die Touren führen am Ufer entlang, durch steile Bergmassive und sanfte Hügelpartien, in verträumte Dörfer und quirlige Städtchen.

Tourenübersicht

Die folgenden Routen führen rund um den Gardasee und in die sehr unterschiedlichen Regionen im Hinterland. Viele der Hauptsehenswürdigkeiten am Gardasee werden angefahren. Verona ist in keiner der Touren aufgenommen, die Stadt ist einen gesonderten Ausflug wert, für die zahlreichen Sehenswürdigkeiten sollte mindestens ein Tag eingeplant werden.

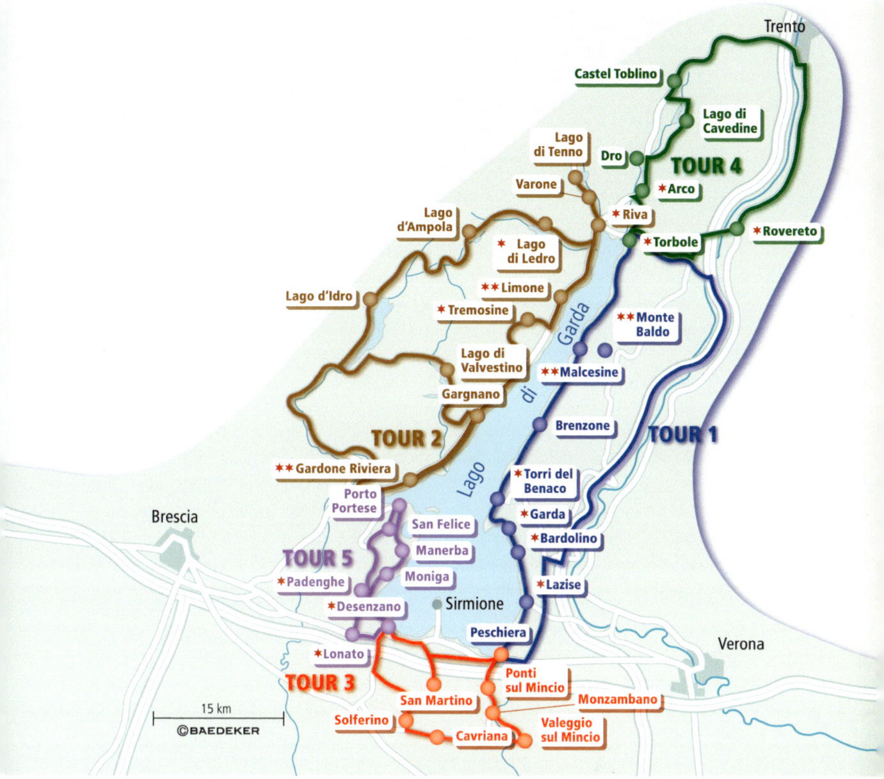

Unterwegs am Gardasee

Urlaubstrubel oder Ruhe?

Acht der wichtigsten Urlaubsorte liegen am Ostufer, im Norden erhebt sich der majestätische Monte Baldo, im flachen Süden erstrecken sich große Oliven- und Weinanbaugebiete. Das venezianische Ostufer ist etwas stärker vom Tourismus geprägt als das lombardische Westufer. Wer mehr Ruhe sucht, findet sie in der Mitte des Westufers, am Monte Baldo oder an den kleineren Seen. Und an der Trentiner Nordspitze fühlen sich besonders Wanderer, Kletterer und Surfer wohl.

Ostufer / Westufer

Ostufer oder Westufer, das ist am Gardasee eine grundsätzliche Frage: **Frühaufsteher** wohnen am besten am unzugänglicheren Westufer, blinzeln schon früh gegen die Sonne auf das Monte-Baldo-Massiv

BAEDEKER TIPP

Ohne Auto am Lago

Durch die guten Schiffsverbindungen ist es möglich, die Hauptorte des Sees auch ohne Auto zu erkunden. Informationen über Abfahrtszeiten gibt es bei den Fremdenverkehrsämtern und unter www.navigazionelaghi.it.

und wähnen sich auf der »italienischen« Seite. Allerdings gibt es auch dort längst deutschsprachige Kellner und Speisekarten und überwiegend Autos mit deutschen Kfz-Kennzeichen. Und an vielen Stellen ist ab 16 oder 17 Uhr Schatten. Wer die **Abendsonne** liebt – im Hochsommer bis nach 21 Uhr – wählt dagegen das Ostufer, blickt auf die schroffen Steilwände der Westküste und schätzt die Auswahl der zahlreichen Strände. Auch für Ausflüge gilt: Die Westküste sollte man stets morgens und die Ostküste für den Nachmittag einplanen, dann ist man immer auf der Sonnenseite.

Baden, Radeln, Surfen und Kultur

Badeurlauber, die das Panorama nicht sonderlich interessiert, zieht es in den Süden, speziell wenn sie mit Wohnwagen oder Campingausrüstung unterwegs sind. Die Westküste ist für sie keine Alternative. Im Hochsommer ist zu bedenken, dass die Wasserqualität in der fjordartigen Nordhälfte spürbar besser als im flachen Süden ist.

Fast überall wird **Wassersport** in großer Auswahl angeboten, wenngleich der Norden als Mekka der Surfer und Segler, aber auch der Climber und Mountainbiker eindeutig die Nase vorne hat.

Für **Radler** bedeutet Nord, Ost und West viel Kraft und Fleiß, um Serpentinen oder Steigungen bewältigen zu können, während man im Süden auch gemütlich durch die flachen Weinregionen hinter Bardolino und Manerba rollen kann.

Auch **Städte- und Kulturtouristen** sind im Süden gut aufgehoben: Verona, Mantua, Brescia, aber auch Venedig und Mailand sind von dort lohnende Tagesausflugsziele.

Aufregend und abwechslungsreich: Strecken mit Weitblick und durch Tunnel

Der Gardasee ist eine Ferienregion, in der solide und zum Teil auch noch recht günstige **Drei-Sterne-Hotels** überwiegen. In einfachen Alberghi bezahlen zwei Personen für ein Doppelzimmer mit Frühstück etwa 100 €. In den letzten Jahren sind auch einige Vier-Sterne-Hotels dazugekommen, die aber in manchen Fällen überteuert erscheinen. Nebenbei bemerkt kann man auch in einem der besten und teuersten Hotels in Europa nächtigen: in der Villa Feltrinelli in Gargnano. Das Gegenteil bietet der bauchige und flache Süden: **Campingplätze**, von einfach bis komfortabel ausgestattet, in großer Anzahl zwischen Bardolino und Manerba.

Das Ostufer – Gardesana Orientale

Tour 1

Start und Ziel: Torbole – Peschiera
Länge: 112 km

Die Gardesana Orientale schlängelt sich in sanften Kurven von Torbole im Norden bis Peschiera im Süden. Sie führt durch hübsche Ortschaften, an zahlreichen Kiesstränden vorbei und gewährt herrliche Ausblicke auf den See und die Berglandschaft. In den Sommermonaten sollte man jedoch bedenken, dass der gesamte Urlaubsverkehr über die Gardesana rollt und es häufig Staus gibt. Auch wenn irgendwo Markt ist, wird es schwierig.

Langsam von Torbole nach Malcesine

Die Fahrt beginnt in ❶ ***Torbole** im Norden des Gardasees. Der Ort wird weniger wegen seiner kleinen Altstadt besucht als vielmehr wegen der idealen Surfmöglichkeiten. Etwa 200 m oberhalb des Hafenstädtchens liegt Nago, ein Bergdorf, von dem aus schöne Wanderungen auf den ❷ ****Monte Baldo** führen. Durch mehrere Tunnel und Galerien geht es auf der Gardesana Orientale nach Malcesine. Wenige Hundert Meter vor dem ersten Tunnel versenkte **James Bond** bei Dreharbeiten zu »007 – Ein Quantum Trost« seinen Aston Martin 50 Meter tief im See. Zu schnell gefahren bedeutete in diesem Fall nicht weniger als 160 000 Euro Sachschaden. Dem Fahrer indes ist nichts passiert.

Skaligerburg und Seilbahn

Schon von Weitem beeindruckt die Lage der trutzigen Skaligerburg von ❸ ****Malcesine**, die auf einem Felsvorsprung über der malerischen Altstadt thront. Dahinter steigen steil die grünen Hänge des Monte Baldo auf. Eine Fahrt mit der Seilbahn von Malcesine hinauf wird jedem ein unvergessliches Erlebnis bleiben.

Ansammlung von Dörfern

Hinter Malcesine führt die Gardesana durch die lang gezogene Gemeinde ❹ **Brenzone,** die aus 16 Dörfern besteht. Die einst idyllischen Hafenorte werden von der Durchgangsstraße zerschnitten, die verwinkelten Altstadtkerne sind überall von den Hafenbereichen

getrennt. Lohnenswert ist eine gut halbstündige Wanderung von Marniga di Brenzone ins fast verlassene **Campo di Brenzone** 200 m über dem See. Der Ort ist seit dem 11. Jh. bewohnt, heute aber fast verlassen: Nur noch fünf Einwohner leben in dem verwunschenen Ort. Danach kann man in Marniga im Ristorante Belvedere günstig und sehr gut zu Mittag essen. Dort werden noch typische Gerichte wie Kaninchen, aber auch eine leckere Pizza serviert.

Zitronen, Oliven, Oleander

Etwa in der Mitte des Ostufers liegt der ruhige Ort ❺ ***Torri del Benaco**. Nach einem Bummel durch die kopfsteingepflasterte Altstadt kann man dem Skaligerkastell (Museum) einen Besuch abstatten. Angeschlossen ist eines der letzten Zitronengewächshäuser am Gardasee, in dem noch Früchte gedeihen. ❻ ***Garda** schmiegt sich in eine weite, grüne Bucht. Die Vegetation ist hier besonders üppig, Zypressen wechseln mit Pinien, Zedern, Oleander und Olivenbäumen; im Hinterland erheben sich die Ausläufer des Monte Baldo. Bevor man weiter nach Bardolino fährt, sollte man im Norden Gardas der idyllischen **Punta San Vigilio** einen Besuch abstatten, einer Landzunge mit einem herrlichen, allerdings gebührenpflichtigen Kiesstrand, der Baia delle Sirene.

! BAEDEKER TIPP

Einmal rundherum

Man muss sich schon sputen, wenn man den Gardasee in einem Tag mit dem Auto umrunden möchte. Zum Genießen, Fotografieren und für ein ausgiebiges Mittagessen bleibt kaum Zeit. Wer ausschließlich den See umrunden will, sollte für die insgesamt rund 160 Kilometer zwei Tage einkalkulieren: einen für den Nord- und einen für den Südteil. Dabei kann jeweils die Autofähre Torri-Maderno genutzt werden (ab 11 €). Das spart viel Zeit.

Weinregion

Südlich von Garda wird die Küste flacher und der See breiter. Der Urlaubsort ❼ ***Bardolino** ist ein idealer Ausgangspunkt, um den gleichnamigen bekannten Rotwein in einer der vielen umliegenden Kellereien zu probieren. Durch das von Weinreben bedeckte Hinterland verläuft von hier bis nach Peschiera eine lange Weinstraße.
Der Kern von ❽ ***Lazise** ist von einer alten Stadtmauer mit Wehrtürmen und drei Toren aus dem 14. Jh. umschlossen. Die Altstadtgassen öffnen sich überraschend zu großen und kleinen Plätzen, am Wasser verläuft eine großzügige Uferpromenade.

Die großen Freizeitparks

Zwischen Lazise und Peschiera befinden sich die bekanntesten Freizeitparks der Region: Canevaworld, Italiens größter Badepark, der Safaripark Parco Natura Viva und das berühmte Gardaland, eine Art italienisches Disneyland. Aus ❾ **Peschieras** Glanzzeiten sind nur noch die Reste mächtiger Mauern und Bastionen erhalten.

Schnelle Rückfahrt

Um sich die zeitraubende Rückfahrt über die Gardesana zu sparen, fährt man von Peschiera zunächst 3 km auf der SS 11 Richtung Verona und biegt dann hinter Castelnuovo del Garda nach Norden auf die SS 450 ab, die bei Affi auf die gebührenpflichtige Autobahn A 22 Richtung Trento (Trient) führt. Bei Rovereto Sud zweigt die SS 240 ab, die durch Mori und über einen Pass zurück nach Torbole führt.

Eine Straße für Beifahrer

Die Gardesana gehört zu den berühmtesten Straßen Italiens, zum einen wegen der meisterhaften Ingenieurleistung beim Bau, zum anderen wegen der atemberaubenden Blicke, die man von ihr auf den Gardasee und die majestätische Bergwelt genießt.

Sie umschließt den See vollständig: Als **Gardesana Occidentale** verläuft sie am Westufer entlang, die Ostuferstraße nennt sich **Gardesana Orientale**. Im Norden des Sees, wo die Felswände fast senkrecht ins Wasser stürzen, musste die Straße mit Dutzenden von Tunneln und Galerien in den Berg gesprengt werden; am Westufer auf der 44 km langen Strecke von Riva nach Salò führt die Gardesana Occidentale durch mehr als 70 Tunnel. Als Autofahrer muss man sich wegen der ständigen **Helligkeitsunterschiede** zwischen den manchmal unbeleuchteten Tunnelröhren und dem gleißenden Sonnenlicht sehr konzentrieren.

Zentimeterarbeit

Aufregend wird die Fahrt auf der schmalen Straße, wenn sich an besonders engen Stellen zwei Lkws oder Wohnmobile begegnen: Dann ist es eine vorsichtige, auch schon mal Staus verursachende Zentimeterarbeit, bis sich die Fahrzeuge aneinander vorbeigeschoben haben. Noch bis 1931 waren viele Ortschaften am See, z. B. Limone und Malcesine, nur per Boot zu erreichen. Dabei war man den heute bei Surfern so beliebten starken Winden ausgesetzt. Zum **Bau einer durchgehenden Uferstraße** entschied man sich nach dem Ersten Weltkrieg, als der bis dahin zu Österreich gehörende Nordteil des Gardasees an Italien fiel. Vormals bildeten die schroffen Felsen in diesem Abschnitt des Sees eine natürliche Grenze. Am Westufer endete die Straße lange Zeit in Salò, 1872 baute man die Strecke nach Norden bis Gargnano aus, das dadurch auch für den Tourismus erschlossen wurde. 1929 war die Gardesana Orientale zwischen Torbole und Peschiera fertiggestellt, zwei Jahre später wurde die Strecke am Westufer eröffnet.

Atemberaubende Touren am Ufer entlang

Sicherer Neubau

Heute fährt man im Westen auf einer neuen Trasse der Gardesana; die alte mit **gefährlichen Kurven und Engpässen**, verläuft oberhalb der heutigen Straße. Sie wurde für den Motorverkehr gesperrt; mit Mountainbikes ist sie streckenweise noch befahrbar.

Sechs-Seen-Tour – Gardesana Occidentale

Tour 2

Start und Ziel: Riva – Limone
Länge: 139 km

Diese Route führt durch das westliche Hinterland des Gardasees an vier schönen Seen vorbei und zurück am Nordwestufer des Gardasees entlang auf der spektakulären Gardesana Occidentale.

Wasserfall bei Varone, Lago di Tenno

Am schmalen Nordende des Gardasees liegt die geschäftige Stadt ❶ * **Riva** am Fuß des 1521 m hohen, schroffen Monte Rocchetta. Über den Dächern der bunten Palazzi, die das Ufer säumen, ragt der Uhrturm Torre Apponale auf. Ein erster lohnender Ausflug führt von Riva auf der SS 421 in Richtung Norden nach ❷ **Varone**. In einer engen Schlucht stürzt hier der berühmte Wasserfall (Cascata) fast 100 m in die Tiefe. Weiter nördlich passiert man mehrere hübsche Bergdörfer, bevor man zum grünblauen ❸ **Lago di Tenno** kommt, an dem man eine Badepause einlegen kann.

Vier Seen

Zurück in Riva nimmt man am Ortsausgang den Abzweig zum ❹ * **Lago di Ledro**. Die Hauptattraktion an dem in dicht bewaldete Berge eingebetteten See ist das **Pfahlbaumuseum** in Molina. Bleibt man weiterhin auf der SS 240, fährt man an Bezzecca vorbei und weiter zum kleinen ❺ **Lago d'Ampola**. Durch das Naturschutzgebiet führt ein Wanderweg. Nach weiteren 15 km gabelt sich die SS 240 hinter Storo; um zum ❻ **Lago d'Idro** zu gelangen, biegt man hier auf die SS 237 nach Süden ab. Nur 5 km weiter hat man die Nordspitze des lang gestreckten Sees erreicht, der als gutes Segel- und Surfrevier gilt. Die Straße führt an seinem Westufer entlang und weiter durch das Val Sabbia bis Vobarno, hinter dem es auf der SS 237 bis nach Salò geht, wo man wieder auf den Gardasee stößt. Auf dieser Strecke kann man einen Stopp in **Sabbio Chiese** einlegen und dort die ungewöhnliche Kirche und die alte Festung besichtigen. Alternativ nimmt man die kurvenreiche Straße ins Valle di Vestino mit dem wunderschön gelegenen ❼ **Lago di Valvestino**. Es geht am Ostufer entlang mit herrlichen Blicken auf den türkis schimmernden Stausee. Mit dem Baden muss man aber warten, bis man wieder am Gardasee ist, den man bei Gargnano erreicht.

! BAEDEKER TIPP

Restaurant direkt am Lago

Ein guter Tipp zum Essen ist das Ristorante Casinò, wo die wohl authentischste Belle-Époque-Atmosphäre, eine wunderschöne Seeterrasse und feine Speisen locken.

Riviera Bresciana

Südlich des kleinen, aber hübschen Städtchens ❽ **Gargnano** erstreckt sich die Riviera Bresciana. Dieser Uferabschnitt war schon im 19. Jh. als Erholungsregion sehr beliebt, damals entstanden hier elegante Ferienorte mit altehrwürdigen Hotels und Villen, wie ❾ ****Gardone Riviera**. Der Ort hat zwei Highlights zu bieten: den liebevoll gepflegten Botanischen Garten A. Hruska und das skurrile Anwesen des exzentrischen Dichters Gabriele d‘ Annunzio.

Berühmte Uferstrecke

Nördlich von Gargnano beginnt die berühmteste Uferstrecke: In die zum Teil senkrecht in den See stürzenden Felswände wurden ab 1930 rund 70 Tunnel und Galerien gesprengt – nun öffnen sich an zahlreichen Stellen einmalige Ausblicke.

Oberhalb der steil aufragenden Felsen liegen zwei grüne Hochebenen mit kleinen Dörfern: Tignale und Tremosine. Vom Massentourismus sind diese Höhen noch nicht erfasst, man kann hier oben die Ruhe genießen, wandern, Rad fahren oder auf einem der vielen Plätze Tennis spielen. Nicht verpassen sollte man die **Wallfahrtskirche Monte Castello**. Der Pfarrer dankt jeden Tag in einem Gebet, dass er an einem der schönsten Kirchenplätze Europas arbeiten darf. Und wahrlich: Der Ausblick von der Kirche ist grandios! Der Abzweig zur Hochebene **Tignale** befindet sich etwa 5 km nördlich von Gargnano und ist ausgeschildert. Von dieser Hochebene führt eine abenteuerlich kurvige Straße nach ⑩ ***Tremosine**, man kann aber auch von der Gardesana hinter Campione Richtung Tremosine abbiegen. Auf diesem Weg kommt man in den hübschen, kleinen Hauptort **Pieve**. Mehrere Restaurants sind direkt an den Rand des senkrecht abfallenden Felsens gebaut und gewähren atemberaubende Blicke auf den Gardasee.

Hochebenen

Zurück auf der Gardesana liegt nun einer der meistbesuchten Urlaubsorte der Westküste vor einem: das hübsche, kleine, meist überlaufene ⑪ ****Limone** mit einer Altstadt, die zwischen den See und die schroffen Dosso-dei-Ròveri-Berge geklemmt ist. In der Umgebung sieht man noch vereinzelt zum Teil verfallene Zitronengewächshäuser, die an die große Zeit der »Gardasee-Zitrone« erinnern. Nach einer letzten Etappe auf der Gardesana hat man wieder Riva erreicht.

Über Limone zurück nach Riva

Im Minciotal

Tour 3

Start und Ziel: Peschiera – San Martino
Länge: 60 km

Der Mincio, der einzige Abfluss des Gardasees, schlängelt sich von Peschiera nach Süden an Mantua vorbei und mündet schließlich in den Po. Die Landschaft, die er durchfließt, ist von grünen, sanft gewellten Hügeln mit kleinen Ortschaften geprägt.

Die erste Etappe der Rundfahrt führt von ❶ **Peschiera** auf einer Landstraße nach ❷ **Ponti sul Mincio**, das inmitten eines traditionsreichen Weinanbaugebietes liegt. Wenige Kilometer weiter südlich kann man das Kastell von ❸ **Monzambano** besichtigen.

Zwischen Weinbergen

Folgt man dem Flusslauf weiter, sieht man nach 4 km ein ungewöhnliches Monument: den **Ponte Visconteo** aus dem 14. Jahrhundert. Der mächtige, 600 m lange Damm, einst als Staumauer gedacht, überspannt den Fluss bei ❹ **Valeggio sul Mincio**. Wer den Fluss

Am Fluss entlang

überquert, kann den Parco Giardino Sigurtà am Nordrand von Valeggio besuchen, der als eine der schönsten Gartenanlagen Europas gilt.

Geschichtsmuseen

Anschließend fährt man über den Ponte Visconteo wieder an das Westufer des Mincio und nimmt die Straße Richtung Castiglione delle Stiviere. Linker Hand geht es dann nach ❺ **Cavriana**, wo in einem ehemaligen Schloss der Familie Gonzaga ein kleines Museum zur Archäologie und Regionalgeschichte eingerichtet ist.

Bei ❻ **Solferino** 3 km westlich fand 1859 während des italienischen Unabhängigkeitskriegs die berühmt-berüchtigte »Schlacht von Solferino« statt, die den zufällig anwesenden Schweizer Henri Dunant zur Gründung des Roten Kreuzes veranlasste. An den Krieg erinnert das Museum in Solferino; die Geschichte des Roten Kreuzes ist in einem Museum in Castiglione 7 km westlich von Solferino anschaulich dokumentiert.

> **! BAEDEKER TIPP**
>
> *Tortellini*
>
> In einem der zahlreichen Restaurants in Valeggio sul Mincio sollte man Tortellini essen, denn hier wurden sie erfunden.

Über die Schnellstraße 567 kann man nach ❼ * **Desenzano** an den Gardasee zurückkehren, oder man wendet sich nach dem Überqueren der A 4 nach Osten und folgt der Straße ca. 5 km, bis ❽ **San Martino della Battaglia** ausgeschildert ist. Der 65 m hohe Turm von San Martino ragt weithin sichtbar auf. Von seiner Aussichtsplattform hat man einen schönen Panoramablick. Zurück nach Peschiera sind es etwa 8 km.

Am Gardasee-Südufer

Der Trentiner Norden

Tour 4

Start und Ziel: Torbole – Rovereto
Länge: 86 km

Das Nordufer des Gardasees hat viel Ähnlichkeit mit einem norwegischen Fjord. An seiner tiefsten Stelle misst der See 364 m, die Bergwände ragen steil über dem Ufer auf. Wanderer, Kletterer und Surfer sind hier am nördlichen Gardasee vollkommen in ihrem Element.

In der Surferhochburg ❶ * **Torbole** an der Nordspitze des Gardasees beginnt die Tour durch das nördliche Hinterland des Sees. Die SS 240 führt geradewegs nach ❷ * **Arco**, einem gepflegten Kurort in 6 km Entfernung. Die steilen Felswände, die das Tal der Sarca umgeben, sind bei Kletterern äußerst beliebt.

Ins nördliche Hinterland

Nach weiteren 5 km auf der SS 45 durchfährt man das Dörfchen ❸ **Dro**: Hier kann man die schnelle Route weiter auf der SS 45 bis nach Toblino wählen oder nach Osten Richtung Drena abbiegen. Auf dieser kurvenreichen Straße durchfährt man die spektakuläre Landschaft Marocche, eine imposante Steinwüste mit haushohen Felsbrocken, bevor man zum ❹ **Lago di Cavédine** kommt. Es geht am Seeufer entlang, und dann führt die Straße weiter nördlich in Sarche wieder auf die SS 45 zurück.

Steinwüste und Gebirgssee

Nördlich von Sarche liegt das Kastell von ❺ **Toblino** auf einer Halbinsel im tiefblauen Lago di Toblino. Es gilt als das romantischste Schloss des Trentino, und natürlich bietet sich hier eine Pause an, um im Schlossrestaurant einzukehren.

Romantisches Schloss

Folgt man der Schnellstraße weiter in Richtung Trient, dann kommt man auf die A 22 bzw. auf die parallel verlaufende SS 12, die nach ❻ * **Rovereto** führen. Eine Besichtigung Roveretos sollte für Geschichtsinteressierte unbedingt einen Besuch des Museums im Kastell, des größten Kriegsmuseums dieser Art in Italien, einschließen.

Geschichte, Kunst oder Grappa

Kunstfreunde wählen vermutlich lieber das Mart, das Museo d' Arte Moderna e Contemporanea, während Genießer bei Andrea Marzadri im Vorort Nogaredo, nördlich von Rovereto und westlich der Autobahn, eine Grappa-Probe machen. Zum Neutralisieren werden Grissini und Milch gereicht. Die SS 240 führt schließlich wieder zurück an den Gardasee nach Torbole.

Durch die Valtenesi

Tour 5

Start und Ziel: Desenzano – Lonato
Länge: 41 km

Die grüne Hügellandschaft im Südwesten des Gardasees zwischen Desenzano und Salò wird Valtenesi genannt. Weinreben, Olivenhaine, Zypressen, Obst- und Gemüseanbau bestimmen das Bild, kleine Dörfer liegen auf den Hügelkuppen.

Größte Stadt am Lago

Die größte Stadt am Gardasee, ❶ ***Desenzano**, liegt am Rande der Valtenesi. Nach der Besichtigung der Altstadt, des Kastells und der Ruinen einer großen römischen Villa beginnt die Fahrt auf der SS 572 nach Norden.

Weingüter

❷ **Moniga del Garda** ist berühmt für seine Weinreben, aus denen der beliebte Rosé Chiaretto gemacht wird. Auf einigen Weingütern in der Umgebung von Moniga kann man ein paar Fläschchen einkaufen. Oberhalb der Ansiedlung versteckt sich in den Burgmauern auf dem Hügel ein winziges Dorf.

Die Gemeinde ❸ **Manerba del Garda** 3 km weiter besteht aus mehreren Dörfern. Den Blick von der 216 m hohen Rocca di Manerba auf den See und die Valtenesi sollte man sich nicht entgehen lassen.

Über Pieve kommt man dann in den kleinen Fremdenverkehrsort ❹ **San Felice del Benaco**. Der nördlichste Hafenort der Valtenesi vor Salò ist ❺ **Porto Portese**. Von hier bis hinunter nach Moniga reihen sich an der gesamten Küste Campingplätze und Strände aneinander.

Zurück auf der SS 572 fährt man, eventuell mit Abstechern nach Polpenazze und Soiano, in südlicher Richtung nach ❻ ***Padenghe**. Dort hat sich ein kleines Dorf an und in einer alten Burg eingenistet. Knapp 5 km weiter ragen die Kuppeln und Kirchtürme der sehenswerten lom-

bardischen Stadt 7 ***Lonato** auf. Interessant ist ein Besuch der Casa del Podestà, des einstigen Wohnhauses des Kunstsammlers Ugo da Como. Von hier sind es ca. 5 km zurück zum Ausgangsort Desenzano.

Tour 6 Per Schiff über den See

Start und Ziel: Malcesine
Länge: 100 km

Den See, die Orte am Ufer und die Berge vom Wasser aus zu erleben, hat seinen eigenen Reiz – ganz ungewöhnliche Perspektiven tun sich auf. Unser Beispiel beginnt und endet in Malcesine. Doch ähnliche Schiffstouren kann man praktisch von jedem Hafen aus planen. Ein Blick auf den Fahrplan ist aber nötig, um die letzte Heimfahrt nicht zu verpassen ...

Pünktlich um 10.05 Uhr lösen die sonnenbebrillten Ragazzi im schönen **Hafen in Malcesine** die Seile der MS Solferino, die mit Kurs Süd in den See sticht. Die Solferino ist eines jener Schiffe, die noch aussehen wie ein Schiff und auf denen es sich auf dem überdachten Freiluftoberdeck behaglich reisen lässt. Diese Tour ist kein Spaziergang, sie bietet weder Window-Shopping noch Museen oder Strände, sondern die Erkundung des Sees vom Wasser aus.

Inseln im See

Während Malcesine mit seiner markanten Burg, die aus Bootsperspektive noch dramatischer als aus Landperspektive auf ihrem Felsen thront, langsam kleiner wird, nimmt die winzige **Isola dell' Olivo** linker Hand im Vorbeifahren richtig Größe an. Keine zwei Minuten später taucht auch schon die **Isola del Sogno** mit der herrlichen Bucht **Val di Sogno** auf. Kursteilnehmer eines dort angesiedelten Sportcamps machen gerade ein paar Wendemanöver und der Segellehrer impft ihnen bei der Gelegenheit wahrscheinlich ein, dass die öffentliche Schifffahrt immer Vorfahrt hat.

Ostufer und Westufer

Die Solferino tuckert mittlerweile mitten im See, der an dieser Stelle nur etwa 6 km breit ist, und nimmt Kurs auf Gargnano. Rechts und links ragen die Berge in die Höhe, während die Pilgerkirche **Madonna di Monte Castello** aus rund 700 m Höhe von ihrem Adlerhorst ähnlichen Platz grüßt. An der Punta Forbisicle an der Gardesana Occidentale faszinieren die Steilwände, während auf der Monte-Baldo-Seite, also im Osten, die Ortsteile von Brenzone verstreut an den Hängen liegen. Zu sehen sind die **Isola Trimelone** mit Kriegsbunkern aus vergangenen Tagen, aber auch die Ruinen des fast verlassenen Campo auf Höhe von Marniga di Brenzone.

Um 10.50 Uhr läuft die Solferino den Anleger von **Gargnano** an. Man sieht die Limonaie, die vom Land uneinsehbare Villa Feltrinelli, das teuerste Hotel am See mit Zimmerpreisen ab 800 €, und später auch das Schönbrunn des Gardasees, den Palazzo Bettoni, von dem von der Gardesana aus nur die nüchtern-graue Rückfassade zu sehen ist, während sich zum See hin ein Prachtpalast mit traumhafter Dachterrasse auftut.

Palazzi

Langsam werden die Berge flacher, und als die Autofähre aus Torri del Benaco, vom Ostufer kommend, kreuzt, ist klar, dass **Maderno** und damit die **altehrwürdige Riviera** erreicht ist – zu der auch **Gardone** und **Salò** gehören. Das Grand Hotel Fasano ist ein wunderschöner Zeuge aus der Zeit der Belle Époque, als der Tourismus am Gardasee gerade Laufen lernte. Nach **Portese**, das ebenfalls in der engen Bucht von Salò liegt, in der man die ganze Weite des Sees nur noch erahnen kann, geht's in östlicher Richtung. Kurz nach Mittag passiert das Schiff die wunderschöne **Isola del Garda** mit dem von Zinnen gekrönten Schloss der Familie Cavazza, das als Kulisse für jede Adelssoap dienen könnte ...

Belle Époque am Lago

Die Solferino überquert nun den See an der Stelle, an der der schlanke Ober- auf den dickbauchigen Untersee trifft. Da die Ora, der Südwind, noch nicht eingesetzt hat, ist die Oberfläche des Lago spiegelglatt. An der Ostküste angekommen, wartet schon das nächste Highlight, die **Punta San Vigilio**: Zypressen, das ans Wasser gebaute Kirchlein, die Locanda mit ihren roten runden Markisen und schließlich der kleine Porto. Aufregende Riva-Boote aus schwerem Mahagoni haben angelegt, ihre grau melierten Besitzer und die passenden Schönheiten im Bikini genießen ihren Auftritt. Diverser europäischer Hochadel logierte in der Locanda, und auch Walter Scheel, Richard von Weizsäcker und Horst Köhler besuchten schon San Vigilio.

Schön und reich

Wenig später ist **Garda** erreicht. Am schön geschwungenen Lungolago wird schon gespeist. Kein Wunder: Es ist bereits nach 12.30 Uhr. Das Mittagessen auf dieser Tour ist aber in Sirmione geplant. **Sirmione**, dieser wundervolle Ort auf seiner Landzunge im Süden mit der märchenhaften Wasserburg, den engen Gassen, den Grotten des Catull, die die Römer vor gut 2000 Jahren schon für Wellnesswohltaten nutzten – das alles sieht vom Wasser so anders aus.
Ankunft ist um 13.25 Uhr. Das Mittagessen wird in der autofreien Altstadt eingenommen, ehe es um 15.07 Uhr wieder an Bord und auf der gleichen Route zurück nach Norden geht, wo der Porto di Malcesine um 18.25 Uhr erreicht wird. Fahrpläne gibt's an den Kassenhäuschen der Häfen und unter www.navigazionelaghi.it

Siesta in Sirmione

GRAND HOTEL

REISEZIELE VON A BIS Z

Der Gardasee und Verona laden zu ausgiebigen Erkundungen ein: nette kleine Orte am Seeufer, noble Sommersitze und Prachtvillen, eindrucksvolle Berglandschaften und natürlich die kulturellen Highlights in Verona, aber auch in Sirmione oder Malcesine.

* Arco

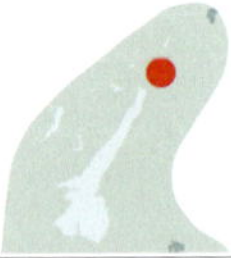

nördl. Q/R 1

Höhe: 91 m ü. d. M.
Einwohnerzahl: 16 500

Nördlich des Gardasees, in etwa 6 km Entfernung von Riva und Torbole, erhebt sich der steile Burgberg von Arco, zu dessen Füßen der gepflegte Luftkurort mit Palmenalleen, schön renovierten Renaissancehäusern und hübschen Geschäften liegt.

Luftkurort mit Palmen

Bereits die Römer hatten die strategische Bedeutung des Burghügels erkannt und auf den Resten einer keltischen Tempelanlage einen Stützpunkt errichtet. Ende des 12. Jh.s eignete sich ein Adelsgeschlecht den Namen des Ortes an und richtete sich in der Burg ein. Im Lauf der folgenden Jahrhunderte ließen sie sie nach und nach ausbauen. Die machtgierigen **Grafen von Arco** erweiterten ihren Herrschaftsbereich im Wesentlichen durch Intrigen, gefälschte Urkunden und diverse blutige Auseinandersetzungen, und erst 1703, während des Spanischen Erbfolgekriegs, als die Franzosen die bislang als uneinnehmbar geltende Burg zerstörten, ging die Ära der Arcos zu Ende.

Das milde Klima des Städtchens veranlasste schon 1872 den österreichischen Erzherzog Albert, seine Winterresidenz hierher zu verlegen. Der Kurarzt Emilio Vambianchi empfahl 1874 den Ort wegen des besonders **günstigen Klimas** »den Schmächtigen und bei Nervenerschöpfung und Lähmung«. Heute zieht Arco aber noch ein ganz anderes Publikum an als die »Erschöpften«, nämlich **Freeclimber**: Jedes Jahr im September ermitteln die Felskletterer beim »Rock Master« in Arco ihren Weltmeister.

Am östlichen Stadtrand fließt die Sarca vorbei, der Hauptzufluss des Gardasees. Einst war sie ein breiter, rauschender Fluss, der aber heute zur Stromerzeugung genutzt wird und sich infolgedessen in ein kleines Flüsschen verwandelt hat.

SEHENSWERTES IN ARCO

Collegiata

Die Pfarrkirche im Zentrum ist eines der **bedeutendsten Bauwerke der späten Trentiner Renaissance**, sie stammt aus dem 17. Jahrhundert. Ungewöhnlich sind die Figuren an der Orgelempore, die statt der sonst üblichen Putten musizierende Bürger darstellen. Das **Segantini-Denkmal** (1909) hinter der Kirche erinnert an den 1858 in Arco geborenen Maler Giovanni Segantini (►Berühmte Persönlichkeiten).

Highlights Arco

- **Im Palazzo Marchetti**
  speist es sich herrlich in den alten Sälen des Restaurants.
  Seite 135

- **Die Ruinen der Rocca**
  erreicht man durch schöne Olivenhaine.
  Seite 135

- **Arboreto**
  Miniaturlandschaften mit Flora und Fauna aus aller Welt
  Seite 136

- **Marocche**
  Die bizarre Steinwüste mit turmhohen Felsen beeindruckt die Besucher dieser in der Eiszeit entstandenen Landschaft.
  Seite 136

- **Castel Toblino**
  Das Castel Toblino, das als die romantischste Burg des Trentino gilt, liegt auf einer Halbinsel in dem gleichnamigen, von gewaltigen Felsen gerahmten See.
  Seite 138

Palazzo Marchetti

Östlich der Pfarrkirche dehnt sich die Piazza III Novembre aus, an deren Ostseite der etwas düster wirkende Palazzo Marchetti steht (1550). Ein Fresko direkt unterhalb des Dachs zeigt Götter, Teufel, Helden, Nymphen und Musikanten. Auffallend sind auf dem Dach die hohen venezianischen Backstein-Schornsteine. Im Innern befindet sich ein **Restaurant**, in dessen z. T. mit herrlichen Renaissancefresken bemalten Sälen man stimmungsvoll speist.

Palazzo Plateola

In der Via Vergolano nordwestlich der Pfarrkirche steht der Palazzo Plateola mit schönen Innenräumen und einem Hof, den ein Freskenzyklus von 1537 ziert.

***Castello (Rocca)**

Unübersehbar thronen die Ruinen der Burg auf einem steilen Felsen hoch über der Stadt. Pfade durch Olivenhaine, über die man in 15 – 20 Minuten zu dem Kastell hinaufsteigen kann, beginnen nördlich der Piazza III Novembre, außerdem am Ostende der Altstadt von der Via Segantini und im Westen von der Straße aus, die zum Arboreto führt.
Aus 278 m Höhe hat man eine **fantastische Sicht** über die Sarca-Ebene und die Stadt. Der älteste Teil der Festung ist der obere Turm mit eigener Burgmauer: die Torre Renghera, 516 von den Goten erbaut. Der tiefer liegende Teil des Kastells mit der Torre Grande und einer weiteren Umfassungsmauer entstand um 1200. Ein Rundweg führt durch die Burganlage, u. a. zur Torre Renghera und in den Mittelteil mit Turnierplatz, Zisternen und »Spielsaal«, einem kleinen Zimmerchen mit Fresken des 14. und 15. Jahrhunderts.

❶ April – Sept. 10.00 – 19.00, Okt. – März 10.00 – 16.00 Uhr; Eintritt: 3,50 €

Botanischer Garten Der Botanische Garten war ursprünglich der Park des erzherzoglichen Palastes, der etwas weiter südlich an der Via Fossa Grande liegt. Das Arboreto ist in Miniaturlandschaften nach den Herkunftsländern der Pflanzen angelegt. Die riesige Sequoie mit ihrer faserigen roten Rinde in der Nähe der Gewächshäuser ist eine der ältesten in Europa.

● Via Porta Scaria; April – Sept. tgl. 8.00 – 19.00, Okt. – März tgl. 9.00 – 16.00 Uhr

Sant' Apollinare Die kleine romanische Kirche Sant' Apollinare (7. Jh.) liegt abseits der Altstadt im Nordwesten, man biegt vor der Sarca-Brücke links in die Via P. Caproni Maini Richtung Campingplatz ab. Auffallend ist ihr Kappenturm. Im Innern des Kirchleins sieht man einen **kostbaren Freskenzyklus** aus der zweiten Hälfte des 16. Jh.s, der wahrscheinlich von Veroneser Künstlern stammt. An der südlichen Außenwand, unter dem Schutz eines Wetterdachs, zeigt ein Gemäldezyklus u. a. eine lebendig wirkende Abendmahlszene, bei der neben Brot und Fisch auch Krebse zum Verzehr bereitliegen.

San Rocco Im Stadtteil Caneve auf dem anderen Sarca-Ufer lohnt die kleine Wallfahrtskirche San Rocco aus dem 15. Jh. einen Abstecher. In ihrem Innern sind die Wände über und über mit **eindrucksvollen Fresken** bedeckt. Sie liegt etwas zurückversetzt linker Hand an der Straße nach Rovereto.

NÖRDLICHE UMGEBUNG VON ARCO

Dro Das schlichte Dörfchen Dro 5 km nördlich von Arco ist als Ausgangspunkt für Wander- und Klettertouren interessant und berühmt für seine Pflaumen (sosine di Dro), die zu den leckersten Sorten Europas gehören sollen.

Auf der Straße von Dro zum Lago di Cavédine (11 km von Arco) durchquert man eine **bizarre Steinwüste**, die **Marocche**. Soweit das Auge reicht, sieht man hohe Felsbrocken, die das Tal bis ins 19. Jh. hinein mehr oder weniger abriegelten. Die ungewöhnliche Trümmerlandschaft entstand durch den Rückzug eines Gletschers am Ende der Eiszeit, wodurch die vom Gletscher abgeschliffenen Bergwände ins Tal stürzten. Nirgendwo in den Alpen hat es da-

> **! BAEDEKER TIPP**
>
> *Der Berg ruft*
>
> Etwa 80 Klettergebiete aller Schwierigkeitsgrade stehen rund um Arco zur Wahl. Einige erreichen Ausmaße, die mit Dolomiten-Wänden zu vergleichen sind, zum Beispiel am Massone, wo die Extrem-Kletterer zu Hause sind. Aber auch für Anfänger ist die gegend um Arco geeignet: Einwöchige Kletterkurse kosten, inklusive Ausrüstung, um die 250 €. www.klettern-arco.com

Arco erleben

AUSKUNFT

APT
Viale delle Palme 1
I-38062 Arco, TN
Tel. 04 64 53 22 55
www.gardatrentino.it

EINKAUFEN

Ein Wochenmarkt findet jeweils am 1. und am 3. Mittwoch im Monat statt. Am 3. Samstag im Monat gibt es einen Antiquitäten- und Trödelmarkt.

ÜBERNACHTEN

Hotel Villa delle Rose €€
Via S. Catarina 4
I-38062 Arco
Tel. 04 64 51 90 91
www.villadellerosearco.it
50 Zimmer, Swimmingpool, Sauna, Dampfbad, Schönheitsfarm, Fitnesscenter – das Angebot des Hauses richtet sich an sportliche und gesundheitsbewusste Gäste. Der See ist 4 km entfernt.

Hotel al Sole €€
Via Foro Boario 5
I-38062 Arco
Tel. 04 64 51 66 76
www.soleholiday.com
Das am Saum der Altstadt gelegene Haus mit 20 Zimmern ist ein freundlicher Familienbetrieb. Es gibt eine Sauna, Whirlpool und Frühstück bis 12 Uhr! Vom Garten aus hat man Blick auf die Burg der Grafen Arco.

ESSEN

Alla Lega €€
Via Vergolano 8
Tel. 04 64 51 62 05
www.ristoranteallalega.com
Bei gutem Wetter sitzt man in dem schönen Garten, bei schlechter Witterung in den altehrwürdigen Räumen aus dem16. Jh. und genießt die typischen Gerichte der Lagoregion wie Carne Salada. Gehobenes Restaurant mit gutem Preis-Leistungs-Verhältnis.

mals einen Bergrutsch von solchem Ausmaß gegeben. Der **Lago di Cavédine** ist einer der Seen, die sich in dieser Mondlandschaft gebildet haben. Während die kleineren Seen (Lago Bagàtol, Lago Solo) nur auf Wanderwegen zu erreichen sind, führt am einsam gelegenen Lago di Cavédine die Straße Richtung Sarche entlang.

Drena

Einen faszinierenden Blick über die graue Felswüste der Marocche und das Tal der Sarca genießt man von der hoch gelegenen **Burgruine** von Drena aus dem 12. Jahrhundert. In den renovierten und teils rekonstruierten Räumen kann man eine Ausstellung über die Geschichte der Anlage und ihrer Umgebung besuchen. Das Kastell, das lange dem Geschlecht der Arco gehört hatte, wurde 1703 durch französische Truppen zerstört. Hinter dem Dorf beginnt das grüne Tal von Cavédine – schon in der Antike existierte hier eine römische Heerstraße.

❶ März – Okt. Di. – So. 10.00 – 18.00; Nov., Dez., Feb. Sa., So.10.00 – 18.00 Uhr

Wie geschaffen für eine Romanze: das Castel Toblino auf einer Halbinsel im Lago di Toblino

****Castel Toblino** Es gilt als die **romantischste Burg im Trentino**: das auf einer Halbinsel mitten in dem gleichnamigen tiefblauen See gelegene Castel Toblino 17 km nördlich von Arco. Uralte Steineichen wachsen in dem Park, der die Burg umgibt, Felswände rahmen den idyllischen See. Die ursprünglich mittelalterliche Anlage wurde im 16. Jh. von der Familie der Madruzzo in eine elegante Sommerresidenz verwandelt. Sie ist wie geschaffen für Seitensprünge. Den bekanntesten leistete sich im 17. Jh. der Trentiner Fürstbischof **Carlo Emanuele Madruzzo**, der sich dort mit seiner Geliebten **Claudia Particella** traf. Es gab Kahnpartien im Mondschein, aber auch Mordversuche: Übereifrige Priester hatten es auf Claudia abgesehen. Im 20. Jh. wurde sogar eine Fortsetzungsgeschichte daraus, in der Trienter Zeitung Il Popolo erschienen und verfasst von einem gewissen Benito Mussolini. 13 Jahre später wurde der zunächst noch sozialistische Poet zum faschistischen Diktator Italiens. Heute kann man hier in einem mit Renaissancefresken geschmückten Restaurant speisen.

* Bardolino

L 21

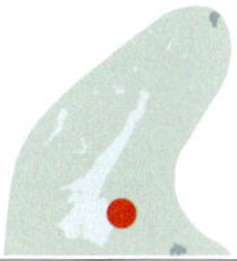

Höhe: 68 m ü.d.M.
Einwohnerzahl: 6500

Zu den bekanntesten Weinanbaugebieten an den Ufern des Gardasees gehört die Region um Bardolino, in der der gleichnamige Rotwein gekeltert wird (▸Baedeker Wissen, S. 80).

Wein- und Urlaubsort

Bardolino liegt in einer flachen Ebene am Südostufer des Gardasees, die Altstadt wird von den Landzungen Punta Cornicello und Punta Mirabello begrenzt. Unter den Römern, die bereits den hiesigen Wein zu würdigen wussten, erhielt Bardolino seinen Namen: Er soll auf eine germanische Prinzessin namens Bardoli zurückgehen. Eine Tour entlang der **»Strada del Vino«** (s. u.), die in den Hügeln hinter Bardolino beginnt und nach Süden bis ins Hinterland von Peschiera führt, berührt mehr als 50 Weingüter, in denen man die guten Tropfen kosten und erstehen kann. Bardolino selbst zählt mit gut 60 Hotels zu den beliebtesten Ferienorten am Gardasee, in der Hochsaison herrscht in seinen Altstadtgassen ordentlich Trubel.

SEHENSWERTES IN BARDOLINO

Piazza Matteotti

Die Piazza Matteotti, eigentlich mehr eine breite **Flaniermeile** als ein Platz, bildet den Mittelpunkt der Altstadt. Hier reihen sich Läden, Cafés und Trattorien aneinander. An warmen Sommerabenden sitzt man draußen und beobachtet das Treiben bei einem Glas Bardolino oder einem Eisbecher. Der Eingangsbereich der neoklassizistischen **Kirche Santi Nicolò e Severo** wird von vier hohen Säulen markiert (19. Jh.). Vor dieser Kulisse geben die Bardoliner Philharmoniker von Juni bis September jeden Mittwochabend ein Konzert im Freien.

Uferpromenade

An der Uferpromenade ist mit einem verwitterten Turm ein spärlicher Rest der Festung der Familie della Scala zu sehen. Schöne Wanderungen kann man auf der Uferpromenade nach Norden bis Garda (3 km) machen – der Spazierweg führt an Olivenhainen, Badestellen und kleinen Wäldchen vorbei – oder nach Süden bis Cisano (s. u.).

***San Severo**

San Severo mit ihrem hohen, schlanken Campanile gehört zu den schönsten und **besterhaltenen romanischen Kirchen im Veroneser Raum**. Der Ende des 11. Jh.s aus Bruchsteinen errichtete romanisch-lombardische Bau zeichnet sich durch die Geschlossenheit seiner Wände aus, die nur durch aufgelegte Friese und Lisenen gegliedert sind. Der Grundriss der dreischiffigen Kirche ist nicht sym-

Bardolino erleben

AUSKUNFT

APT
Via Marconi 50
I-37011 Bardolino
Tel. 04 56 21 06 54
www.ababardolino.it

EINKAUFEN

Donnerstags wird ein Wochenmarkt abgehalten, jeden 3. Sonntag im Monat ein Antiquitätenmarkt.

STRÄNDE

Im Süden sind die Strände flach. In den beiden Strandbädern links und rechts vom Hafen, an der Punta Cornicello und Mirabello, trifft sich ganz Bardolino.

ÜBERNACHTEN

❶ *Hotel du Lac et Bellevue* €€€
Via Santa Cristina, I-37011 Bardolino
Tel. 04 56 21 03 55
www.hotel-du-lac-et-bellevue-bardolino.it
90 Zimmer und Suiten, Restaurant, Bar, Pool, Sauna, Fitnesscenter und Bootssteg – das ruhig gelegene Hotel gehört zu den besten Adressen am Ort.

❷ *Hotel Caesius Terme* €€€
Via Peschiera 3, I-37011 Bardolino
Tel. 04 57 21 91 00
www.hotelcaesiusterme.it
Großzügig angelegt, mit Riesenpool und vier weiteren Schwimmbecken, Thermalzentrum, gutem Spa und feiner Küche ist das 4-Sterne-Hotel ebenfalls eine der besten Adressen in dem Weinstädtchen.

❸ *Hotel Valbella* €
Via San Colombano 38
I-37011 Bardolino
Tel. 04 56 21 24 83
www.valbellabardolino.com
Oberhalb des Sees mit großartiger Aussicht liegt dieses einfache, aber nette Albergo mit Pool, Terrasse und Garten. Weit weg vom Trubel ist es eine gute Alternative für Preisbewusste und Ruhesuchende.

ESSEN

❶ *Il Giardino delle Esperidi* €€€€
Via Mameli 1
Tel. 04 56 21 04 77
Di. geschlossen
Das hübsche Restaurant wird von Gästen aus nah und fern besucht, die traditionelle italienische Küche und Weine (700 Positionen) schätzen. Besonders schön sitzt man auf der Terrasse.

❷ *Pizzeria La Conchiglia* €€
Via Borgo Garibaldi 19
Tel. 04 57 21 06 03
Mit einer Frauenskulptur aus Pizzateig gewann Giuseppe Conte die Pizza-Olympiade und mit 43 Sekunden, die er brauchte, um den Pizzateig auf fünf 33 Zentimeter großen Formen auszubreiten, die Weltmeisterschaft. Geerbt hat er die Pizza-Leidenschaft von seiner Mutter Rosaria, die wie er aus Kalabrien stammt. Seit 1978 arbeitet der Pizzaiolo und Präsident der Vereinigung der Veroneser Pizzabäcker am Gardasee. Seine Pizze in der Altstadt auszuprobieren, lohnt sich.

❸ *Trattoria Villa* €€
Strada Villa 32
37010 Cavaion
Tel. 04 57 23 54 26
Besonders im Süden lohnt ein Abstecher ins Hinterland zum Abendessen, wie etwa in diese Locanda, wo traditionelle Gerichte wie Bollito Misto ebenso serviert werden wie Deftiges vom Grill.

Bardolino

Übernachten
1. Hotel du Lac
2. Hotel Caesius Terme
3. Hotel Valbella

Essen
1. Il Giardino delle Esperidi
2. Pizzeria La Conchiglia
3. Trattoria Villa

metrisch, sondern die Seitenschiffe sind unterschiedlich lang und breit. Die Wände im Innern bedecken ungewöhnlich lebendig wirkende Fresken (12. / 13. Jh.): Auf den Bögen des Mittelschiffs sind die Apostel, Szenen aus der Apokalypse, die Passionsgeschichte und Ritterkämpfe zu erkennen. Hinter dem Altar kann man auf die Reste einer langobardischen Krypta hinuntersehen. Ihre Pfeiler weisen typische Flechtbandornamentik auf, sie gehörten zu einem Vorgängerbau aus dem Jahr 893.

San Zeno

Zu den ältesten Bauwerken aus **karolingischer Zeit** in Italien gehört die kleine Kirche San Zeno, die versteckt in der Via San Zeno liegt. Man geht durch das Tor eines Gehöfts (ausgeschildert), in dessen Hof linker Hand die heute nicht mehr genutzte Kirche steht. Der winzige, schmal und hoch wirkende einschiffige Bau über kreuzförmigem Grundriss wurde im 8. Jh. errichtet. Seine Besonderheit sind die Kapitelle der sechs Marmorsäulen im Langhaus. Noch ohne großes Ge-

Kalt gepresst ist halb gewonnen

Im Herbst hängen die Oliven prall an den Bäumen, grün und schwarz, je nach Reifestadium. Und gleich nach der Ernte wird in den Ölmühlen überall das »flüssige Gold« gepresst (►Baedeker Wissen, S. 184).

Zum Verzehr eignen sich die Oliven vom Gardasee weniger, umso mehr aber zur Weiterverarbeitung zu einem hervorragenden Öl. Schon seit der Antike ist das Olivenöl vom Gardasee für seine Milde bekannt. Es ist sehr gut verträglich, reich an ungesättigten Fettsäuren und Vitaminen, beugt Herz- und Kreislauferkrankungen vor, reduziert das Cholesterin und bremst die Zellalterungsprozesse. Allerdings nur, wenn das flüssige Gold auch wirklich kalt gepresst wird, denn auf diese Weise bleiben alle Substanzen erhalten.

Extra Vergine

Die Arbeit – Baumpflege, Pflücken und Sammeln – ist zumeist **Handarbeit**. Zur Ernte werden Zeltplanen unter den Bäumen ausgebreitet und die Oliven mit Stöcken und einer Spezialzange abgestreift. Sie fallen auf die Planen und nach dem Aufsammeln geht's gleich zur Genossenschaft in die Frantoio, die **Ölpresse**. Wichtig ist die schnellstmögliche Verarbeitung, um höchste Qualität zu erreichen. Die meist kleinen Ölpressen am See öffnen in der letzten Oktoberwoche und

Grundlage für ein supergesundes Öl

schließen noch vor Weihnachten. Aber in dieser Zeit laufen sie fast Tag und Nacht.

Strahlende Augen, wenn der erste Tropfen des frisch gepressten Öls fließt: Natives Olivenöl, Extra Vergine, die **erste Kaltpressung** bei maximal 28 Grad – etwas Besseres gibt es nicht. Das meinen auch einige der älteren Bewohner von Brenzone. Sie nehmen jeden Morgen einen Löffel Olivenöl zu sich, um das Immunsystem zu stärken. Das Olivenöl vom Gardasee, das **Extra Vergine del Garda**, ist bekannt für seine hochwertige Qualität und Milde. Kaum ein Nahrungsmittel hat in den letzten Jahren aber auch bei Jüngeren so an Popularität gewonnen.

Uralte Bäume

In den ersten fünf bis sieben Jahren trägt ein Olivenbaum keine Früchte. Bis zum 35. Lebensjahr wächst er und trägt zwischen dem 20. und 35. Jahr im besten Fall bis zu 700 kg pro Jahr. Ab 35 Jahren hat er sich voll entwickelt und trägt für gut 100 Jahre regelmäßig, jedoch deutlich weniger als zwischen 20 und 35. Mit etwa 150 Jahren beginnen die Olivenbäume zu altern.

Ein Garten mit 25 Olivenbäumen bringt durchschnittlich immerhin **250 kg Oliven**, aus denen **50 l Öl** gewonnen werden: unbehandelt, goldfarben und sehr aromatisch. Am besten wird das Öl nach einem heißen und trockenen Sommer, auf dem im Herbst noch einige regenreiche Tage folgen. Im Frühjahr werden die knorrigen Bäume dann beschnitten. Alle Äste, die gerade nach oben ragen, müssen weg, denn Oliven wachsen nur an hängenden Ästen.

Santa-Catarina-Tag

Was dran ist am flüssigen Gold des Gardasees und was drin ist, erfahren Besucher am besten am 25. November in Castelletto di Brenzone. Am Santa-Catarina-Tag war früher Almabtrieb und die Limonaie wurden winterfest gemacht. Was bis heute blieb: Auch die **Olivenernte ist eingefahren** und das **erste frische Öl** gepresst. An zahlreichen Ständen kann man an diesem Tag das neu gewonnene, kalt gepresste Extra Vergine direkt beim Erzeuger probieren, kaufen und sich über die Herstellung informieren. Sommergäste besuchen am besten das Olivenölmuseum in Bardolino.

Fertig zum Verkauf: das flüssige Gold

Früher Abend auf der Piazza Matteotti

schick hat man hier versucht, die römischen Vorbilder nachzuahmen. Spärliche Freskenreste sind im Ostteil erhalten.
Am Ende der Borgo Cavour stößt man auf die herrschaftliche **Privatvilla der alteingesessenen Familie Guerrieri Rizzardi**. Sie steht in einem riesigen Park, der sich bis zur Seepromenade ausdehnt und im 16. Jh. angelegt wurde. In einem Laden neben dem Tor kann man Wein und Öl aus hauseigener Produktion erstehen.

UMGEBUNG VON BARDOLINO

Cisano 2 km sind es auf der Uferpromenade von Bardolino bis nach Cisano, einem Ortsteil weiter südlich. Ein ungewöhnliches Treiben bricht jedes Jahr am ersten Septemberwochenende los: Dann wird hier das schon im Mittelalter bekannte **Vogelfest** (sagra dei osei) gefeiert, ein bunter Jahrmarkt mit Fahrgeschäften.
In der weitgehend neoklassizistischen **Kirche Santa Maria** befinden sich Reste aus romanischer Zeit und wenige Überbleibsel aus der Epoche der Karolinger. Fassade und Apsis sind von 1130 und es gibt mehrere ältere Schmuckplatten.
Mit Mühlsteinen, alten Pressen und zahlreichen anderen Utensilien wird im ***Museo dell' Olio** schräg gegenüber von Santa Maria die Geschichte der Olivenölherstellung (►Baedeker Wissen, S. 142, 184) dargestellt. Unter den Exponaten sind eine Hebelpresse, die schon die alten Ägypter verwendeten, und eine hochmoderne Zentrifuge, mit der unter Luftabschluss das Öl der Oliven vom Pflanzenwasser

und vom Olivenmark getrennt wird. Im Verkaufsraum kann man das Speiseöl, eingelegtes Gemüse, Pasten, Wein u. a. erwerben.

Museo dell' Olio: Via Peschiera 54; Mo. – Sa. 9.00 – 12.30 u. 14.30 – 19.00, So. 9.00 – 12.30 Uhr; www.museum.it

***Strada del Vino**

Im hügeligen Hinterland des südöstlichen Gardasees führt die **Weinstraße** an ausgedehnten Anbaugebieten roter und weißer Trauben und an **mehr als 50 Weingütern** vorbei. Die Weinstraße verläuft über Bardolino, Cavaion, Calmasino, Lazise, Cola, Pacengo bis Cavalcaselle und Castelnuovo auf der Höhe von Peschiera und führt von hier wieder nordwärts über Sandrá, Pastrengo, Affi und Albaré nach Bardolino zurück. Einen Prospekt mit Adressen und Lageplan aller Kellereien gibt es in der Touristeninformation von Bardolino.

> **! BAEDEKER TIPP**
>
> *Museo del Vino*
>
> In der Weinkellerei Zeni südöstlich von Bardolino kann man bekannte Weine der Region verkosten und kaufen und sich im angeschlossenen Weinmuseum über Rebsorten und die Geschichte des Weinbaus informieren.
> Via Costabella 9, März – Oktober tgl. 9.00 – 13.00, 14.30 – 19.00 Uhr; Tel. 04 56 22 83 31

Eine sehr schöne, etwa einstündige ***Wanderung** führt von Bardolino auf einer kleinen Straße in nördlicher Richtung an der Kirche San Columbano vorbei zur Kamaldulenser-Abtei (Eremo di Rocca). Sie thront auf einem hohen Fels, der einen schönen Blick über den See ermöglicht.

Brenzone

N 11 – M 13

Höhe: 75 m ü. d. M.

Einwohnerzahl: 2500

Brenzone nennt sich eine Gemeinde aus 16 idyllischen Dörfern, von denen sich die fünf wichtigsten südlich von Malcesine am Ostufer des Gardasees aneinanderreihen: Assenza, Porto, Magugnano, Marniga und Castelletto. Die elf anderen kleben im Hinterland an den Hängen des Monte Baldo inmitten von blassgrünen Olivenhainen.

Dörfergemeinschaft

Leider führt die viel befahrene Uferstraße mitten durch die fünf ehemaligen **Bauern- und Fischerdörfer**, deren Charme man aber in den stillen, verwinkelten Gassen und kleinen Plätzen oberhalb der Gardesana an den Hängen des Monte Baldo genießen kann. Die meisten touristischen Einrichtungen befinden sich bei den Häfen unterhalb der Uferstraße. Vom Fremdenverkehr profitiert vor allem Castelletto.

SEHENSWERTES IN BRENZONE

Assenza Assenza ist das nördlichste der Dörfer von Brenzone. Lohnend ist die Kirche **San Nicolà** mit Fresken aus dem 14. Jahrhundert. Sie ist meist abgeschlossen, im Haus links neben der Kirche erhält man aber einen Schlüssel. Beachtenswert ist vor allem das »Abendmahl« an der linken Wand, da hier die Jünger in einer ungewöhnlich geselligen, geradezu fröhlich ausgelassenen Runde dargestellt sind.

An der Kirche beginnt ein langer, herrlicher **Wanderweg** (6 Std., rot-weiße Markierung) bis zum Rifugio Telegrafo auf 2147 m Höhe, von wo sich ein weiter Blick auf die Alpen, das Etschtal und die Po-Ebene öffnet. Eine weniger beschwerliche Tour führt von Assenza zum oberhalb gelegenen Dorf Sommavilla (15 Min.) und auf einer Panoramastraße mit Aussichtspunkten ins südlich gelegene Magugnano (weitere 60 Min.).

350 m vom Ufer entfernt liegt die **Isola Trimelone**, eine Insel mit explosiver Geschichte. Schon im 10. Jh. diente sie militärischen Zwecken, die Bunker darauf sind Reste eines alten Forts aus dem Ersten Weltkrieg. Im Zweiten Weltkrieg wurde sie als Depot für Sprengkörper genutzt. Bis 2005 war sie daher Sperrgebiet, ehe 90 000 Sprengkörper entdeckt und deportiert oder entschärft wurden. Seit 2006 ist Trimelone bombenfrei und begehbar.

> ! BAEDEKER TIPP
>
> *Motorboot fahren ohne ...*
>
> ... Führerschein: In Castelletto kann man direkt am Hafen einfach zu fahrende Boote mit 30 oder besser 40 PS mieten. Bei einer Tagestour schafft man eine Südrunde mit Gargnano, Maderno, Isola del Garda, Garda und Torri del Benaco – Badestopp und Picknick mitten auf dem See eingerechnet. Ein Riesenspaß für bis zu sieben Personen (Tagesmiete ab 170 €, www.nauticuore.com).

Magugnano Weiter südlich liegt der ruhige Ort Magugnano mit einem kleinen Hafen. Da Magugnano Gemeindesitz ist, wird das Dorf häufig als Brenzone bezeichnet. Im Rathaus ist der **Stein von Castelletto** zu sehen, der vor 4000 Jahren mit Symbolen versehen wurde, deren Bedeutung bis heute noch nicht entschlüsselt werden konnte.

Eine schöne Wanderung (30 – 45 Min.) führt in das nur noch von fünf Menschen bewohnte **idyllische Dorf Campo**. Auf dem alten Mauleselpfad geht es steil bergauf, ehe auf 200 Höhenmetern die ersten Häuser und Ruinen aus dem 11. Jh. zu sehen sind.

***Castelletto** Castelletto, den größten Ort der Gemeinde Brenzone, zerschneidet die Gardesana in zwei Teile: in den beschaulichen Hafenbereich und den **verträumten alten Dorfkern** am Hang. Ein Spaziergang durch die historische Altstadt führt durch enge, verwinkelte und sehr steile Gassen vorbei an Häusern, die teilweise noch aus dem 16. Jh. stammen, zur malerischen Piazza dell' Olivo.

Brenzone erleben

AUSKUNFT

IAT Tourist Office Pro Loco »Per Brenzone«
I-37010 Porto di Brenzone, VR
Tel. 04 57 42 00 76
www.brenzone.it

EINKAUFEN

In Castelletto di Brenzone wird jeden Dienstag ein Wochenmarkt abgehalten. Wer Trödel und Antikes mag, kann im Juli und im August freitags den Flohmarkt in Magugnano besuchen.

ÜBERNACHTEN

Hotel Belfiore €€€
Via Zanardelli 4
I-37010 Brenzone
Tel. 04 57 42 01 79
www.consolinihotels.it
Das Hotel Belfiore mit 32 Zimmern liegt direkt am Seeufer und am Strand von Brenzone. Vom Hotel hat man einen tollen Blick auf den See, vom schönen Außenpool ebenfalls.

ESSEN

Ristorante alla Fassa €€€
Via Beato Mons G. Nascimbeni 13
Tel. 04 57 43 03 19
www.ristoranteallafassa.com
Im Ristorante alla Fassa in Castelletto sitzt man auf einer Veranda direkt am Ufer. Die Küche ist köstlich, bietet hausgemachte Nudeln, gute Fischgerichte und eine interessante Weinkarte. März bis Oktober: Di. geschlossen.

Belvedere €€
Via Marniga 38
Tel. 04 57 42 00 55
Das familiengeführte Restaurant in Marniga ist eine große Ausnahme unter viel Durchschnittlichem am Ufer. Es bietet regionale Spezialitäten wie Kaninchen, hausgemachte Nudeln, Polenta und eine hervorragende Holzofenpizza. Am schönsten sitzt man auf dem Balkon mit Blick auf den See. In der Hochsaison unbedingt reservieren. Di. Ruhetag (in der Nebensaison), Nov. geschlossen.

In der Altstadt verweisen Schilder auf zahlreiche wunderschöne Wanderwege – durch die Olivenhaine, an klaren Bachläufen entlang und an Terrassenmauern vorbei. Von der Piazza dell' Olivo aus hat man beispielsweise in zehn Minuten den kleinen Ort Biazza (s. u.) erreicht. Erheblich länger (3 Std.) ist die Tour nach Prada in 1000 m Höhe, die am Hang des ▸Monte Baldo über Le Ca führt. Per **Seilbahn** kann man sich nördlich von Prada in Senaga (Prada alta) nach Ortigaretta und weiter mit der Sesselbahn auf den Costabella (1804 m) befördern lassen. Etwa 30 Min. wandert man von hier aus nach Norden zur Chierego-Hütte auf 1911 m Höhe.
San Zeno von Castelletto steht einige Hundert Meter südlich nahe der Gardesana. Die romanische Kirche (11. / 12. Jh.) zählt zu den ältesten in der Region und fällt durch ihren ungewöhnlichen Grundriss auf: Ihre beiden unterschiedlich breiten Schiffe werden von drei Apsiden abgeschlossen. Auf den niedrigen Säulen im Innern sieht man Kapitelle eines römischen Vorgängerbaus.

Biazza Der Reiz des winzig kleinen Biazza südöstlich von Castelletto wird beim Anblick seiner wenigen Häuser offenbar, die auf und in den Ruinen einer Burg der Scaligeri gebaut wurden. Auf einem Fels thront die kleine romanische Kirche Sant' Antonio.

Crero Crero ist ein Dörfchen in den Bergen, 2 km südlich von Pai und 3 km nördlich von ►Torri del Benaco. Mit dem Auto erreicht man Crero nur über eine abenteuerlich enge und kurvige Straße von der südlich gelegenen Spiaggia d' Oro aus. Für diese Strapaze wird man mit einem fantastischen Blick auf den Gardasee belohnt, den man auch vom **Panoramarestaurant** aus genießen kann. Von Crero bietet sich ein Spaziergang zu den zum Teil steinzeitlichen, zum Teil im Mittelalter entstandenen ***Felsritzungen** (incisioni rupestri) an. Der Wanderweg ist mit »Rocca dei Graffiti« ausgeschildert.

* Desenzano

C/D 25/26

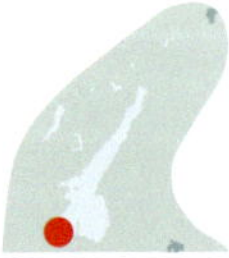

Höhe: 96 m ü. d. M.
Einwohnerzahl: 27 000

Desenzano ist zwar die größte Stadt am Gardasee, trotzdem zieht sie den Fremdenverkehr nicht in dem starken Maße an wie die benachbarten Städte Sirmione und Salò. Beliebt ist sie als Einkaufsstadt, unentbehrlich als Verwaltungszentrum der Seeorte.

Beliebte Einkaufsstadt In der Altstadt um den alten Hafen (Porto Vecchio) sind viele sehr schöne **Renaissance-Palazzi** und einige mittelalterliche Häuser erhalten, unter Laubengängen reihen sich Geschäfte und Cafés aneinander. Der Hafen spielte für die Stadt am Südufer des Gardasees schon in der Antike eine wichtige Rolle: Man betrieb Fischfang und lebte vom Handel – vor allem Getreide wurde von hier ans andere Ende des Gardasees nach Riva verschifft, um dann über die Alpen weitertransportiert zu werden. Nachdem Desenzano 1400 unter die Herrschaft Venedigs gekommen war, entwickelte sich der Ort zur wichtigsten Handelsstadt Oberitaliens.

SEHENSWERTES IN DESENZANO

***Porto Vecchio** Das reizvolle alte Hafenbecken von Desenzano ist vom großen Hafenbereich durch eine niedrige Brücke abgetrennt. Der venezianische Palazzo Todeschini am Kopfende des Porto Vecchio diente früher als Getreidelager, heute befindet sich darin die Touristeninformation.

Porto Vecchio, der alte Hafen in Desenzano

An der Uferpromenade Lungolago Cesare Battisti ist ein großer, verzierter **Sarkophag** aufgestellt, der als letzte Ruhestätte einer Römerin namens Atilia Urbica diente.

Piazza Malvezzi

An der Piazza Malvezzi unmittelbar hinter dem Hafen sitzt man gemütlich in den Cafés und Restaurants unter niedrigen Arkaden. Das Denkmal in der Platzmitte erinnert an die Schutzpatronin der Stadt, Santa Angela Merici, die 1535 den Ursulinen-Orden gründete.

*Duomo Santa Maria Maddalena

Die Nordseite der Piazza Malvezzi nimmt der Duomo Santa Maria Maddalena ein, den der Architekt Giulio Todeschini (1524 – 1603) im Stil der Spätrenaissance entwarf. Das Barockportal wurde der strengen Fassade erst im 18. Jh. vorgesetzt. Im Innern überrascht die Vielzahl großer Ölgemälde. Das bedeutendste ist wohl **Giambattista Tiepolos** (1696 – 1770) »Letztes Abendmahl« (1738) in der Sakramentskapelle, der zweiten Kapelle links. Ungewöhnlich ist vor allem die Bildperspektive: Der Tisch mit den Jüngern wird nicht frontal gezeigt, sondern die Schmalseite der Tafel mit Christus zur Linken bildet den Vordergrund, während sich der hintere Teil des Tisches in der Tiefe des Bildes verliert. Das Triptychon im Presbyterium von **Andrea Celesti** zeigt die Geschichte Maria Magdalenas; **Zenon Veronese** schuf die Darstellungen der Auferstehung Christi sowie von Heiligen und Aposteln.

Castello Von der Piazza Malvezzi steigt man durch steile Gassen hinauf zu den Resten eines mittelalterlichen Kastells. Erbaut wurde die Burg im 9. Jh. als Schutz vor den Ungarn, später lebten innerhalb der Burgmauern, die die gesamte Bergkuppe umschließen, über 100 Familien zum Schutz vor Kämpfen mit wechselnden Gegnern: Veronesen, Brescianer, Ghibellinen, Guelfen, Mailänder und Franzosen.

***Villa Romana** Mitten in einem Wohnviertel (Via Crocefisso 22) entdeckte man 1921 die **Reste von drei römischen Gebäuden**, darunter eine Villa, die zu den schönsten und bedeutendsten ihrer Art in Oberitalien gehört. Das freigelegte Areal stammt aus dem 1. – 4. Jh. n. Chr. und ist vor allem wegen seiner 240 m großen **Mosaikböden** berühmt. Bislang wurden ausgegraben: eine Prunkvilla mit herrlichen Mosaiken (Sektor A), ein Bau mit einer Apsis aus dem 4. Jh. (Sektor B) und eine Thermenanlage (Sektoren C und D). Nach dem mit umlaufenden Mosaiken geschmückten Peristyl kommt man in **die schönsten Räume**: in einen schmalen Vorraum mit zwei Apsiden und in den dahinter liegenden sogenannten Großen Saal, der von drei Apsiden abgeschlossen wird. Die vergangene Pracht der Fest- und Bankettträume erahnt man beim Anblick der Mosaikböden. Sie zeigen geflügelte Putti, die mit Fischfang, Obsternte, Weinlese und Jagd beschäftigt sind. Hinter der Prunkvilla kommt man zum Sektor B, den Wohnräumen, auf die Ende des 4. Jh.s ein Saal mit Apsiden aufgesetzt wurde, der möglicherweise als frühchristliche Basilika diente. Die Reste des fischgrätengemusterten Bodens stammen aus dem 2. nachchristlichen Jahrhundert. Rechts dahinter liegen die relativ schlecht erhaltenen Thermenanlagen. Im angeschlossenen **Museum** sind einige Funde ausgestellt; die Statuen aus dem 2. und 4./5. Jh. zeigen, dass das Privathaus sehr reich dekoriert war.

● Di. – So. 9.00 – 17.30 Uhr

> ! BAEDEKER TIPP
>
> *Notte d' Incanto – die Zaubernacht*
>
> Am 15. August, dem Ferragosto, einem der wichtigsten Feiertage Italiens und gleichzeitig Höhepunkt der Urlaubssaison, werden in Desenzano Tausende von schwimmenden Lämpchen und Kerzen zu Wasser gelassen, was der Notte d' Incanto eine wahrlich zauberhafte Atmosphäre gibt.

UMGEBUNG VON DESENZANO

San Martino della Battaglia Ein Besuch von San Martino, Solferino und Castiglione delle Stiviere im Süden von Desenzano konfrontiert mit dem **Risorgimento**, dem italienischen Unabhängigkeitskrieg gegen die Habsburger, dessen entscheidende »Schlacht von Solferino« am 24. Juni 1859 ausgetragen wurde. Das unendliche Leid von mehreren Tausend Verwundeten, die ohne ärztliche Hilfe qualvoll auf dem Schlachtfeld sterben mussten, führte zur **Gründung des Roten Kreuzes** durch Henri Dunant (►Baedeker Wissen, S. 154). An klaren Tagen schon vom Gardasee aus sichtbar, ragt der 65 m hohe Turm von San Martino auf, das den Beinamen »della Battaglia« trägt. Hinter dem Aussichtsturm ist ein Museum zur Schlacht von 1859 eingerichtet. Eine 400 m lange Rampe schraubt sich bis zu einer Aussichtsplattform hoch. Die Wände entlang der Rampe sind mit großen Gemälden über die italienischen Befreiungskriege seit 1848 bemalt. Im wenige Meter entfernten **Museo della Battaglia** sind Uniformen, Ausrüstung, Waffen, zerfetzte Fahnen, Briefe und Münzen aus dem Krieg von 1859 ausgestellt. Im Beinhaus (ossario), werden mehr als 1400 Schädel und die Gebeine von gefallenen Soldaten aufbewahrt.

Museo della Battaglia: März – Sept. Mo – Sa. 9.00 – 12.30 u. 14.30 – 19.00, Okt. – Feb. Mo. – Sa. 9.00 – 12.00 u. 14.00 – 17.30, So. jeweils 9.00 – 19.00 Uhr; Eintritt: 5 €

Solferino

In Solferino liegt der **»Geburtsort des Roten Kreuzes«**. Das **Museo Storico Risorgimentale** an der Hauptstraße beschäftigt sich mit den italienischen Unabhängigkeitskriegen des 19. Jh.s. Eine Allee führt von hier aus zu einer Kirche mit einem Beinhaus, in dem die Überreste von 7000 in der Schlacht von Solferino gefallenen Soldaten aufbewahrt werden. Auf einer Anhöhe liegt das kleine Kastell des Ortes (11. Jh.). Im angrenzenden Park steht der mittelalterliche **Turm della Rocca** mit seinem **Museum**. Hier kann man sich nochmals mit der Geschichte des Risorgimento auseinandersetzen. Mit dem Memoriale Croce Rossa Internazionale am Ende einer Zypressenallee hat man 1959 allen Mitgliedern des Roten Kreuzes ein Denkmal gesetzt.

Museo Storico Risorgimentale, Museum Turm della Rocca: März – Sept. Di. – So. 9.00 – 12.30 u. 14.30 – 19.00 Uhr; Eintritt: 2,50 €

Castiglione delle Stiviere

Über die Aufgaben und die Geschichte des Roten Kreuzes informiert das ***Rot-Kreuz-Museum** von Castiglione, das in der Hauptstraße (Via Garibaldi 50) in einem Palazzo des 18. Jh.s eingerichtet ist. Es stellt den **Friedensnobelpreisträger Henri Dunant** vor (►Baedeker Wissen, S. 154), außerdem ist die Schlacht von Solferino (1859) dokumentiert. In derselben Straße, der Via Garibaldi, sind auch die Reste des Schlosses und ein Turm aus dem 10. Jh. zu sehen.

Seine Blüte hatte Castiglione im 16. Jh., als auch die meisten der schönen Palazzi entstanden. Die Chiesa Maggiore diente nach der Schlacht von 1859 als riesiges Lazarett. In der Via Marta Tana ist in einem Kloster das **Museo Storico Aloisiano** untergebracht, das Kunst- und sonstige wertvolle Kulturgegenstände zeigt, die von den Nonnen als Aussteuer ins Kloster mitgebracht wurden.

An einem Abend um den 24. Juni gehen die Menschen aus Castiglione delle Stiviere im **Lichterzug** von Solferino nach Castiglione im

Desenzano erleben

AUSKUNFT

IAT
Via Porto Vecchio 34
I-25015 Desenzano del Garda, BS
Tel. 03 09 14 15 10
www.hotelspromotion.com

EINKAUFEN

Die besten Geschäfte gibt es auf dem langen Corso der Altstadtgassen vom Dom über die Piazza Malvezzi, Via Papa, Piazza Matteotti bis hin zur Piazza XXV Aprile. Schicke Mode- und Schuhläden findet man auch am alten Hafen. Dienstags ist Wochenmarkt unter den schönen Arkaden in der Nähe des alten Hafens und jeweils am 1. Sonntag im Monat findet auf der Piazza Malvezzi ein Flohmarkt statt, auf dem auch gute Antiquitäten angeboten werden.

STRÄNDE

Auf Höhe des Ortsteils Rivoltella weiter östlich, zu Fuß etwa 15 Min. vom Hafen, liegt die Spiaggia d' Oro mit Bar, Restaurant und Tretbootvermietung. Dort ist es ruhiger als am Strand des Lungolago.

ÜBERNACHTEN

1 ***Agroturismo Le Preseglie*** €€€
Località Preseglie
I-25015 Desenzano
Tel. 03 09 10 81 95
www.agriturismolepreseglie.com
Ein schön restaurierter Hof rund 6 km südlich von Desenzano im Hinterland, von allen Seiten umgeben von Weinreben, mit Pool, Sauna und Dampfbad, schönen Apartments oder Suiten sowie guten Weinen fürs feine Restaurant: Jedes Jahr werden hier 30 000 Flaschen Lugana produziert.

2 ***Admiral*** €€
Viale Motta 13
I-25015 Desenzano
Tel. 8 00 03 42 45
www.mistralhotels.it
34 Zimmer. Einfaches, aber familiär-gemütliches Haus in Seenähe. Auf der Dachterrasse gibt es einen Whirlpool mit tollem Blick auf den See.

ESSEN

1 ***Cavallino*** €€€€
Via Murachette 29
Tel. 03 09 12 02 17
Mo. geschl.
Das Michelin-besternte »Cavallino« ist eines der besten Speiselokale am Gardasee. Viele Gäste besuchen es wegen seiner vorzüglichen Fischgerichte.

2 ***Kapperi*** €€€
Via Nazario Sauro 7
Tel. 03 09 99 18 93
www.kapperi.eu
Der Gastronom Pierluigi Mottarella führt in Desenzano drei Restaurants: Das »Lepre« ist das bekannteste und teuerste. Doch im »Kapperi« isst man fast genauso gut, dafür aber zu normalen Preisen.

3 ***Osteria la Contrada*** €€
Via Bagatta 12
Tel. 03 09 14 25 14
Mi. geschl.
Das kleine Lokal in der Altstadt bietet hausgemachte Pasta und Hauptgerichte mit lombardischem Einschlag. Beeinflusst von Slow Food stehen nur regionale Produkte, vor allem Gardasee-Fisch, auf der Karte. Ein Gedicht ist das Filetto all' Amarone.

Desenzano

Übernachten
1 Le Preseglie 2 Admiral

Essen
1 Cavallino 2 Kapperi 3 Osteria La Contrada

Gedenken an die Schlacht von 1859 und die Arbeit des Roten Kreuzes. Gegen eine Spende von 5 € und Anmeldung bis Anfang Juni können auch Touristen teilnehmen. Die Fackeln werden gestellt (Info: www.micr.it).

Rot-Kreuz-Museum, Museo Storico Aloisiano: Nov. – März Di. – So. 9.00 – 12.00, 14.00 – 17.00; Apr. – Okt. Di. – So. 9.00 – 12.00 u. 15.00 – 18.00 Uhr; Eintritt: 5 €

Padenghe

Die Burganlage von Padenghe wurde auf den Grundmauern eines älteren Kastells, das noch aus römischen Zeiten hier stand, errichtet, sie ist die **älteste Festung der Valtenesi**.
Tritt man durch das einzige Tor des Mauerrings, wird man von drei kieselsteingepflasterten Gassen mit bewohnten Häusern, kleinen Gemüsegärten und einem Hühnerhof überrascht. Während der Sommermonate wird das verträumte Dorf in der Burg kurzzeitig aus seinem Dornröschenschlaf geweckt: Dann werden im Innern der Festung Theateraufführungen und Konzerte unter freiem Himmel veranstaltet.

»Sie sind alle unsere Brüder!«

Am 24. Juni 1859 trafen gegen 3 Uhr morgens im Dunkel der Nacht zwei etwa gleich starke Armeen aufeinander. In der legendären »Schlacht von Solferino« standen sich die franko-piemontesischen Truppen mit ca. 150 000 Mann und 400 Kanonen und die Österreicher mit etwa 170 000 Soldaten und 500 Kanonen gegenüber. Auf Signal fielen sie übereinander her.

Es herrschte Krieg zwischen den nach Unabhängigkeit strebenden Italienern und den Habsburgern. Das Risorgimento hatte Italiens kulturelle und politische Einheit zum Ziel, Führer dieser Einigungsbewegung war Cavour, Ministerpräsident unter Vittorio Emanuele II., dem König von Sardinien-Piemont. Cavour hatte kurz zuvor Napoleon III. als Verbündeten gewinnen können.
Am Rand der »Schlacht von Solferino« tauchte ein Schweizer Geschäftsmann auf, der damals 31-jährige **Henri Dunant**. Dunant war Präsident der Finanz- und Industriegesellschaft von Mons-Djémila (Algerien). Ein Millionenprojekt brachte ihn auf die seltsame Idee, Napoleon III. mitten im Kugelhagel mit seinen Finanzgeschäften zu überfallen und ihn um finanzielle Hilfe zu bitten. Als Dunant am 24. Juni 1859 in Castiglione ankam, war die Schlacht in vollem Gang: 14 Stunden dauerte das Gemetzel, bis die Alliierten die Österreicher geschlagen hatten. Die »Schlacht von Solferino« ging später als die blutigste des Jahrhunderts in die Geschichte ein: Pferdehufe und Lafettenräder zermalmten die Glieder von Verwundeten; wo die Munition ausging, wurde mit Fäusten und Messern weitergekämpft. Ein Augenzeuge berichtete: »Sie kämpften wie reißende Tiere: Wer keine Waffen mehr hatte, zerriß dem Gegner die Gurgel mit den Zähnen.«

Ein Schreckensbild

Dunant wartete in Castiglione den Verlauf der Kämpfe ab und betrat danach das **Schlachtfeld**. Es bot sich ihm das Schreckensbild von 25 000 Toten und mehr als 10 000 Verwundeten. Gruppen von Soldaten trugen die Toten und die Sterbenden zusammen und schichteten sie in Massengräber. Dunant organisierte den **Transport der Verwundeten** nach Castiglione. Bald war die kleine Stadt mit 8000 Leidenden überfüllt, denen **zwei Ärzte** ratlos gegenüberstanden. Dunant kam gerade dazu, als ein paar Soldaten verletzte Gegner die Treppen der völlig überfüllten Chiesa Maggiore hinunterstoßen wollten. »Nicht!«, rief Dunant, »sono tutti fratelli – sie sind alle unsere Brüder!« Die Losung durchlief die Stadt, besonders die Frauen halfen den Schwerverletzten, ohne auf Uniformen und oder Sprache zu achten. Dunant organisierte **Verbandsmaterial und Medikamente**. Doch als eine Ladung Chloroform eintraf, war niemand da, der mit dem neuen Wundermittel

Sanitätswagen zu Dunants Zeiten

umgehen konnte: Die meisten wachten nach der Betäubung nicht mehr auf, so wurde ohne Betäubung weiter operiert. Dunant arbeitete drei Tage und Nächte durch. Den eigentlichen Grund seiner Reise hatte er vergessen.

Gründung des Roten Kreuzes

Zurück in Genf ließen Dunant die Erinnerungen an das Erlebte, v. a. den Mangel an ärztlicher Hilfe, nicht mehr los. Er verfasste die **»Erinnerungen an Solferino«** und ließ das Buch Ende 1862 auf eigene Kosten drucken. Er verschickte sein Werk, in dem er die Gründung von Hilfsgesellschaften sowie eine »internationale, rechtsverbindliche Übereinkunft dieser Organisationen« anregte, an wichtige Persönlichkeiten in vielen Ländern. Kurz nach Erscheinen der Schrift traf Dunant den Anwalt und Beamten Gustave Moynier. Am 7. Februar 1863 fand eine Sitzung der **»Gesellschaft für öffentliche Wohlfahrt«** statt, zehn Tage später trat die **»Kommission der Fünf«** zusammen: General Dufour, die Ärzte Dr. Mounoir und Dr. Appia, Moynier und Dunant. Sie gründeten die Organisation, die später Rotes Kreuz genannt werden sollte. Am 22. August 1864 beschloss ein Kongress in Genf die **»Genfer Konvention«**, die von zwölf Ländern unterzeichnet wurde. Darin wurden die ersten zehn Paragrafen festgelegt. Wie Dunant gefordert hatte, wurde Verwundeten, Ambulanzen, Spitälern, Helfern und Ärzten der Status der Neutralität zugesprochen. Dafür einigte man sich auf das Symbol eines roten Kreuzes auf weißem Grund, der Umkehrung des Schweizer Wappens. Immer mehr Länder schlossen sich dem Abkommen an, in islamischen Ländern gründete man den **»Roten Halbmond«** mit denselben Ideen und Zielsetzungen. Beide Vereinigungen haben heute über 270 Mio. Mitglieder und mehrere 10 000 Helfer. Dunant wurde 1901 der Nobelpreis zugesprochen.

* Garda

K 19

Höhe: 68 m ü. d. M.
Einwohnerzahl: 3800

Der beliebte Ferienort Garda zeichnet sich durch ein ausgesprochen mildes Klima aus, da er windgeschützt zwischen den Hängen des Monte Luppia im Norden und dem Tafelberg im Süden liegt, auf dem die Ruinen der mittelalterlichen Burg thronen.

Ferien im milden Klima

Eine vielfältige und üppige mediterrane Vegetation gedeiht in Garda: Zypressen, Pinien, Oleander, Zedern, Olivenbäume, Lorbeer und Myrten bedecken die angrenzenden Hügel, die sich an die lang gezogene Bucht schmiegen. Venezianische Palazzi prägen die hübsche, verwinkelte Altstadt und die lange Uferpromenade verführt zum Bummeln und Einkaufen.

Geschichte und Legende

Es heißt, der Ort und auch der See hätten ihren Namen der blauhaarigen Nymphe Engardina zu verdanken, die hier einem jungen Wassergott so den Kopf verdrehte, dass dieser für sie einen großen See schuf und sich mit ihr unverzüglich in diesen hineinwarf, woraufhin das Wasser die herrlich blaue Farbe ihres Haares annahm. Tatsäch-

Früher Abend an der Hafenpromenade von Garda

lich leitet sich »Garda« vom germanischen »warden« ab, das im Althochdeutschen zu »garden« (Burg) wurde. Dass Garda schon sehr früh besiedelt war, bezeugen **Reste von Pfahlbauten** am Fuß des Rocca-Hügels und die Ruinen eines keltischen Heiligtums auf dem Berg. Im späten 5. Jh. errichtete **Theoderich**, der König der Goten, dort eine Burg. Eine zentrale Rolle in der Geschichte des Ortes und gar ganz Italiens spielte im 10. Jh. aber eine Frau: Zu jener Zeit hauste der Langobarde **Berengar II.** auf der Burg, der nach der italienischen Königswürde strebte. Diesem Ansinnen stand aber König Lothar von der Provence im Weg, den Berengar – was nicht bewiesen, aber sehr wahrscheinlich ist – ermorden ließ, um dessen Witwe **Adelheid** 951 auf seine Burg zu entführen. Berengar dachte taktisch: Sie sollte seinen Sohn ehelichen, um diesem den Anspruch auf die italienische Krone zu ermöglichen. Doch Adelheid weigerte sich, worauf Berengar sie in den Kerker werfen ließ. Adelheid konnte fliehen und wurde kurz darauf die Gemahlin König Ottos des Großen, der Berengar besiegte und ihn lebenslänglich in Bamberg einkerkerte. Gegen Ende des 13. Jh.s regierte in Garda die Familie der Scala, ab Anfang des 15. Jh.s Venedig, unter dessen Herrschaft der Ort aufblühte, die Burg aber verfiel.

SEHENSWERTES IN GARDA

***Palazzo del Capitano**

Die reizvollen Palazzi in der Altstadt entstanden im 15./16. Jh. unter den Venezianern. An zentraler Stelle am Hafen steht der gotisch-venezianische **Palazzo del Capitano**. Früher schwappte das Wasser des Sees noch unmittelbar an das blassgelbe Gebäude mit seinen sechs Spitzbogenfenstern, später schüttete man das Hafenbecken zu, sodass sich heute hier die Piazza Catullo mit Cafés und Trattorien ausdehnen kann.

Palazzo Carlotti

Ebenfalls am Hafen, in dem man auch ohne Bootsführerschein Boote mieten kann (Tel. 32 85 76 92 47), erbaute der Veroneser Baumeister **Michele Sanmicheli** den Palazzo Carlotti (auch Palazzo Losa genannt). Über den Arkaden im Untergeschoss des Renaissancebauwerks erhebt sich eine Loggia mit fünf Bogen.

Stadttore

Parallel zur Uferpromenade verläuft die Hauptgasse Corso V. Emanuele, die weiter südlich in die Via S. Stefano, schließlich in den Corso XX Settembre übergeht und von zwei Stadttoren begrenzt wird. Um das Nordtor wurde 1510 der **Palazzo Fregoso** erbaut.

***Villa Albertini**

Das **bedeutendste Bauwerk Gardas** liegt am nördlichen Ende der Altstadt hinter einer hohen Mauer. Der ältere Teil der Villa Albertini ist an der gelben Fassade zu erkennen und entstand 1779, die roten

Türme mit Zinnenkränzen wurden erst im 19. Jh. angefügt. Am 10. Juni 1848 weilte der König von Sardinien und Piemont, Carlo Alberto, in der Villa Albertini in Garda, wo nach einer Volksabstimmung der Anschluss der Lombardei an sein Königreich proklamiert wurde. Da sie sich in Privatbesitz befindet, ist eine Besichtigung nicht möglich.

Santa Maria Maggiore An der viel befahrenen Gardesana liegt – von Süden kommend – auf der rechten Seite die Pfarrkirche Santa Maria Maggiore. Im 15. Jh. erbaut, wurde sie 1774 und 1830 barockisiert. Durch ein Tor rechts neben der Kirche gelangt man in den Kreuzgang eines ehemaligen Klosters aus dem 14. Jahrhundert. Dort sind u. a. oberhalb des Treppenaufgangs zur Loggia verzierte Steine aus langobardischer Zeit eingemauert.

Rocca Die knapp einstündige Wanderung zur Ruine der Rocca auf dem 300 m hohen Berg südöstlich der Stadt lohnt wegen der Aussicht über den See. Besonders schön ist der Blick auf Garda im Vormittagslicht. Festes Schuhwerk ist vonnöten. Man biegt links neben der Kirche Santa Maria Maggiore in die Via S. Bernardo ein, die nach einigen Metern nach rechts abknickt. Von dieser geht rechts die Via degli Alpini ab, die den Berg hinaufführt.

Eremo di San Giorgio Das Eremitenkloster San Giorgio bauten die Kamaldulenser im 17. Jh. auf einem Hügel nahe der Rocca. Zu erreichen ist es von der Rocca auf einem Fußweg (20 Min.) oder per Auto von Bardolino aus durch das Hinterland über Cortelline. Beim Blick vom Kloster auf die Bucht von Garda und die Landzunge von San Vigilio wird deutlich, warum die Einheimischen die Landzunge auch Krokodilkopf nennen.

❶ tgl. 10.00 – 12.00 und 15.00 – 17.30 Uhr

UMGEBUNG VON GARDA

Costermano Im nordöstlichen Hinterland sind auf dem **Cimitero Tedesco** in Costermano mehr als 22 000 im Zweiten Weltkrieg gefallene deutsche Soldaten begraben. Viele Jahre gab es um diesen Friedhof Streit, weil der NS-Kriegsverbrecher Christian Wirth hier begraben ist. Nachdem man historische Erläuterungen in den Eingangsbereich gestellt hatte, endete der Protest.

Valle dei Mulini (Mühlental) Eine schöne Wanderung bietet sich von Garda aus durch das Mühlental an. Folgt man der Straße Richtung Costermano (s. o.), biegt man auf halbem Weg an der kleinen Brücke gegenüber der Via Poiano in ein Sträßchen ein, wo das Mühlental beginnt.

Garda erleben

AUSKUNFT

APT
Piazza Donatori di Sangue 1
I-37016 Garda, VR
Tel. 04 56 27 03 84
www.lagodigarda-e.it

EINKAUFEN

Entlang der Uferstraße Lungolago Regina Adelaide lässt es sich am Freitagvormittag zur Marktzeit schön flanieren. Und bei der Fischkooperative in der Via delle Antiche Mura 8 kann man vormittags frischen Seefisch erstehen.

STRÄNDE

Garda ist auch wegen seiner guten Bademöglichkeiten ein Anziehungspunkt. Schmale Kiesstrände ziehen sich im Norden bis zur Landzunge San Vigilio, während im Süden abwechselnd kleine Kiesstrände und Liegewiesen bis Bardolino reichen.

ÜBERNACHTEN

Hotel du Parc €€€
Viale San Carlo 1
I-37016 Garda
Tel. 04 57 25 53 43
www.chincherini.com
Die Lage ist traumhaft, Pool und Park sind klasse, nur die Zimmer (mit herrlichem Seeblick) sind nicht ganz auf 4-Sterne-Niveau und der Terrassenservice ist eher schläfrig.

Villa Madrina €€€
Via Paolo Veronese
I-37016 Garda
Tel. 04 56 27 01 44
www.villamadrina.it
34 Suiten. Ruhig gelegene Villa, seit Langem in Familienbesitz, mit wunderbarem Seeblick; ausgezeichnete regionale Küche.

Tre Corone €€
Lungolago Regina Adelaide 54
I-37016 Garda
Tel. 04 57 25 50 33
www.hoteltrecorone.it
Schon 1895 hat Baedeker diese einstige Poststation als Unterkunft empfohlen. Und auch heute noch ist das Haus ein gutes Mittelklassehotel und hat einige Zimmer mit Blick auf den See. In der Saison ist das Tre Corone wegen der Lage am Lungolago aber nicht immer ganz ruhig.

ESSEN

Trattoria al Graspo €€€
Piazzetta Calderini 12
Tel. 04 57 25 60 46
Diese Trattoria mit familiärer Atmosphäre ist nichts für ruhesuchende Gemüter! Hier geht es hektisch zu, gegessen wird allabendlich in zwei Schichten. Eine Speisekarte gibt es nicht, die Kellner bringen einen Gang nach dem anderen auf den Tisch, hauptsächlich Meerestiere werden aufgetragen. Als Zahlungsmittel wird nur Bargeld akzeptiert.

Ristorante Giardinetto €€
Lungolago Regina Adelaide 21
Tel. 04 57 25 50 51
Di. Ruhetag (in der Nebensaison)
Ob knusprige Pizza oder gegrillter Fisch aus dem See: Direkt am Lungolago schmeckt's einfach immer ein noch ein bisschen besser.

Der »schönste Ort der Welt« – die Punta San Vigilio gilt seit jeher als ein außergewöhnlich reizvolles Fleckchen Erde.

***Punta San Vigilio**

Die Punta San Vigilio, eine Landzunge 3 km westlich von Garda, wird überschwänglich als »schönster Ort der Welt« bezeichnet. Schon die Römer müssen den Reiz dieses von Wiesen, Olivenbäumen und Zypressen bedeckten Ausläufers des Monte Luppia gespürt haben, denn sie erbauten an dieser Stelle eine Villa. Heute steht hier am Ende einer Zypressenallee die privat genutzte **Villa Guarienti**. Sie wurde 1540 im Stil der Renaissance von **Michele Sanmicheli** (►Berühmte Persönlichkeiten) für den Humanisten Agostino Brenzone errichtet, der den oben erwähnten Ausspruch tat.
Im First-Class-Hotel **Locanda di San Vigilio** mit nur 14 Zimmern stiegen schon Laurence Olivier und Winston Churchill ab, Otto Hahn verbrachte in der Locanda seine Flitterwochen. Hier befinden sich auch die Kirche des hl. Vigilius (13. Jh.), ein Privathafen und ein Restaurant. Wer an der Punta baden will, kann das an der gepflegten Baia delle Sirene tun, die mit Restaurant, Duschen und Spielplatz ausgestattet ist (tgl. 9.30 – 20.00 Uhr). Die Eintrittspreise zum Park und Strand sind allerdings happig: 12 € in der Hauptsaison!

Monte Luppia

Eine schöne Wanderung (ca. 1,5 Std.) führt 600 m vor der Punta San Vigilio auf der alten Straße nach Torri del Benaco (Richtung Crero, Castei) auf den Monte Luppia zu Felszeichnungen, die z. T. um 2000 v. Chr. entstanden sind. Die häufigsten Motive sind Schiffe, Reiter und Krieger; sie wurden vermutlich von Hirten angefertigt. Der Straße nach Castei folgt man bis zu einer Abzweigung mit Schranke rechter Hand. Diesen Weg läuft man bis zu einem Querweg, in den man nach links einbiegt. An der nächsten Kreuzung wählt man den Pfad zu den »Rupestri«. Hinter einem Haus sieht man rechts die **Pietra delle Griselle**, eine Felszeichnung, auf der landende Schiffe mit Strickleitern (= Griselle) zu sehen sind. Dahinter liegen weitere Felsen mit Gravierungen, z. B. die Pietra dei Cavalieri, die Reiter darstellen und wohl erst im 19. Jh. entstanden sind.

***Madonna della Corona**

Im Etschtal liegt an den Hängen des Monte Baldo der **Wallfahrtsort** Madonna della Corona. Man erreicht ihn von Garda aus (18 km entfernt) in nordöstlicher Richtung über Costermano, Caprino Veronese und weiter in nördlicher Richtung über Vilmezzano bis Spiazzi. Von diesem Bergort aus kann man zu der idyllisch gelegenen neugotischen Kirche wandern (20 Min.), die an einem steilen Hang klebt.

** Gardone Riviera

D 17

Höhe: 85 m ü. d. M.
Einwohnerzahl: 2500

Das beschauliche Gardone Riviera war schon im 19. Jh. die eleganteste Adresse am Gardasee und zählte Persönlichkeiten wie den ägyptischen König Faruk, Kaiser Wilhelm II. und die österreichische Kaiserin Elisabeth zu seinen Gästen. Noch heute prägen das Ortsbild ehrwürdige Hotels, noble Sommersitze und Prachtvillen, deren Parks mit uraltem Baumbestand vor neugierigen Blicken schützen.

Eleganter Villenort

Da unweit des Ufers schon die Hänge des Monte Lavino (907 m), des Pizzocolo (1583 m) und des Monte Spino ansteigen, drängen sich die noblen Unterkünfte in Gardone Riviera dicht am See. Oberhalb der Gardesana (Corso Zanardelli) schmiegt sich der alte Ortskern, Gardone Sopra, an den grünen Hang. Die Berge schützen den Ort vor den kühlen Tramontana-Winden und bescheren ihm ein **mediterranes Klima**, das die Gestaltung eines schönen Botanischen Gartens möglich machte. Die unangefochtene Hauptattraktion ist das Vittoriale, das mit Kuriositäten vollgestopfte Haus und der mit monumentalen architektonischen Versatzstücken gespickte Park des exzentrischen Dichters und Offiziers Gabriele d' Annunzio. Nach Süden hin gehen Gardone und Salò fast ineinander über: Hinter Palmen, Zypressen und Oleander verborgene Palazzi bilden die Verbindung zwischen den Orten.

SEHENSWERTES IN GARDONE RIVIERA

Uferpromenade Seit dem Erdbeben von 1901 steht die breite, aber relativ kurze Promenade Lungolago D' Annunzio auf Pfählen im See. Sie wird von Restaurants und Cafés gesäumt und endet im Norden hinter der Anlegestelle am safrangelben Grandhotel, dessen 300 m lange Sonnenterrasse direkt am See liegt. In den 1880er-Jahren wurde es als erstes Hotel im Ort gebaut. Heute erinnert die Piazza Luigi Wimmer an den Deutschen, der den Tourismus auf diese Seite des Gardasees brachte und das luxuriöse Grandhotel errichten ließ.

***Giardino Botanico A. Hruska** Der Botanische Garten von Gardone ist zu Recht ein Publikumsmagnet: Besucher erwartet ein herrliches Naturparadies mit einem Labyrinth aus engen, verschlungenen Wegen, die durch dichte Vegetation führen; an künstlichen Bächen und Seerosenteichen vorbei, die von kleinen Holzbrücken überspannt werden. Bänke laden an versteckten Plätzen unter Nilpapyrus, Lotusblüten und schwarzem Bambus zum Entspannen ein. Der Park wurde um 1900 von dem Innsbrucker Zahnarzt und Naturwissenschaftler **Arthur Hruska** (1880 – 1971) um seine Villa angelegt, er pflanzte ca. 2000 Gewächse aus allen Klimazonen der Erde an. Das Herzstück des Gartens ist eine Miniaturfelslandschaft aus Dolomitgestein. Der österreichische Künstler **André Heller** erwarb das Anwesen in den 1980er-Jahren, als es zu verwildern drohte. Die Skulpturen im Garten stammen von ihm und seinen Künstlerfreunden, z. B. Mimmo Palladino. Das Areal ist nach Themen gegliedert und beginnt mit dem asiatischen Raum. Es folgen Zonen, die sich mit den Alpen-, Duft-, Heil- und Fettpflanzen beschäftigen.

❶ März – Okt. tgl. 9.00 – 19.00 Uhr; Eintritt: 9 €

Gardone Sopra Vom Parkplatz neben dem Giardino Botanico führt ein Treppenaufgang hoch nach Gardone Sopra und zum Vittoriale. Gardone Sopra ist der **alte, beschauliche Ortskern** am Hang. Üppig wuchernde Balkonpflanzen und farbenprächtige Bougainvilleen schmücken die ocker- und rotfarbenen Hauswände entlang der verwinkelten Gassen. Kurz vor dem Eingang ins Vittoriale steht die Kirche San Nicolà (1740), deren Aussichtsbalkon einen herrlichen Blick über den See eröffnet. Das Innere ist mit Fresken und sehr viel Stuck ausgestattet.

****Vittoriale degli Italiani** Das riesige Anwesen des exzentrischen Dichters, Luftwaffenoffiziers und Frauenhelden **Gabriele d' Annunzio** (1863 – 1938) ist eine außergewöhnliche Sehenswürdigkeit am Gardasee (►Baedeker Wissen S. 60), was auch die Besucherzahlen von 300 000 pro Jahr belegen. Zu dem Komplex gehören ein großer Park (Vittoriale) und sein Wohnhaus (Casa d' Annunzio). Vittoriale degli Italiani, Siegesdenkmal der Italiener, hat ' Annunzio sein Anwesen genannt, eigentlich ist das

Eine Institution am Lago: das Grand Hotel Gardone, das 1884 als erstes Hotel am Gardasee gebaut wurde

Ganze aber eine skurrile Stätte seiner Selbstbeweihräucherung. Zunächst kommt man am Freilichttheater vorbei, in dem im Juli und August Konzerte, Ballett- und Theateraufführungen stattfinden. Im Schifamondo (ital. = Verschmähung der Welt) ist ein kleines Museum mit Fotos, Schriften und Erinnerungsstücken des Poeten sowie das Auditorium untergebracht, in dem jüngst ein Kriegsmuseum eröffnet wurde. An der Decke hängt das Flugzeug SVA, von dem aus d' Annunzio im Ersten Weltkrieg Flugblätter über Wien abwarf. Zwischen Wohnhaus und Schifamondo hindurch geht es in den Park, in dem Andenken an die Kriegseinsätze und -erlebnisse d' Annunzios verteilt sind, u. a. das Schnellboot MAS und der gewaltige Bug des Schlachtschiffs Puglia. Weiter oben trifft man auf das strahlend weiße Mausoleum mit dem Marmorsarg des eitlen »Kriegshelden«. Das **Wohnhaus d'Annunzios**, die sogenannte Priora, ist nur mit Führung zu besichtigen. Wartezeiten sollte man einrechnen, doch als skurriles Erlebnis lohnt es sich: Jeder Raum hat seinen eigenen Namen (Schreibzimmer des Verstümmelten, Zimmer der Weltkugel usw.) und ist anders eingerichtet, doch jeder ist düster und überfüllt mit einem Sammelsurium aus Möbeln, Statuen, Bildern, Kissen, Flugzeugpropellern etc.

❶ April – Sept. Di. – So. 8.30 – 20.00, Okt. – März 9.00 – 17.00 Uhr; Eintritt: ab 8 €; www.vittoriale.it

Gardone Riviera erleben

AUSKUNFT

IAT
Corso Repubblica 8
I-25038 Gardone Riviera, BS
Tel. 0 36 52 03 47
www.zitronenriviera.de

STRÄNDE

Zum Baden gibt es in Gardone nur wenige Möglichkeiten: Das Strandbad Spiaggia Rimbalzello befindet sich im Süden des Ortes (Eintritt 5 €, mit Sonnenschirm und Liege 11 €). Winzige Kiesstrände liegen nördlich der Torre San Marco und am Casino.

ÜBERNACHTEN

1 *Hotel Villa Montefiori* €€€
Via Clune 12
I-25083 Gardone Riviera
Tel. 03 65 29 02 35
www.hotelvillemontefiori.it
Eine außerordentlich schön gelegene Unterkunft mit gepflegtem Park: Die 31 Zimmer des Hotel Villa Montefiori sind in mehreren Häusern – in Jugendstilvillen und einem alten Turm – eingerichtet. Vom Hotel bietet sich ein fantastischer Blick auf den Lago. Ein großer Pool und ein gutes Restaurant gehören zum Haus.

2 *Villa Sofia* €€€
Via Cornella 9
I-25083 Gardone Riviera
Tel. 0 36 52 27 29
www.villasofia-gardasee.de
Die Villa Sofia, ein schönes Hotel in einem großen Garten mit altem Baumbestand, bietet angenehme Urlaubsruhe und allen nötigen Komfort. Es gibt 34 Zimmer, von den oberen Stockwerken hat man einen traumhaften Seeblick. Einige Zimmer haben einen Balkon oder eine Terrasse, teilweise auch mit Blick auf den Lago.

ESSEN

1 *Belvedere da Marietta* €€€€
Via Montecucco 62
I-35083 Gardone Riviera
Tel. 0 36 52 09 60
Frischer Fisch aus dem See, Fleisch, Pastagerichte und traditionelle Speisen wie Hecht in Soße genießt man in dieser Edel-Trattoria mit herrlichem Blick auf See und Ort.

2 *Riolet* €€
Via Fasano Sopra 75
Fasano di Sopra
Tel. 0 36 52 05 45
Mi. geschl.
Etwa 150 m über dem See liegt etwas versteckt das schöne Terrassenrestaurant, in dem mittags und abends Hochbetrieb herrscht. Zu verdanken ist das der formidablen Küche von Chef Ernesto Formica, der frische Teigwaren zaubert und Fischgerichte unvergesslich macht. Verlockend ist auch die Spezialität des Hauses: ein »Spiedo alla bresciano«. Humane Preise für diese Qualität.

Torre San Marco, Villa Fiordaliso, Casinò Unterhalb des Vittoriale ragt am Ufer des Sees die Torre San Marco auf, die im 19. Jh. ein deutscher Privatmann erbaute. Heute ist darin eine Diskothek eingerichtet. Nördlich davon steht die zum Luxushotel umgebaute Jugendstilvilla Fiordaliso; in dem ockerfarbenen Gebäude lebte 1943 die Geliebte Mussolinis, Claretta Petacci. Ein Stück

Gardone Riviera

Übernachten
1 Hotel Villa Montefiori
2 Villa Sofia

Essen
1 Belvedere da Marietta
2 Riolet

weiter liegt ebenfalls am See das ehemalige Casinò, wo man stilecht in Belle-Époque-Atmosphäre oder auf der fantastischen Seeterrasse speisen kann.

UMGEBUNG VON GARDONE RIVIERA

Fasano

Zwei Hotelbauten sind die Attraktionen des 500-Seelen-Dörfchens Fasano: das **Grand Hotel Fasano** (Via Zanardelli 190) und die **Villa del Sogno** (Via Zanardelli 107). Ersteres hatte vor mehr als 100 Jahren dem österreichischen Kaiserhaus als prunkvoller Jagdsitz gedient und ist heute ein Luxushotel, in dem der vergangene k.-u.-k.-Charme noch spürbar ist. Mit nur 33 Zimmern strahlt die Villa del Sogno eine anheimelnde Atmosphäre aus. Berühmte Gäste waren Winston Churchill und der ägyptische König Faruk. Der alte Ortskern Fasano Sopra windet sich oberhalb des Krankenhauses am steilen Hang hoch.

Via Panoramica

Beim Vittoriale beginnt eine Panoramastraße durch das hügelige, grüne Hinterland von Gardone. Sie führt über zahlreiche Serpentinen zu den Bergdörfern San Michele und Serniga und wieder hinab nach Salò.

Gargnano

H 13

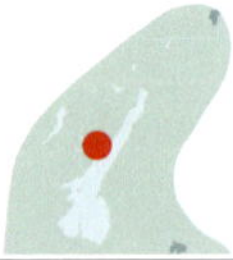

Höhe: 98 m ü. d. M.
Einwohnerzahl: 3300

Am nördlichen Ende der Riviera Bresciana, die sich nach Süden bis Salò zieht, liegt das hübsche Gargnano. Die Berge schützen den kleinen Ort und so herrscht hier fast immer ein mediterranes Klima.

Beschauliche Badeorte

Schon im 19. Jh. zog dieser Küstenstreifen am Westufer des Gardasees ein wohlhabendes Publikum an, das vornehmlich aus Brescia und Mailand stammte. Man kam, um Badeurlaub zu machen. Damals entstanden an der Riviera Bresciana zahlreiche **Villen, Palazzi, Grandhotels und prächtige Sommerresidenzen**.
Das ehemalige Fischerdorf Garganano besitzt einen kleinen, verwinkelten Ortskern um einen beschaulichen Hafen und eine kurze Uferpromenade mit den obligatorischen Cafés und Trattorien. Die Vegetation der Uferregion unterscheidet sich wesentlich von der im Osten des Sees, da die Berge vor kalten Winden schützen. So herrscht ein mildes mediterranes Klima, was die Ausbreitung von Palmen, Oleander, Zitrusbäumen, Bougainvilleen und Zedern begünstigt hat. Zu Gargnano gehören noch zwölf winzige Orte, darunter Villa und Bogliaco am Ufer; die anderen Dörfer klammern sich oberhalb Gargnanos an den Hang. In der Umgebung gibt es noch einige Zitronengewächshäuser.

SEHENSWERTES IN GARGNANO

San Martino

Nördlich oberhalb des Ortskerns steht an der Gardesana die Pfarrkirche San Martino, die 1837 im Stil des italienischen Klassizismus erbaut wurde. Hinter einer Säulenhalle öffnet sich ein gewaltiger, ovaler Innenraum. Die Darstellung Marias im Hochaltar wird **Moretto** (►Berühmte Persönlichkeiten) zugeschrieben.

Hafen, Altstadt

Geht man durch eine der Gassen hinunter zum See, kommt man zum hübschen, kleinen Hafen. Während des Risorgimento (1866) hatten sich französische und italienische Schiffe hierher zurückgezogen und wurden von sechs österreichischen Kanonenschiffen beschossen. Noch heute bezeugen einige Gebäude, in deren Wänden nach wie vor Kanonenkugeln stecken, dieses Ereignis, beispielsweise das **Rathaus** aus dem 16. Jahrhundert. Die kurze Uferpromenade ist von Oleander gesäumt, einige Läden, Cafés und Restaurants in den Altstadtgassen laden zum Verweilen ein.

***Palazzo Feltrinelli, Villa Feltrinelli**

In den Blick der Weltöffentlichkeit rückte Gargnano nochmals 1943 bis 1945, als die Deutschen hier die Marionettenregierung unter **Benito Mussolini** einsetzten. Von der »Staatskanzlei« im Palazzo Feltrinelli am nördlichen Ende der Uferpromenade regierte Benito Mussolini die Repubblica Sociale Italiana, die auch »Republik von Salò« genannt wurde (▶Salò). Der Palast im Stil der Neorenaissance gehört heute der Universität Mailand, die hier Sprachkurse für Ausländer veranstaltet. Nicht zu besichtigen ist das Arbeitszimmer des Duce, das noch im Originalzustand erhalten ist. Wenige Meter entfernt liegt der **Park La Fontanella**, wo es Kiesstrände und betonierte Uferzonen zum Sonnen und Baden gibt. Dahinter liegt – schon im Ortsteil Faustino – die neugotische Villa Feltrinelli, der Wohnsitz Mussolinis in den letzten zwei Kriegsjahren.

San Francesco

In der Via Roma südlich des Hafens steht die einschiffige Kirche San Francesco. Schon ab 1289 hatte hier der Franziskanerorden ein Gotteshaus und ein Kloster errichtet, von denen nur die Kirchenfassade

Blick auf das geruhsame Gargnano an der Riviera Bresciana

und der **Kreuzgang** erhalten geblieben sind, während die Kirche ihr heutiges Aussehen im 17. Jh. erhielt. Der romanisch und spätgotisch geprägte Kreuzgang ist ein Kleinod. Seine zierlichen Säulen tragen unterschiedliche, fantasievoll ornamentierte Kapitelle mit Zitrusfrüchten und Tieren. Die Kirche ist nur selten und unregelmäßig geöffnet; sonntags hat man meistens Glück.

UMGEBUNG VON GARGNANO

Villa Im Süden geht Gargnano in den Ortsteil Villa über, der einen eigenen hübschen Hafen besitzt. An der Hauptgasse liegt das Haus, in dem der englische **Schriftsteller D. H. Lawrence** (1885 – 1930) ein Jahr lang lebte und arbeitete. Oberhalb von Villa bietet sich bei der Kirche San Tommaso ein schöner Blick über den See.

Bogliaco Südlich von Villa kommt man nach Bogliaco, ebenfalls ein Ortsteil von Gargnano. Der moderne Jachthafen Marina di Bogliaco liegt weiter südlich. Das auffälligste Gebäude Bogliacos ist der große ***Palazzo Bettoni**, der allerdings nicht öffentlich zugänglich ist. Durch den Bau der Durchgangsstraße ist der prächtige, dreiflügelige Palast, dessen beeindruckende Front auf den See ausgerichtet ist, leider von seinem Park getrennt. Die Villa entstand um 1750 **nach dem Vorbild des Wiener Schlosses Schönbrunn** für den Conte Giovanni Bettoni, einen Reitergeneral im Dienste Maria Theresias.
Zu Bogliaco gehört auch ein schöner 18-Loch-Golfplatz. 1912 wurde er angelegt und war damals erst der dritte in Italien. Die italienischen Faschisten machten um 1930 ein Getreidefeld daraus, die Deutschen wenig später eine Flugzeugpiste und die Amerikaner nach dem Krieg einen Baseballplatz. Seit 1953 darf wieder Golf gespielt werden. Zum 100-jährigen Jubiläum wurde er fein herausgeputzt (www.golfbogliaco.com). Wer Bootfahren vorzieht, wendet sich zum Anmieten eines Boots an Cantiere Nautico Feltrinelli (www.nauticafeltrinelli.it).

> ! BAEDEKER TIPP
>
> *Seenot*
>
> Wenn Sie auf dem Gardasee segeln wollen, speichern Sie diese Nummer am besten in Ihrem Mobiltelefon ein: 1 67 09 15 30. Das ist die Telefonnummer des Seenotrettungsdienstes. Das Schnellboot ist in Bogliaco stationiert und von Juni bis Oktober rund um die Uhr erreichbar.

Lago di Valvestino, Lago d' Idro Ein schöner, allerdings sehr kurvenreicher Ausflug führt zum Lago di Valvestino im Hinterland von Gargnano. Auf den ersten Kilometern bis Navazzo bieten sich herrliche Ausblicke auf den See, danach folgt die Straße dem Flusslauf des Toscolano, bis die Staumauer den Beginn des Lago di Valvestino markiert. Die Straße verläuft

Gargnano erleben

AUSKUNFT

Consorzio Turistico
Piazza Boldini 2
I-25084 Gargnano, BS
Tel. 03 65 79 12 43
www.gargnanosulgarda.com

EINKAUFEN

Alle zwei Wochen wird mittwochs ein Wochenmarkt veranstaltet.

STRÄNDE

Einen großen Strand mit Olivenbäumen findet man am nördlichen Ortsrand (Parco Fontanella). Der Eintritt ist frei und es gibt eine Pizzeria und eine Bar.

ÜBERNACHTEN

Grand Hotel a Villa Feltrinelli €€€€
Via Rimembranze 38 – 40
Tel. 0 39 03 65 79 80 00
www.villafeltrinelli.com
Es ist dem Hotelier Robert H. Burns zu verdanken, dass die einstige Sommerresidenz der Papiermagnatenfamilie Feltrinelli, die Ende des Zweiten Weltkriegs auch Domizil Benito Mussolinis war, nicht dem Verfall preisgegeben wurde. 1997 erwarb Burns das baufällige Haus samt Anwesen und ließ es für rund 30 Millionen Euro renovieren. Heute präsentiert sich die Villa als stilvolles Luxushotel, gehört aber inzwischen einem schweizerisch-russischen Konsortium und gehört zu den teuersten am See.

Lefay Resort & Spa €€€€
Via Angelo Feltrinelli 118
Tel. 0 39 03 65 24 18 00
www.lefayresorts.com
Traumhaftes Luxusresort mit spektakulärem Blick auf den See. Es gibt ausschließlich Suiten. Zum Resort gehören ein Restaurant mit sehr guter Küche, die typische italienische Gerichte anbietet, wahlweise auch kalorienreduziert, und das beste Spa am Gardasee (► Baedeker Wissen, S. 102)

Villa Giulia €€€€
Viale Rimembranza 20
Tel. 0 36 57 10 22
www.villagiulia.it
Das Hotel ist in einer geschichtsträchtigen, im viktorianischen Stil erbauten Villa untergebracht, zu der ein wunderschöner weitläufiger Garten gehört. Die 24 Zimmer sind ausgesucht und individuell möbliert, teilweise auch mit Antiquitäten. Der Swimmingpool und die Liegewiese im Garten befinden sich direkt am Seeufer.

ESSEN

La Bissa €€
Via P. Coletta 21
Tel. 0 36 57 11 07
Mo. geschl.
Entsprechend dem Namen – Bissa bezeichnet ein traditionelles Fischerboot – gibt es v. a. frischen Seefisch, den man am schönsten auf der Terrasse genießt.

oberhalb des grün leuchtenden Sees, an dem es keine Bademöglichkeiten gibt. Über Capovalle und durch zwei Täler hindurch erreicht man den ► Lago d‘ Idro. Auf der SS 237 kann man nach Salò und von dort nach Gargnano zurückfahren.

Lago d' Idro / Idrosee

A 10 – C 6

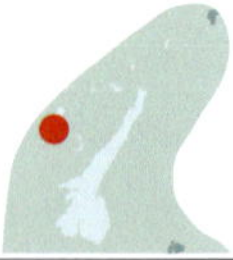

Provinz: Brescia
Seespiegel: 368 m ü. d. M.

Eingebettet in eine charakteristische Landschaft mit Akazien, Zypressen und alten Buchen, liegt zwischen steilen Bergen im Westen und grasbewachsenen Hängen westlich des Gardasees der höchstgelegene See der Lombardei, der Lago d' Idro.

Idyllischer Bergsee

Der Lago d' Idro ca. 15 km westlich des Gardasees ist geeignet zum **Segeln und Surfen** und wegen seines Fischreichtums auch bei Anglern beliebt. Wanderwege und Klettersteige führen auf die umliegenden Gipfel, die bis 1000 m aufragen. Trotz dieser zahlreichen Wassersport- und Ausflugsmöglichkeiten gibt es nur wenige touristische Einrichtungen, wenn man von den **zahlreichen Campingplätzen** absieht. Mit knapp 10 km Länge und höchstens 2 km Breite ist er der größte See in der näheren Umgebung des Gardasees. Durch seine schmale Form und die ihn umgebenden Berge erinnert er an einen Fjord. An einigen Stellen im Norden und im Osten läuft das Ufer in flachen Stränden aus, sodass es hier Bademöglichkeiten gibt. Von den Ufern des Lago d' Idro kommt ein würziger Rotwein, der hervorragend zum Bagoss passt, einem beliebten Käse aus Bagolino.

Lago d' Idro erleben

AUSKUNFT

Consorzio Operatori Turistici
Via Tre Capitelli 147
I-25074 Idro, BS
Tel. 0 36 58 31 77
www.lagodidro.it

ÜBERNACHTEN

Der Lago d' Idro ist in erster Linie bei Campingurlaubern sehr beliebt. Entsprechend gibt es eine große Auswahl an überwiegend gut ausgestatteten Plätzen, die meisten liegen an der südlichen Hälfte des Sees. Auf einigen kann man auch einfache Bungalows mieten.

Alpino €
Via Lungolago Vittoria 14
I-25074 Idro
Tel. 0 36 58 31 46
www.hotelalpino.net
Hotel mit 24 Zimmern am ruhigen Ostufer: einfach und preiswert und nur durch einen Park vom See getrennt

ESSEN

Ristorante Milano €€
Via Trento 35
I-25074 Idro
Tel. 0 36 82 33 91
Im Milano gibt es Pizza aus dem Holzofen und gute Wild- und Pilzgerichte.

SEHENSWERTES AM LAGO D' IDRO UND IN DER UMGEBUNG

Uferstraße

Nur das West- und das Südostufer des Sees sind von einer Straße umzogen. Schöne Blicke auf den See hat man von der Straße, die oberhalb des Westufers verläuft. Das Ostufer ist kaum besiedelt und nur bis Vesta, etwa auf halber Höhe des Seeufers, befahrbar.

Ponte Caffaro

Die Häuser von Ponte Caffaro im Norden des Lago d' Idro sind über eine weite Ebene verstreut. Ein langer Kiesstrand und die angrenzende große Wiese zum Picknicken sind beliebte Ausflugsziele.

Anfo

Oberhalb von Anfo am Westufer des Sees zieht sich eine **gewaltige Festungsanlage** (Rocca d' Anfo) mit zwei Umfassungsmauern den Hang hoch. Sie wurde von den Venezianern erbaut, diente Garibaldi 1866 als zentraler Stützpunkt und wurde sogar im Ersten Weltkrieg genutzt. In Anfo sind die **zwei beliebtesten Campingplätze der Region** zu finden; sie liegen an schönen Kiesstränden.

***Bagolino**

Lohnend ist die Fahrt in den kleinen Bergort Bagolino (778 m), der seit dem 10. Jh. besiedelt ist und einen sehr hübschen **Ortskern mit alten Steinhäusern** hat. Sehenswert ist die Kirche San Rocco aus dem 15. Jh. mit gut erhaltenen Fresken. Hoch über dem Zentrum steht die barocke **Kirche San Giorgio** (17. Jh.). Ein Blick ins Innere lohnt unbedingt, ist die Kirche doch über und über mit großen Fresken, Stuck und z. T. kostbaren Gemälden ausgestaltet. Bagolino ist bekannt für seinen Karneval im Februar, bei dem Tänze nach altem Ritual ausgeführt werden.

** Lago d' Iseo / Iseosee

westl. von A

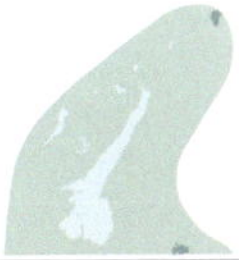

Provinz: Brescia
Seespiegel: 185 m ü. d. M.

Der von den bewaldeten Hängen der südlichen Alpenausläufer eingerahmte Lago d' Iseo ist der siebtgrößte See Italiens. Mitten im See liegt die Monte Isola mit idyllischen Dörfern, Oliven-, Kirsch- und Kastanienbäumen.

Herrliche Ausblicke

Für die Fahrt um den landschaftlich sehr abwechslungsreichen Lago d' Iseo, auch Sebino genannt, eine ausgiebige Besichtigung der kleinen Orte und eine Stippvisite der autofreien, idyllischen **Monte Isola** kann man zwei Tage veranschlagen. Entlang des steilen Westufers mit seinen schroffen Felsvorsprüngen hat man atemberaubende Ausblicke. Das Ostufer bietet Fischerhäfen, romanische Kirchen und von Oleander und Palmen gesäumte Promenaden. Baden ist in dem einladenden türkisblauen Wasser nur an wenigen Stellen möglich, da das Ufer an den meisten Abschnitten zu steil ist.

SEHENSWERTES AM LAGO D' ISEO UND IN DER UMGEBUNG

*Iseo

Das lebhafte Iseo (8200 Einwohner) besticht durch sein **wunderschönes mittelalterliches Zentrum** mit lauschigen Plätzen und verschachtelten Gässchen, die sich den Hang hinaufziehen, sowie mit guten Einkaufsmöglichkeiten. Oberhalb des Altstadtkerns thront das **Castello Oldofredi** (11. Jh.), in dem ein Kulturzentrum untergebracht ist. Von hier aus blickt man auf die Dächer der Häuser und Palazzi und auf die vielen sehenswerten Kirchen (11. – 17. Jh.). Vom Hafen legen Fähren zu allen größeren Orten am See ab.

Torbiere del Sebino

Südwestlich von Iseo erstreckt sich bis Clusane das **Naturschutzgebiet** Torbiere del Sebino (2 km^2), ein Torfmoor mit seltenen Pflanzen, Vögeln und Fischen. Etwas oberhalb von Torbiere steht das im 11. Jh. von Cluniazensern gegründete **Kloster San Pietro in Lamosa** mit Fresken aus dem 16. Jahrhundert.

*Franciacorta

Südlich des Sees beginnt das **Weinbaugebiet** Franciacorta mit den wichtigsten Dörfern Borgonato, Colombaro, Nigoline und Timoline. Das Gebiet war lange für seinen roten Tafelwein bekannt, in den letzten Jahrzehnten hat sich die Franciacorta aber den Ruf einer kleinen Champagne erworben, da hier ein Großteil des italienischen Schaumweins nach der klassischen Methode produziert wird. Kleine, feine Hotels haben sich hier angesiedelt.

Clusane direkt am Seeufer ist ein ruhiges Fischerdorf, das ein erstaunlich großes Kastell (14. Jh.) mit einer schönen Renaissance-Loggia besitzt. Clusane ist für seine guten Fischrestaurants bekannt.

! BAEDEKER TIPP

Nostalgiezug

Von Bergamo aus fährt eine historische Bahn zum Lago d' Iseo. Die alte Lok des Typs 940-022 zieht die Holzwaggons gemächlich durch die schöne Landschaft der Lombardei. Es können auch Sonderfahrten mit Weinverkostung aus der Region gebucht werden. Informationen: Tel. 03 07 40 28 51 und www.ferrovieturistiche.it.

Sarnico

Neben Iseo ist Sarnico westlich von Clusane der größte Fremdenverkehrsort am See mit guten Wassersportmöglichkeiten. Auch in Sarnico kann man gut Fisch essen. Reizvoll sind die Jugendstilvillen in der Altstadt und der Umgebung, die zu den schönsten der Lombardei zählen.

Lago d' Iseo erleben

AUSKUNFT

Pro Loco
Via Lantieri 6
I-24060 Sarnico
Tel. 0 35 91 09 00
www.prolocosarnico.it

ÜBERNACHTEN

I due Roccoli €€€
Via S. Bonomelli, Loc. Invino
I-25049 Iseo
Tel. 03 09 82 29 77
www.idueroccoli.com
Das kleine Landhotel mit Pool liegt in einem Park oberhalb des Sees. Von den 13 hübschen Zimmern hat man einen schönen Blick auf den See. Eleganter Salon mit Kamin.

ESSEN

Trattoria Al Castello €€€
Via Mirolte 53, Iseo
Tel. 0 30 98 12 85
www.trattoriaalcastello.it
Mi. geschlossen
Ein Gourmet-Restaurant der besonderen Art: Elemente der Nouvelle Cuisine und Traditionsrezepte bestimmen die Menüs.

***Lovere**

Im äußersten Nordwesten des Lago d' Iseo zieht sich das lebhafte Lovere vom Seeufer den Hang hinauf. Trotz einiger Industriebetriebe ist der Ort für Touristen attraktiv: Es gibt eine lange Uferpromenade, von der aus man einen schönen Blick über den See in die Valcamonica und auf die schneebedeckten Berge im Hintergrund hat, und einen mittelalterlichen Ortskern mit hübschen Gassen und alten Türmen. Im **Museum Galleria dell' Accademia Tadini** sind Gemälde vom 14. Jh. bis heute, Skulpturen, flämische Wandteppiche, Porzellan und archäologische Funde zu sehen.

❶ Mai – Sept. Di. – Sa. 15.00 – 19.00, So. 10.00 – 12.00, 15.00 – 19.00 Uhr; Eintritt: 7 €

Pisogne

Wenige Kilometer östlich von Lovere lohnt ein Halt in Pisogne, um die Kirche **Santa Maria della Neve** (15. Jh.) zu besichtigen, die einen beeindruckenden Freskenzyklus von Gerolamo Romanino aus dem 16. Jh. besitzt. Aus dem Mittelalter stammen noch die drei Stadttore.

***Monte Isola**

Einen unvergesslichen Ausflug kann man auf die **autofreie Fischerinsel** Monte Isola unternehmen, die bis zu 600 m über dem Wasserspiegel aufragt und einen Umfang von gut 8 km hat. Monte Isola ist die größte Insel in einem südeuropäischen Binnensee. Hier leben etwa 1700 Menschen in beschaulichen Dörfern. Überaus idyllisch ist der Hauptort **Peschiera Maràglio** mitten im Grün von Oliven-, Kirsch- und Kastanienbäumen. Verschlungene Pfade führen von einem der elf Dörfchen zum nächsten, man kann aber auch den Linienbus besteigen, der die Orte miteinander verbindet. Auf 600 m

Die Häuser von Monte Isola spiegeln sich im Wasser des Lago d' Iseo.

Höhe steht die Wallfahrtskirche **Madonna della Ceriolo**, die man von Carzano aus erreicht. Die Fischrestaurants brauchen den Vergleich mit denen in den Uferstädtchen nicht zu scheuen. Unterkünfte werden nur von wenigen Hotels angeboten.

* Lago di Ledro / Ledrosee

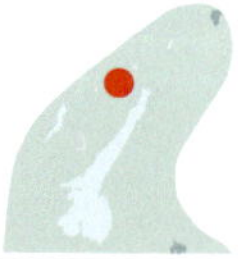

L/M 2/3

Seespiegel: 652 m ü. d. M.

Tiefblau schimmert der ruhige Ledrosee zwischen dem Grün der dicht bewaldeten Berge, die sich 10 km nordwestlich des Gardasees erheben. Ein Highlight sind die Pfahlbauten im archäologischen Museum am See.

Stiller See Vier Orte mit kleinen Hotels und Campingplätzen verteilen sich am Ufer des nur 3 km langen, bei Surfern beliebten Sees. Auch Wanderer finden hier vielfältige Möglichkeiten. Die Hauptstraße, die vom Gardasee durch das Ledrotal führt, zieht sich am Nordufer des Lago di Ledro entlang, zunächst an Molina mit seinem Pfahlbaumuseum vorbei und dann über Mezzolago zum Hauptort Pieve am westlichen Ende des Sees. Am Südufer des Lago di Ledro führt eine enge, sehr kurvige Straße entlang – vorbei an Pur, einem an einer Bucht gelegenen Ferienort. Von Pur aus bietet sich eine etwa fünfstündige Wanderung auf den westlich gelegenen Cima Corno (1731 m) an, von dem aus man einen spektakulären Blick über den Lago di Ledro hat. Am östlichen Ende des Sees tritt bei Molina der Ponale aus und fließt zum Gardasee, in den er sich einst als riesiger Wasserfall ergoss, bevor man ihn für das Wasserkraftwerk von Riva nutzbar machte. Dieses Kraftwerk brachte eine Überraschung zutage: Als der Wasserspiegel 1929 sank, tauchte eine 3700 Jahre alte, **riesige Pfahlbausiedlung** aus dem See auf, die man 1937 ausgrub. Die interessantesten Funde sind heute im Museum von Molina zu bestaunen. Zu den kulinarischen Spezialitäten der Region gehört der »Picco Rosso«, ein Erdbeer-Himbeer-Schnaps.

SEHENSWERTES AM LAGO DI LEDRO

Molina di Ledro

Molina di Ledro ist ein unscheinbarer kleiner Ort, in dem das ansprechend gestaltete Pfahlbaumuseum am Seeufer, das ***Museo delle Palafitte**, sehenswert ist. Zahlreiche Funde aus der Zeit der Pfahlbauten vor ca. 4000 – 3200 Jahren sind hier ausgestellt, u. a. einige der 10 000 Pfähle, die tief im Torf steckten, Werkzeuge, Gerätschaften zum Weben, Keramik, Gefäße, Waffen, Schmuck und als Hauptattraktion ein aus einem einzigen Baumstamm gefertigtes, **3650 Jahre altes Kanu**. Die Funde der 4,5 km^2 großen Siedlung brachten interessante Erkenntnisse über die Lebensgewohnheiten der Menschen zwischen 2000 und 1200 vor Christus. Am Seeufer wurde eine Pfahlhütte rekonstruiert. Wenige Meter vom Museum entfernt kann man im Parco Botanico rasten oder ein Picknick einlegen.

Museo delle Palafitte: März – Nov. Di. – So. 9.00 – 17.00, Juli – August bis 18.00 Uhr; Eintritt: 3,50 €

Lago di Ledro erleben

ÜBERNACHTEN

San Carlo ❸
Molina di Ledro
Tel. 04 64 50 81 15
www.hotelsancarlo.info
Das solide Hotel mit 22 Zimmern hat eine Terrasse mit Blick auf das Pfahlbautenmuseum, einen eigenen Badesteg und Tretbootverleih.

Camping Al Lago
Via Alzer, 7
I-38060 Pieve di Ledro
Tel. 04 64 59 12 50
www.campingallago.it
Direkt am See, In der Nähe gibt es zahlreiche Wassersportmöglichkeiten, Tennis und Reiten an. Auch Bungalowvermietung; von Ostern bis Oktober geöffnet.

Bezzecca Bezzecca ist der **Hauptort des Ledrotals** (Val di Ledro). Im Preußisch-Österreichischen Krieg von 1866 kämpfte Garibaldi an dieser Stelle gegen die Habsburger, im Ersten Weltkrieg wurde hier ein jahrelanger Stellungskrieg zwischen Italienern und Österreichern ausgetragen. Der Hügel am nördlichen Ortsausgang ist von Gräben, Gängen und Unterkünften für die Soldaten durchzogen. Die Gedenkstätte **Sacrario Militare** und ein kleines **Museum** im Ort erinnern an die Ereignisse.

Lago d' Ampola Im weiteren Verlauf der Straße durch das Ledrotal kommt man zu dem kleinen Lago d' Ampola, der ca. 7 km westlich vom Lago di Ledro liegt. Der See, in dem Schilf und Seerosen wachsen, ist **Naturschutzgebiet** und nur über einen befestigten Weg zu erkunden. Das Besucherzentrum des Gebiets bietet bisweilen auch Führungen an.

❶ Mai – Sept. Di. – Sa. 10.00 – 13.00, 15.00 – 18.30, So. erst ab 13.30 Uhr

* Lazise

L 23

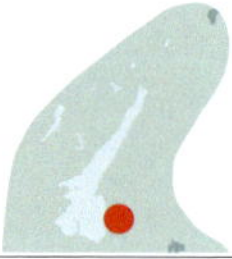

Höhe: 76 m ü. d. M.
Einwohnerzahl: 6500

Die Altstadt von Lazise ist von einer intakten Stadtmauer umgeben. Autos sind verboten und so kann man in Ruhe durch die hübschen, mittelalterlich anmutenden Gassen mit zahlreichen Läden, Cafés, Trattorien und Restaurants bummeln; die Fischlokale genießen einen besonders guten Ruf.

Hübsche Altstadt Das schmale, tief in die Altstadt von Lazise eingeschnittene Hafenbecken mit seinen bunten Booten lässt nicht mehr erahnen, dass hier, 8 km nördlich von Peschiera, jahrzehntelang Kriegsschiffe vor Anker lagen. Über der Altstadt ragen die Schwalbenschwanzzinnen eines **Skaligerkastells** mit sechs Türmen auf. Im Hinterland von Lazise verläuft die Strada del Vino über die nach Süden hin immer flacher werdenden Hügel (► Bardolino).

SEHENSWERTES IN LAZISE

***Altstadt und Stadtmauer** Man betritt die Altstadt von Lazise durch eines der drei schönen mittelalterlichen Stadttore, die Teile der 1370 errichteten **Stadtmauer** sind. Diese aus Bruchstein, Kieseln und Tonziegeln erbaute Befestigungsanlage umschließt den Kern von Lazise noch immer vollständig. Die Ortsmitte bildet die lang gestreckte, breite **Piazza Vittorio Emanuele**, die zum Hafen führt. Restaurants und Cafés in z. T. alten

Lazise erleben

AUSKUNFT

IAT
Via F. Fontana 14
I-37017 Lazise, VR
Tel. 04 57 58 01 14
www.gardasee-info.com

EINKAUFEN

Jeden Mittwoch findet in Lazise ein Wochenmarkt statt.

STRÄNDE

Baden kann man an dem langen, gebührenpflichtigen Strand des Campingplatzes »du Parc« im Süden der Altstadt oder an einigen Stellen im Norden, wo Holzstege ins Wasser führen. Südlich von Lazise reihen sich bis Peschiera diverse Campingplätze am Seeufer aneinander.

ÜBERNACHTEN

Corte Valier €€€
Via della Pergolana 9
Tel. 04 56 47 12 10
www.cortevalier.com
Ein geglückter Neubau mit großem Pool, direkt am der Ufer des Gardasees – ohne die inzwischen obligatorische 300-Meter-Distanz-Regel vom Wassersaum. Das 4-Sterne-Hotel hat sich zum Motto gemacht »Garda, lake no other«.

Principe di Lazise €€€
Via Greghe 7
Tel. 04 56 49 01 77
www.hotelprincipedilazise.com
Das Hotel mit 85 modern eingerichteten Zimmern liegt 3 km außerhalb von Lazise in einer Landschaft, die an die Toskana erinnert. Der Pool bildet das Zentrum des Hauskomplexes, außerdem warten 2000 m² Spa mit 4 Saunen bzw. Dampfbädern.

ESSEN

Riviera €
Lungolago Marconi 12
Tel. 04 56 47 06 07
Alles in einem: Pizzeria, Caffè, Gelateria. Direkt am Seeufer knuspert man hauchdünne Pizza (»Diavola«, wenn's scharf sein soll) oder schleckt am feinen hausgemachten (Bio-)Eis – am besten ist Pistazie mit kleinen Nussstückchen.

Osteria Valesana €
Via San Martino 65
Tel. 04 57 58 13 01
Allein der altertümliche Grill in dem ehemaligen Gehöft lohnt den Besuch, die Grigliatamista mit Rind, Schwein, Huhn, Ripps, Bauchspeck und Salsiccia aber umso mehr. Und vorneweg gibt's Bigoli mit weißem Ragout.

venezianischen Palästen säumen den weiß-rosa gepflasterten Platz. Geht man auf dem kürzesten Weg direkt von der Gardesana durch das östliche Stadttor, kommt man an der großen, einschiffigen Kirche **San Martino** vorbei. Altäre und Bodenbelag sind aus rotem und weißem Marmor gefertigt.

Castello Scaligero

Bereits im Mittelalter stieg die römische Siedlung Lasitium zu einem Marktort mit Kastell auf. Die Skaliger erneuerten die Burg im 13. Jh. und verliehen ihr das heutige Aussehen mit zinnenbekrönten Türmen und Wehrgängen. Später fiel ihr unter der Herrschaft Venedigs eine Schlüsselstellung zu. Heute ist die Skaligerburg bewohnt und zusammen mit der Villa Bernini von einem Park umschlossen (keine Besichtigung).

Hafen Das schmale Hafenbecken am Ende der Piazza Vittorio Emanuele wird eingerahmt von einer hübschen Häuserzeile mit **Restaurants und Trattorien**, außerdem stehen hier zwei sehenswerte Gebäude: das venezianische Arsenal und die Kirche San Nicolò dahinter. Ab dem 15. Jh. hatte Venedig eine Kriegsflotte im Hafen stationiert. Nach der Niederlage Venedigs 1509 verbrannten die Schiffe vor Lazise, die Überreste liegen noch heute auf dem Grund des Sees.

! BAEDEKER TIPP

Historische Bodenmosaiken

Wer wunderschöne alte Bodenmosaiken und herrlichen Stuck sehen möchte, muss nicht ins Museum gehen. Das Restaurant Classique hat sich in einer Jugendstilvilla mit tollen Böden und Decken eingerichtet. Man speist in dem Saal oder auf der großzügigen Terrasse (Lungolago Marconi, Tel. 04 57 58 02 70, www.ristoclassique.it)

Zum Hafen und zum See hin öffnen sich die beiden weiten Bogen des im 14. Jh. erbauten **Arsenals** (Vecchia Dogana). Das aus weißem Bruchstein und Kieseln gefertigte Gebäude nimmt eine Fläche von 900 m^2 ein, besteht im Innern aber nur aus einem einzigen Raum. Bis ins 16. Jh. diente der Bau als Reederei, danach als Salpeterfabrik, schließlich als Zollhaus und als Spinnerei. 1937 wurde das Gebäude ein Zentrum der faschistischen Regierung. Heute finden in dem 10 m hohen Raum wechselnde **Ausstellungen** statt.

San Nicolò Hinter dem Arsenal ragt der schmale Glockenturm der romanischen Kirche San Nicolò (12. Jh.) auf. Ihr Schicksal war wechselhaft: Zeitweise war sie geschlossen, lange Zeit diente sie Obdachlosen als Schlafplatz, bis Ende des 19. Jh.s ein Theater einzog. 1953 wurde das Gebäude restauriert, wobei man schöne Fresken entdeckte.

UMGEBUNG VON LAZISE

***Canevaworld** Der größte **Wassersportvergnügungspark** Italiens liegt 2 km südlich von Lazise. Neben einem Wellenbad, Sprungtürmen, einer Kunsteisbahn und diversen Swimmingpools gibt es Riesenwasserrutschen sowie einige Shows. Zum Areal gehören zudem die Movie Studios, die Besucher mit den Blues Brothers 2000, einem Horror House oder der Rambo Action Show anlocken.

❶ Via Fossolta 1; Juni – Sept. tgl. 10.00 – 18.00; Juli, Aug. teilweise bis 24.00 Uhr; www.canevaworld.it

Abendstimmung im Hafen von Lazise

Gardaland

6 km südlich von Lazise liegt der riesige Freizeitpark Gardaland (►Peschiera).

***Parco Natura Viva**

Ein Erlebnis ist der Besuch des Parco Natura Viva in Bussolengo 5 km südöstlich von Lazise, der eigentlich aus zwei getrennten Parks mit separaten Eingängen besteht. Der **Safari Park**, ein 40 000 m² großes Gelände, ist nur mit dem Auto zu durchfahren. Die Tour führt durch Gehege, in denen Giraffen, Zebras, Emus, Gnus und Nashörner frei herumlaufen. Highlights sind die speziell abgesicherten Löwen- und Tigergehege. Die zweite Parkanlage, der Parco Faunistico, kann nur zu Fuß besichtigt werden. Dieser **zoologische Garten** bietet außer Kängurus, Lamas, Affen, Nilpferden usw. auch ein tropisches Vogel- und Gewächshaus, eine Reptilienanlage und einen Dinosaurierpark mit Nachbildungen in einer urzeitlichen Landschaft.

➊ März – Okt. tgl. 9.00 – 18 Uhr; www.parconaturaviva.it

Colà

Zur Gemeinde Lazise gehört auch Colà mit prächtigen Villen des 16. – 18. Jh.s. Gern besucht wird der **Parco Termale del Garda**, ein großzügig angelegter, grüner Thermalbadepark. Ein See mit Springbrunnen und Grotten wird von 37 °C warmem Thermalwasser gespeist. Es gibt ein Lokal und eine Bar.

➊ Mo. – Do. 10.00 – 21.00 (Sommermonate 9.00 – 1.00), Fr./Sa. bis 2.00, So. bis 23.00 Uhr (Sommermonate 9.00 – 1.00 Uhr); www.villadeicedri.it

** Limone

N 6

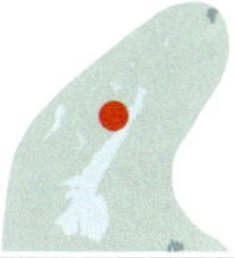

Höhe: 66 m ü. d. M.
Einwohnerzahl: 1000

Limone hatte einst die ausgedehntesten Zitronenhaine der Gardaseeregion. Seinen guten Ruf verdankt der Ort aber nicht den Früchten, sondern seiner wunderhübschen Altstadt und der einzigartigen Lage.

Touristenhochburg am Gardasee

Erste Assoziation beim Hören des Ortsnamens ist bei den meisten die saure, grüngelbe Zitrusfrucht. Und tatsächlich wird man an allen Ecken der pittoresken Altstadt von **Zitronen** verfolgt, die einem von diversen Souvenirs, T-Shirts und Badetüchern entgegenleuchten. Zwar ist umstritten, ob sich der **Ortsname** von der Frucht ableitet oder auf das lateinische limes (Grenze) zurückgeht, aber das sonnengelbe Zitronen-Limonen-Image lässt sich natürlich hervorragend vermarkten.

Das ehemalige Fischerdorf am Nordwestufer des Gardasees wird vom steilen Massiv der Dosso-dei-Róveri-Berge überragt, die lang gezogene **Altstadt** scheint zwischen Wasser und Felsen eingeklemmt. Verträumte Gässchen mit Häusern aus Naturstein ziehen sich oberhalb der touristischen Geschäfts- und Restaurantwege den Hang hinauf. Da das Gelände im Süden der Altstadt etwas flacher zur Küste abfällt, sind hier – mitten im Grün von riesigen Olivenhainen, Zedern, Lärchen und Steineichen – Hotels, Apartments, Campingplätze und Freizeitanlagen zu finden. Im Sommer müssen die Einwohner des malerischen Ferienorts mit täglich bis zu 10 000 Touristen fertig werden, die Limone geradezu überschwemmen.

SEHENSWERTES IN LIMONE

****Altstadt**

Die breite **Uferpromenade Lungolago Marconi**, an der sich zahlreiche Souvenirgeschäfte, Cafés und Lokale niedergelassen haben, führt zur zentralen Piazza Garibaldi. Wenige Meter weiter öffnet sich überraschend der **Alte Hafen**, ein kleines Becken, das von blumenüberrankten Häusern umstanden ist. Man kann entweder durch die meist überlaufenen Hauptgassen nahe dem Ufer flanieren, in denen sich Laden an Laden und Café an Café reihen, oder aber die steileren, verwinkelten Gassen den Hang hinaufsteigen. Hier findet man stille Plätze, niedrige Bogengänge und efeubewachsene Hausfassaden. Viele Wohnhäuser sind mit Keramikzitronen geschmückt.

Idyll mit Seeblick: der kleine Alte Hafen von Limone

Limone erleben

AUSKUNFT

Consorzio Turistico Limonese
Via IV Novembre 25
I-25010 Limone sul Garda, BS
Tel. 03 65 95 47 20
www.visitlimonesulgarda.com

EINKAUFEN

Ein schöner Markt wird immer dienstags in Limone abgehalten.

STRÄNDE

Südlich des Neuen Hafens lockt ein gut 1 km langer Kiesstrand. Auch nördlich der Altstadt gibt es vereinzelt kleinere Badestrände. An der Spiaggia del Tifù am südlichen Ortsrand gibt es einen Beachvolleyballplatz.

ÜBERNACHTEN

Ilma €€€
Via Caldogno 1
I-25010 Limone
Tel. 03 65 95 40 41
www.hotelilma.it
Ein gepflegtes Haus mit einer mediterranen Gartenanlage oberhalb des Ortszentrums. Die 80 Zimmer sind über mehrere Gebäude verteilt, recht gut ausgestattet und haben alle Seeblick. Relaxen kann man am Swimmingpool und auf der Sonnenterrasse. Im Haus befinden sich ein großes Hotelrestaurant und eine Bar.

Leonardo da Vinci €€€
Via IV Novembre 3
I-25010 Limone
Tel. 03 65 95 90 11
www.parchotels.it
Der Hotelkomplex mit 150 Zimmern und Suiten zieht sich über mehrere Terrassen bis zum Seeufer hinunter. Zum Hotel gehören ein Restaurant, eine Bar, Pools und ein kleiner Wellness-Bereich, außerdem ein Kinderspielplatz. Eine der wenigen All-inclusive-Anlagen am See.

ESSEN

Al Torcol €€
Via IV Novembre 44
Tel. 03 65 95 41 69
Mo. geschlossen
Das »Al Torcol« ist ein gut besuchtes Gartenrestaurant, in dem man gerne und gut Pizza und Grillspezialitäten isst.

Bar Campaldo €
Via Campaldo 28
Tel. 03 65 95 43 28
In einem schmalen, steilen Sträßchen liegt diese Bar mit ihrer wohltuenden Sonnenterrasse. Ziemlich rustikal ist das Mobiliar und so sind auch die Gerichte. Hierher kommt man zur »Brotzeit« mit Speckplatten, gemischtem Käse, Mozzarella mit Tomaten oder Panini. Wer mehr Hunger hat, bekommt auch Grillwürstchen.

San Rocco Wenn man der touristischen Hauptschlagader durch die Altstadt parallel zum Ufer folgt, dann kommt man zur Via Nova, der einzigen Gasse im Norden der Altstadt. Die Via Nova führt zur Kirche San Rocco (14. Jh.) mit einem kleinen Glockenturm. Die Kirche ist meistens verschlossen, man kann aber einen Blick durch die Fenster werfen und die Renaissance-Fresken im Chor sehen.

San Benedetto

Nicht zu übersehen ist San Benedetto, die 1685 erbaute barocke Pfarrkirche, die die Altstadt überragt und einige **prunkvolle Altäre** aus Marmor besitzt. Der Venezianer Andrea Celesti (1637 – 1711) schuf einige der sehenswerten Gemälde, z. B. »Das letzte Abendmahl« auf dem Altar neben dem Hochaltar.

Frantoio olive (Ölmühle)

Wer sich für die Herstellung von kalt gepresstem Olivenöl interessiert (▶ Baedeker Wissen, S. 142, 184) und auch gegen eine Wein- oder Grappaprobe nichts einzuwenden hat und zudem Öl, Wein oder andere **kulinarische Spezialitäten der Region** wie eingelegte Früchte, Pilze, Gemüsepasten oder Honig erstehen will, der sollte einen Besuch der Genossenschaft der Olivenbesitzer (Cooperativa Agricola Possidenti Oliveti) in der Via Campaldo 2 nicht versäumen. Hier wird heute noch Olivenöl produziert. Man kann dem Mahlvorgang zusehen und die Dauerausstellung besuchen. Die Ölmühle liegt am Bach San Giovanni, der ca. 600 m südlich der Altstadt in den See mündet.

❶ April – Okt. Mo. – Fr. 16.00 – 18.00 Uhr

Weiter südlich gibt es oben am Hang in der Via Tovo einen Zitronenhain, eine Kapelle mit **Gedenkstätte** und eine Ausstellung, die an Limones berühmtesten Sohn, **Daniele Comboni** (1831 – 1881), erinnert. Comboni widmete sein Leben der Missionierung Afrikas, wo er im heutigen Sudan an Malaria starb. Vier Jahre vor seinem Tod war er zum **Bischof** ernannt worden und kam noch einmal in seine Geburtsstadt, um die Kirche San Benedetto zu weihen. Papst Johannes Paul II. sprach ihn 1996 selig.

? BAEDEKER WISSEN

A-1 Milano

1979 kam Limone in die Schlagzeilen: Der Mailänder Professor Cesare Sirtori hatte durch einen Zufall ein besonderes Protein, das Apolipoprotein, kurz A-1 Milano, entdeckt, das Arteriosklerose und Herzinfarkten vorbeugt und weltweit bislang nur bei Einwohnern von Limone nachgewiesen wurde. Es zirkuliert im Blut einer einzigen Familie aus dem Ort und wird mit dem Erbgut von Generation zu Generation weitergegeben. Die Folge: Limone verzeichnet die höchste Konzentration von über 80-Jährigen in Italien. Ebenfalls interessant: Im Pro-Kopf-Einkommen liegt das Dorf auf Platz 23.

UMGEBUNG VON LIMONE

Wandern, Golfen, Kitesurfen

In der Touristeninformation von Limone erhält man ein Heftchen mit Wandervorschlägen und eine Karte des Umlands. Im Süden liegt der 18-Loch-Golfplatz Paradiso (www.golfclubparadiso.it). Außerdem ist Limone bei Kitesurfern beliebt; da zwischen Torbole und Riva Kitesurfen nicht erlaubt ist, ist Limone der nördlichste Ort (www.windriders.eu).

Flüssiges Gold

Olivenöl ist seit 6000 Jahren in den Mittelmeerregionen als Nahrungs-, aber auch Schmier- und Heizmittel und als begehrte Handelsware belegt. Auch am Gardasee wird Olivenöl produziert, sogar ein sehr feines. Viele Ölmühlen, die sogenannten »frantoi«, wurden zu Läden umgebaut und bieten Führungen und Verkostungen an.

▶ **Höchste Qualität**
Das native Olivenöl Extra Garda D. O. P. (Denominazione di Origine Protetta) ist ein Olivenöl bester Qualität. Eine Flasche Öl (0,5 Liter) ist für 15 bis 20 Euro zu haben.

Eigenschaften des Öls

Geschmack	fruchtig, leicht bitter, Mandelaroma
Geruch	leicht, mittel fruchtig
Farbe	grün bis gelb
Säuregehalt	nicht über 0,6 g/100 g
Ölsäure	nicht über 74 %

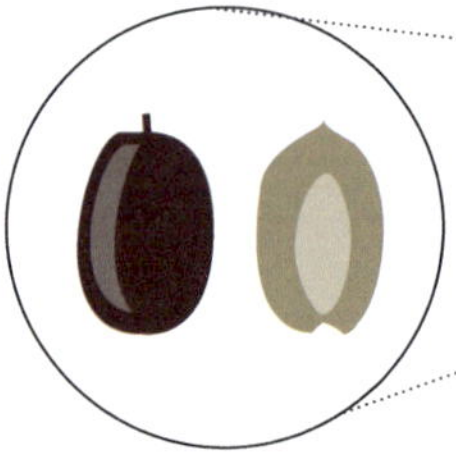

Die Olive
Die Olivenart »Casaliva« gilt als Königspflanze des Gardasees. Für die Gesamtproduktion des italienischen Olivenöls ist die Region Gardasee nur von geringer Bedeutung.

▶ **Woher kommt Olivenöl?**
Spanien und Italien sind die Hauptproduzenten von Olivenöl. Auch im Verbrauch liegen EU-Länder an vorderster Stelle. Angegeben sind die fünf weltweit größten Olivenölproduzenten sowie deren Produktionsmengen in Tonnen.

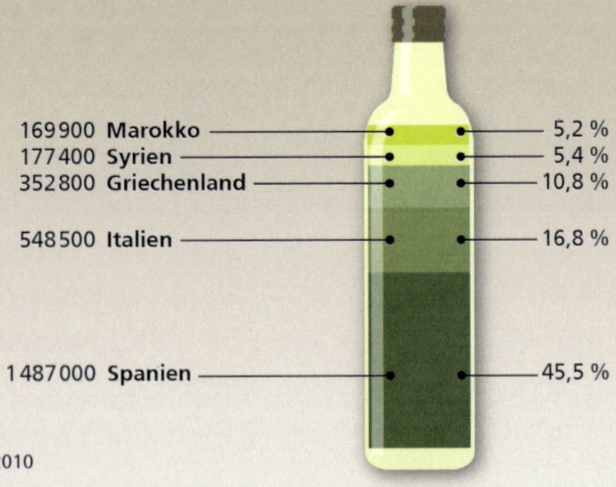

Angaben von 2010

▶ **Die Olivenernte**

Geerntet wird im Herbst in den großen Olivenhainen zum größten Teil noch in reiner Handarbeit. In manchen Regionen werden auch mechanische Baumrüttelmaschinen eingesetzt.

Strukturformel von Ölen

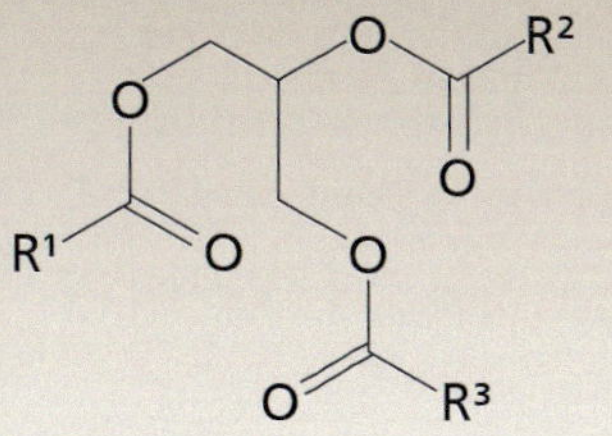

O = Sauerstoff
R1, R2, R3 = Alkyl- bzw. Alkenylreste

▶ **Olivenölmuseum**

Im Ortsteil Cisano des kleinen Städtchens Bardolino befindet sich ein Museum, das sich ausschließlich dem Olivenöl widmet. Die Ausstellung zeigt Geräte, die zwischen 1700 und 1900 für die Olivenölherstellung verwendet wurden.

Virtueller Rundgang:
www.virtualemotion.com

©BAEDEKER

Wanderung mit Seeblick Ein empfehlenswerter Rundwanderweg mit schönen Ausblicken und Rastmöglichkeiten beginnt im Ortsteil Tesòl. Hier beginnt die Via Campaldo, der man steil bergauf folgt. Man erreicht ein Gasthaus, von dem man einen fantastischen Ausblick über den See hat. Von hier aus geht es ohne Steigung weiter entlang der Via Preone, die an der Straße nach Tremosine endet. Von einer etwas höher gelegenen Stelle hat man eine herrliche Sicht von einer **Gartenwirtschaft** aus. Zurück geht es über die Via Tamas, die im spitzen Winkel links von der Via Preone abzweigt. Nach ca. 800 m kann man einen Abstecher zu der romanischen Kapelle San Pietro machen. Die Via Tamas führt in großen Schleifen zurück zur Gardesana.

Wanderung zum Sopino-Wasserfall Geht man durch die Altstadt von Limone nach Norden, landet man in der Via Nova mit der Kirche San Rocco. Hat man die Brücke über den Sè-Bach passiert, folgt man der Straße weiter über den Sopino-Bach. Danach gabelt sie sich; man hält sich links, überquert die Gardesana und biegt in die schmale Straße zum »Hotel Vacanze La Limonaia« ein. Nach etwa 50 m geht es links ab, und man erreicht bald darauf den kleinen Sopino-Wasserfall. Auf demselben Weg wandert man wieder zurück (Dauer: insgesamt 1,5 Std.).

Wanderung zur Cima Mughera Eine relativ anstrengende Bergwanderung führt auf dem durchgehend ausgeschilderten Wanderweg 101 auf die Cima Mughera (1161 m), von der man eine beeindruckende Sicht auf den See hat, und weiter zur Schutzhütte Bonaventura Segala (1215 m). Die Ausschilderung beginnt im Singoltal (Valle del Singol) westlich oberhalb der Altstadt, das man über die Via Milanesa erreicht.

★ Lonato

A/B 26

Höhe: 188 m ü. d. M.
Einwohnerzahl: 11 300

Das hübsche lombardische Städtchen im südwestlichen Hinterland des Gardasees liegt am Rand der Valtenesi, einer fruchtbaren, leicht hügeligen Landschaft, die sich bis Salò zieht. Lonato hat ein paar sehenswerte Baudenkmäler, außerdem lohnt es sich, zur dekorativen Burgruine hinaufzusteigen, die im Sommer für Freilicht-Veranstaltungen genutzt wird.

Geschichte Keltische und römische Funde bezeugen die frühe Besiedlung des Gebiets, eine **Burg** wird erstmals 909 erwähnt. Verteidigungswälle und die Festungsanlage wurden im 15. Jh. errichtet. Durch die strategisch äußerst günstige Lage an der Grenze zwischen Verona und

Brescia bzw. Venedig und Mailand gehörte die Burg jahrhundertelang zu den wichtigsten Befestigungsanlagen des Landes und war immer wieder hart umkämpft. Lonato wechselte häufig den Besitzer: Auf Verona folgten im 14. Jh. die Gonzaga aus Mantua und im 15. Jh. die Mailänder Visconti, bevor die Stadt 1516 an Venedig überging. An diese Zeit erinnert der geflügelte Löwe auf der Piazza Centrale. Napoleon besiegte hier 1796 die Österreicher, 1859 kam Lonato zu Italien.

SEHENSWERTES IN LONATO

Piazza Centrale, Piazza Matteotti

Dicht nebeneinander liegen im Stadtzentrum **die zwei wichtigsten Plätze Lonatos**, die Piazza Centrale und die Piazza Matteotti. Im Palazzo Merli (16. Jh.) an der Piazza Centrale, dem heutigen **Rathaus**, kann man werktags vormittags das große Gemälde »Die Pest« (1663) von Andrea Celesti besichtigen. Auf der gegenüberliegenden Seite des Platzes steht der barocke **Dom San Giovanni Battista** (1738 – 1780) mit seiner beeindruckenden, 60 m hohen Vierungskuppel. Ein Blick ins Innere lohnt nur, um den Eindruck des riesigen Innenraums auf sich wirken zu lassen, während die Kunstwerke von geringem kunsthistorischem Interesse sind. Rechts am Rathaus vorbei kommt man zur Piazza Matteotti, dem Marktplatz, der von dem 55 m hohen **Stadtturm** (Torre Maestra, 1555) überragt wird.

In der Via Rocca hinter dem Stadtturm lohnt die ** **Casa del Podestà** einen Besuch. Das Haus war ab dem 16. Jh. **Sitz des venezianischen Statthalters**. Der Politiker und Kunstsammler Ugo da Como (1869 – 1941) erwarb das Anwesen, restaurierte es und brachte darin seine Kunstschätze aus Oberitalien unter. Zur Sammlung gehören etwa 200 Gemälde, Skulpturen, Keramik, Porzellan und wertvolle Möbel (17. – 19. Jh.) sowie Bücher. Die Besichtigung ist nur im Rahmen von Führun-

Im Innern des Doms von Lonato

Lonato erleben

AUSKUNFT
Comune di Lonato del Garda
Piazza Martiri della Libertà 12
I-25017 Lonato, BS
Tel. 0 30 91 39 22 11
www.comune.lonato.bs.it

EINKAUFEN
Wer sich für Antikes und Trödel interessiert, wird vielleicht auf dem Flohmarkt fündig, der jeweils am 3. Sonntag im Monat stattfindet.

ÜBERNACHTEN
Il Rustichello ❸
Viale Roma 92
I-25017 Lonato
Tel. 03 09 13 01 07
www.ristorantehotelrustichello.it
Ein nettes kleines Hotel mit gutem ländlichen Gasthof und gepflegtem Gartenpark. Die 13 Zimmer sind einfach eingerichtet, im Restaurant bekommt man typische und kreativ zubereitete Gerichte aus der Region.

gen möglich, sie umfasst Küche, Wohnraum, Roten Salon mit großer Gemäldegalerie, zwei Esszimmer mit kostbarem Geschirr und das Arbeitszimmer, das mit einer alten Holzdecke aus einem Palazzo in Brescia ausgestattet ist. Anschließend geht es in den hübschen Garten des Anwesens und in einen Anbau, in dem Ugo da Como einen Bibliotheksraum einrichtete. Hier werden mehr als 52 000 Bücher, darunter 500 Inkunabeln und 470 Handschriften, aufbewahrt.

● Via Rocca 2; tgl. 10.00 – 12.00, 14.30 – 18.30 Uhr; Eintritt: 6 €

Rocca Für den Aufstieg zu den Resten der gotischen Festung wird man mit einem schönen Blick vom Burghügel über die Dächer der Stadt und die umliegenden Hügel bis zum See belohnt. In der Casa del Castellano innerhalb der Rocca ist das Städtische Vogelkundemuseum (Museo Civico Ornitologico) mit einer Sammlung von etwa 700 ausgestopften Vögeln eingerichtet.

● Sa., So. 10.00 – 12.00, 14.30 – 18.30 Uhr, Juli/Aug. tgl.; Eintritt: 8 €

***Santa Maria del Corlo** Am Nordrand der Stadt – man fährt vom Zentrum in Richtung Bedizzole bzw. Calvagese – wartet die Kirche Santa Maria del Corlo (auch dei Disciplini genannt) mit **farbenprächtigen Fresken** im Stil der Renaissance auf. Das Deckenfresko täuscht eine ins Unendliche aufstrebende Säulenhalle vor. Das Gemälde auf dem Altar ist ein Werk von Moretto (►Berühmte Persönlichkeiten).

UMGEBUNG VON LONATO

***Abtei von Maguzzano** Die mächtige Klosteranlage, die im 10 Jh. errichtet und nach Zerstörungen mehrfach wiederaufgebaut wurde, liegt 4 km nördlich von

Lonato in Richtung Padenghe. Beeindruckend sind das vollständig mit fantasievollen Fresken ausgemalte Innere der Kirche und der **stimmungsvolle Kreuzgang**.

Madonna di San Martino

Folgt man der von Lonato nach Nordwesten führenden Straße Richtung Cavalgese, passiert man die linker Hand aufragende barocke Wallfahrtskirche Madonna di San Martino. Sie besitzt eine Marmorfassade (1675) und eine Orgel aus vergoldetem Holz.

★★ Malcesine

O 9

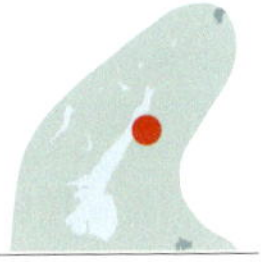

Höhe: 65 m ü. d. M.
Einwohnerzahl: 3500

Dicht drängen sich in Rot und Ocker die mittelalterlichen Häuser und Palazzi von Malcesine um das Kastell und den Hafen. Beim Bummeln durch die verschlungenen Gassen entdeckt man reizvolle Winkel und schattige Plätze mit Cafés, zahlreiche Geschäfte und Souvenirläden laden zum Stöbern ein.

Berühmte Stadtansicht

Nähert man sich Malcesine von der Gardesana oder vom Wasser aus, wird man von einer geradezu berühmten Stadtansicht begrüßt: Schon von Weitem ist der viel besuchte Urlaubsort an der stolzen Skaligerburg zu erkennen, die in Ufernähe über den Dächern der mittelalterlichen Altstadt aufragt. Malcesine ist fast **ganzjährig ein Urlaubsziel**, da sich der Monte Baldo auch als Skigebiet eignet.

> **!** BAEDEKER TIPP
>
> *Monte-Baldo-Seilbahn*
>
> Der Blick vom 2000 m über dem See gelegenen Monte Baldo ist umwerfend. Doch seit es die 2002 eröffnete Seilbahn gibt, ist schon die 4325 m lange Fahrt zum Gipfel ein Erlebnis: Die Kabinen drehen sich sehr langsam, sodass man 10 Min. lang einen Rundumblick genießt (13 €, 19 € mit Rückfahrt; www.funiviedelbaldo.it).

Jahrhundertelang drehte sich in Malcesine alles um die Festung: Auf dem Burghügel entdeckte man Spuren früher Besiedlung, nämlich eine etruskische Grabanlage und drei römische Sarkophage. Die Langobarden erbauten 568 eine Burganlage, die 590 zerstört und von den Franken neu errichtet wurde. Später ging Malcesine zunächst in den Besitz der Veroneser Bischöfe und dann an die Skaliger über, die der Burg im 13. Jh. ihre heutige Gestalt gaben. Nach der Gründung des Seebundes »Capitanato del Lago«, der vom 15. bis 18. Jh. den Venezianern unterstand, residierten die Gouverneure des Gardasee-Ostufers teilweise hier in Malcesine und teilweise in ▸ Garda und ▸ Torri del Benaco.

Goethe in Malcesine Malcesine fand sogar Eingang in die Literatur – und das aufgrund eines Ereignisses, das einem der berühmtesten deutschen Schriftsteller widerfuhr: Am 13. September 1786 wurde **Johann Wolfgang von Goethe** in Malcesine, damals nahe der Grenze zwischen Venedig und Österreich gelegen, um ein Haar verhaftet. Als er die Burg zeichnete, die für ihn nichts anderes als ein »ruinöses Gemäuer« darstellte, meinten die Venezianer, einen österreichischen Spion vor sich zu haben, der militärische Anlagen auskundschaften wollte. Nur mit Mühe konnte er die misstrauischen Bewohner davon überzeugen, dass er von bildungsbürgerlichem Eifer beseelt und ohne politische Absichten war. Das Ereignis hat Goethe ausführlich in seiner »Italienischen Reise« beschrieben.

SEHENSWERTES IN MALCESINE

****Altstadt** Der breite Corso Garibaldi führt ins Herz der mittelalterlichen Altstadt. Linker Hand liegt die **Piazza Statuto**, an deren Ostseite das Rathaus steht. Von der Piazza Statuto abwärts kommt man direkt zum See und zum Hafen. Nördlich der Piazza geht es in kleine Gassen, die sich zu hübschen Plätzen mit Cafés, Bars und Läden öffnen. Durch die verwinkelten Sträßchen findet man den ausgeschilderten Weg zum etwas höher gelegenen Kastell. Zwischen Hafen und Kastell gibt es keine Uferpromenade, sondern nur Stichstraßen zum See. Dafür haben Cafés und Restaurants Terrassen direkt am Wasser.

***Palazzo dei Capitani** Der zinnenbekrönte gotische Palazzo dei Capitani erinnert an die venezianische Herrschaft (1405 – 1797): Hier residierte meist der Gouverneur des Ostufers. Durch ein Eingangstor kommt man ins Vestibül, durch das man geradeaus in einen hübschen, kleinen Garten am See gelangt. Die Decke im Vestibül trägt ein **riesiges Fresko**, das die Burg zeigt. Im linken Flügel des Gebäudes ist eine Touristeninformation untergebracht. Im Obergeschoss befindet sich der Sitzungssaal (Sala delle Sedute) mit einem breiten Renaissancefries und der etwas kleinere Audienzsaal, der ebenfalls Fresken aufweist.

❶ tgl. 9.30 Uhr bis abends

Uferpromenade Eine lange Promenade führt vom Hafen an mehreren Stränden vorbei nach Süden zu einer **grünen Landzunge** (45 Min.), der Val di Sogno (Tal des Traums). Vor dem Lido Sopri ragt die winzige Isola dell‘ Olivo aus dem Wasser; nahe dem Strand am Südende der Landzunge sieht man die Isola del Sogno.

***Castello** Die Burg auf ihrem Fels im nördlichen Teil der Altstadt besteht aus mehreren zinnenbewehrten Bauten, über denen der hohe Hauptturm aufragt. Der gesamte Komplex ist heute als Museum zugäng-

Blick auf die Altstadt von Malcesine mit der Skaligerburg

lich. Hinter dem Haupteingang links liegt die 1620 erbaute Casermetta (kleine Kaserne), in der zwei kleine **Naturkundemuseen** untergebracht sind, die sich mit Flora, Geologie und Vogelwelt des Monte Baldo beschäftigen (Museo del Baldo) sowie mit der Pflanzen- und Tierwelt des Gardasees (Museo del Garda). Vom Aussichtsbalkon am anderen Ende des Hofs hat man Blick auf die Berge am Westufer. Eine Treppe führt zur ehemaligen Pulverkammer, in der ein **Goethe-Saal** untergebracht ist. Hier ist eine Kopie der Zeichnung zu sehen, die Goethe auf seiner »Italienischen Reise« von der Burg anfertigte.

Ein weiterer Aufgang führt durch ein Portal zu einem dritten Hof mit einer Zisterne und einem Fresko, einer im spätbyzantinischen Stil gemalten Mutter Gottes. Im Erdgeschoss der Residenz zeigt das **Fischereimuseum** (Museo della Pesca) neben Exponaten zum Fischfang auch Bilder vom Transport der venezianischen Kriegsschiffe über die Berge zum Gardasee im Jahr 1435 (►Nago-Torbole) und von den Bergungsversuchen der vor ►Lazise gesunkenen Galeere. In das Obergeschoss und zum Turm gelangt man nur über die Außentreppe. Am Mauerwerk des fünfeckigen Turms erkennt man, bis wohin der ältere, wahrscheinlich von den Langobarden erbaute Turm reichte – ein heute vergittertes Fenster zeigt, wohin die Zugbrücke früher führte. Von der Plattform des Turms kann man den berühmten Ausblick über die Dächer der Stadt und den See genießen.

❶ Apr. – Okt. tgl. 9.30 – 19.00, Nov. geschl., 8. Dez. – 6. Jan. tgl. 10.30 – 16.30, Feb. – März Sa./So. 12.30 – 18.00 Uhr; Eintritt: 6 €

Malcesine erleben

AUSKUNFT

IAT
Via Capitanato 6
I-37018 Malcesine, VR
Tel. 04 57 40 00 44
www.malcesinepiu.it

EINKAUFEN

Jeden Samstag gibt es einen Markt mit frischem Obst und Gemüse.

STRÄNDE

Bademöglichkeiten gibt es vor allem im Süden der Altstadt am Lungolago. Ein schmaler Kiesstrand liegt nördlich des Kastells (Lido Paina). Unterhalb der Burg versteckt sich ein winziger Strand, zu dem man über eine Treppe gelangt.

ÜBERNACHTEN

Excelsior Bay €€€
Lungolago Madonnina 13
I-37018 Malcesine
Tel. 04 57 40 16 75
www.hotelexcelsiorbay.com
Hotel mit 64 Zimmern in ruhiger Lage an der Strandpromenade. Ein großer Pool und eine Dachterrasse laden zum Baden und Sonnenbaden ein.

Hotel Castello €€
Via Paina 21
I-37018 Malcesine, VR
Tel. 04 57 40 02 33
www.h-c.it
Das familiengeführte Haus liegt unterhalb des Castello direkt am See, es gibt einen hoteleigenen Strand und alle Zimmer haben Seeblick!

ESSEN

Vecchia Malcesine €€€€
Via Pisort 6
Tel. 04 57 40 04 69
Mi. geschl.
Wer es edel wünscht: Das 1-Michelin-Stern-Restaurant lässt kaum kulinarische Wünsche offen. Auf der Karte stehen moderne Mittelmeer-Gerichte mit viel Fisch.

Ristorante Lido Paina €€
Lido Paina 1
Tel. 04 57 40 05 87
Beste Pizza aus dem Holzofen, ein Barsch zum Schwärmen und eine Terrasse direkt am Wasser mit Blick auf die Burg: Was will man mehr? Für Nachtschwärmer: In der Hochsaison hat die Pizzeria bis 23 Uhr geöffnet.

Taverna dei Capitani €€
Corso Garibaldi 2
Tel. 04 57 40 00 05
Di. geschl.
Ein rustikales Lokal in schönem alten Gewölbe. Bei gutem Wetter wird auch im Innenhof serviert.

UMGEBUNG VON MALCESINE

Cassone Das hübsche, kleine Cassone 1 km nördlich von Assenza mit Hafen, Uferpromenade und Dorfkern am Hang hat sich bis heute ein angenehmes Flair erhalten können. Touristen verirren sich selten hierher.

So kann man in Ruhe den alten Hafen mit dem venezianischen Turm Torricella (um 1500) besichtigen und den Hang zur Dorfkirche hinaufsteigen. Der als kürzester Fluss Italiens zu bescheidenem Ruhm gekommene Aril entspringt im Park der Villa Rizzardi neben der Gardesana und mündet nach 175 m in den Gardasee. In etwa 2 Std. wandert man oberhalb von Cassone auf einem zu Beginn sehr steilen Pfad durch Olivenbaum- und Mischwälder bis Malcesine, wobei sich immer wieder schöne Ausblicke auf den See öffnen.

! BAEDEKER TIPP

Stickl Sportcamp

In der Bucht betreibt der Deutsche Heinz Stickl die beste Segel- und Surfschule am See. Der Ex-Welt- und Europameister bringt seinen Schülern in nur fünf Tagen das Segeln bei. Der Grundschein wird überall anerkannt. Das Stickl Sportcamp ist zudem die einzige Segelschule am See, in der auch die Sportbootführerschein-Ausbildung mit Prüfung am Gardasee ablegt werden kann (5-Tage-Kurs ab 250 €; www.stickl.com).

***Monte Baldo**

Sehr empfehlenswert ist ein Spaziergang oder eine ausgedehntere Wanderung auf den Monte Baldo. Den Bergkamm erreicht man zu Fuß in gut 5 Stunden, schneller und bequemer ist die **Fahrt mit der Seilbahn** (Funivia; ► Baedeker Tipp S. 189, ► Monte Baldo). Die Talstation befindet sich in Malcesine oberhalb der Gardesana, von der man in die Via Navene Vecchia einbiegt. Oben gibt es gekennzeichnete Wanderwege, man kann aber auch an der Mittelstation aussteigen und nach Malcesine hinunterwandern (1,5 Std.). Sehr interessant ist die Bergflora, die auch endemische Pflanzen umfasst.

Betriebszeiten Seilbahn: tgl. 8.00 – 18.45 Uhr

Manerba del Garda

D/E 20/21

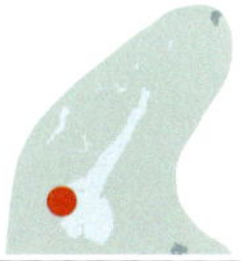

Höhe: 132 m ü. d. M.
Einwohnerzahl: 3500

Manerba del Garda ist eine Gemeinde mit mehreren Dörfern, die auf einer breiten Landzunge am Südwestufer des Gardasees südlich von Salò liegen. Preiswerte Hotels, Campingplätze und ein schöner langer Strand bieten ideale Voraussetzungen für einen entspannten Familienurlaub.

Fruchtbarer Süden

Die kleinen Ortschaften Manerbas gehen fast ineinander über; die wichtigsten sind (von Ost nach West) Montinelle, Solarolo und Balbiana; Gardoncino und Porto Dusano liegen etwas weiter südlich, Pieve Vecchia weiter im Norden. Die Gegend gehört zur **Valtenesi**, einer fruchtbaren Region mit großen Olivenhainen und Weinanbau.

80 % der Fläche von Manerba sind von Weinbergen bedeckt. Die bekanntesten Weine, die hier produziert werden, sind der leichte Rotwein DOC Riviera Bresciana und der süffige Rosé Chiaretto del Garda. An der östlichsten Spitze der Landzunge erhebt sich ein hoher, steiler Felsen, die **Rocca di Manerba**, ein guter Aussichtspunkt mit Resten der wieder ausgegrabenen Burg. Nordwestlich davon schiebt sich die **Punta Belvedere**, ein langes, sehr schmales Riff, in den See, das sich unter der Wasseroberfläche fortsetzt und nach einigen Hundert Metern wieder auftaucht: Die kleine Insel **San Biagio** mit schönen Badeplätzen, zu der man durchs Wasser waten muss. Zwischen Rocca und dem Riff liegt das beliebte Strandbad Lido di Manerba. Etwa 3 km weiter nördlich ragt die Fortsetzung dieses Riffs, die Isola del Garda, (östlich von ►San Felice del Benaco) aus dem Wasser.

Strände Die Ortsteile haben zum Teil lange Kiesstrände, die allerdings häufig in der Hand von Campern sind. Die Uferbebauung ist gekennzeichnet durch zahllose Campingplätze. Besonders für Familien ist die **Spiaggia Romantica** zu empfehlen: Der Strand ist bewirtschaftet, bietet Sonnenliegen, Bootsverleih, Ristorante, kostenfreie Parkplätze. Er fällt flach ab und gehört zu den wärmsten am See.

Geschichte Die Funde im archäologischen Museum von Montinelle legen Zeugnis ab von der frühen Besiedelung des Gebiets Valtenesi. Die spätestens seit dem 8. Jh. immer wieder heftig umkämpfte Gegend zwischen Desenzano und Salò bot den Bewohnern keinen natürlichen Schutz durch Berge oder Felsen, vielmehr lud die sanft hügelige Landschaft die Eroberer geradezu ein, sich von hier aus des ansonsten schwer zugänglichen Sees zu bemächtigen. Die **Reste von großen Burgen** gehen bis auf das 8./9. Jh. zurück. Im 13. Jh. hatte sich Manerba zu einer wichtigen Stadt entwickelt: Nachdem sie aber 1276 von den Guelfen aus Brescia zerstört worden war, zogen sich die Bewohner in die umliegenden Hügel zurück, wo kleine Dörfer entstanden; die einstige Stadt wurde nie wieder aufgebaut. Zwischen dem 13. und 15. Jh. kam die Gegend unter die Herrschaft von Verona, Mailand und Brescia, bis die **Venezianer** das Gebiet 1427 übernahmen.

SEHENSWERTES IN MANERBA

Balbiana, Solarolo Biegt man von der Gardesana Occidentale an der Kreuzung Crociale Manerba nach Osten Richtung Gardasee ab, durchfährt man die drei Orte Balbiana, Solarolo und Montinelle und kommt dann zum Aussichtspunkt Rocca di Manerba. In den Dörfern gibt es nur wenige Unterkunftsmöglichkeiten, aber entlang der Küste reihen sich **Campingplätze** aneinander. In Balbiana kann man die einschiffige Chiesa Santa Lucia mit Renaissancefresken besuchen.

Manerba del Garda erleben

AUSKUNFT
Comune di Manerba del Garda
Piazza Garibaldi 19
I-25080 Manerba, BS
Tel. 03 65 55 27 45
web.comune.manerbadelgarda.bs.it

EINKAUFEN
Freitags ist Markttag in Manerba del Garda.

ÜBERNACHTEN
Hotel La Quiete €€
Via del Rio 92
I-25080 Manerba del Garda
Tel. 03 65 55 11 56
www.laquieteparkhotel.it
Das Hotel La Quiete ist ein einfaches, aber gut geführtes Haus mit 28 Zimmern, Restaurant, Sonnenterrasse, Tennismöglichkeit und Parkplatz, in dem sich vor allem Familien mit Kindern wohlfühlen können.

Albergo Arcadia €€
Via Leutelmonte 49
I-25080 Manerba del Garda
Tel. 03 65 55 10 34
Uralt und einfach, etwas skurril und äußerst sympathisch ist das Albergo Arcadia. Die Stammgäste fühlen sich mit den Hühnern auf dem Hof sehr wohl und goutieren abends die Leckereien aus eigenem Anbau und eigener Aufzucht der Inhaber.

ESSEN
Capriccio €€€€
Località Montinelle
Piazza San Bernardo 6
Tel. 03 65 55 11 24
www.ristorantecapriccio.it
Di. geschl.
Ein seit Jahren von Michelin besterntes Restaurant mit zauberhaftem Blick auf Olivenhaine, sanfte Hügel und den Gardasee.

Montinelle

Das **Archäologische Museum** (Museo archeologico della Valtenesi) in Montinelle zeigt die in dieser Gegend ausgegrabenen Funde von der Jungsteinzeit über die Römerzeit bis zum Mittelalter. Zu den interessantesten Stücken gehören »Lagozza«-Keramiken aus der Jungsteinzeit, bronzezeitliche Nadeln und Keramik.

● April – Sept. tgl. 10.00 – 12.00 u. 14.00 – 18.00, sonst 10.00 – 16.00 Uhr

***Rocca di Manerba**

Den Aufstieg zur Rocca di Manerba (216 m) sollte man sich nicht entgehen lassen, denn er wird belohnt mit einem einmaligen Blick über das südliche Becken des Gardasees und die sanft gewellte Hügellandschaft der Valtenesi. Bei gutem Wetter reicht die Sicht sogar bis zum Nordufer. Die Rocca ist ab Montinelle ausgeschildert, man kann von hier aus gut zu Fuß gehen – die Strecke beträgt ca. 1,5 km – oder die recht enge Straße bis zu einem Parkplatz am Hang hochfahren, von dem man zum Gipfelkreuz gelangt. Um das Kreuz herum brachten Ausgrabungen die Reste einer im 8. Jh. erstmals erwähnten und im 18. Jh. zerstörten Burg zutage.

UMGEBUNG VON MANERBA

Polpenazze Etwa 3 km westlich der Kreuzung Crociale Manerba erreicht man Polpenazze. An Sehenswürdigkeiten bietet der Ort die Reste eines mittelalterlichen Schlosses, die mit Fresken geschmückte Renaissancekirche Santa Maria und eine weiß leuchtende Barockkirche. Von der Terrasse der Kirche kann man einen weiten Blick über den Gardasee genießen.

Moniga del Garda

D 22

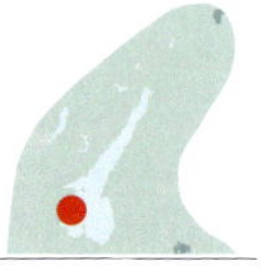

Höhe: 128 m ü. d. M.
Einwohnerzahl: 2200

Ein paar Hundert Häuser, die sich einen Hang zu einem mittelalterlichen Kastell hochziehen, ein winziges Dorf, das sich in den Mauern jener Burg eingenistet hat und ein Hafen am Südwestufer des Gardasees, das ist der kleine Luftkurort Moniga.

Kleiner Luftkurort Südlich der Gemeinde Manerba gelegen, gehört Moniga del Garda wie diese zur fruchtbaren Valtenesi-Region und teilt ihre Geschichte (►Manerba). Im Jahr 868 wurde Moniga als langobardische Schenkung an die Mönche von San Zeno in Verona übergeben, im 12. Jh.

Moniga del Garda erleben

AUSKUNFT
Piazza San Martino 1
I-25080 Moniga del Garda, BS
Tel. 03 65 50 08 11
www.comune.monigadelgarda.bs.it

EINKAUFEN
Wer gerne auf Märkte geht, kann montags über den Wochenmarkt schlendern.

ÜBERNACHTEN
Ramada Lake Garda €€
Via Canestrelli 7
I-25080 Moniga del Garda
Tel. 03 65 50 06 01
www.ramadalakegarda.it
Ferienresort mit 120 Zimmern. Das Restaurant hat eine gute, etwas abgehobene Küche und der nächste Golfplatz ist nur 3 km entfernt.

ESSEN
Ristorante al Porto €€€
Via Porto 29
Tel. 03 65 50 20 69
Aus einem unscheinbaren Haus haben Wanda und Camillo ein beliebtes Fischrestaurant gemacht, in dem ausschließlich Süßwasserfische auf der Karte stehen und der Gardasee-Fisch zu Ehren kommt. Zu empfehlen sind die »Terrine di lago« oder ein Risotto mit Flussbarsch.

kam es an Ugone di Poncarale, danach an die Abtei von Leno. Bis ins 18. Jh. hinein regierten die Venezianer. Zwischen dem 9. und 10. Jh. wurde die **gewaltige Burg** von Moniga errichtet, im 13. Jh. baute man sie aus. Gut erhalten sind außer der Burgmauer der Mittelturm und die Seitentürme. Der Glockenturm wurde erst im 15. Jh. angefügt. Im Innern der Festungsanlage stehen kleine Wohnhäuser. Die sehenswerte Kirche Santa Maria della Neve im Ort geht auf das 14. Jh. zurück. Im Stil Palladios entstand im 17. Jh. die Villa Brunori-Bertanzi, in der sich schöne Fresken aus dem 19. Jh. befinden. Fährt man hinunter zum Ufer, kommt man zu einem Hafen in einer weiten Bucht. Die gastronomischen Angebote sind nicht gerade vielfältig, dafür säumen zahlreiche Campingplätze die Küste.

Idyllische Gasse in Moniga

Soianao del Lago

Etwa 4 km nordwestlich von Moniga kann man in Soianao del Lago von der barocken Pfarrkirche zu der Ruine eines Kastells (12. Jh.) hinaufgehen, in dem in den Sommermonaten auch Veranstaltungen stattfinden. Der ehemalige Wachturm der Burg wurde später zum Glockenturm der Kirche umfunktioniert. In Soianao gibt es einen der besten Golfplätze der Region, den **Country Club Gardagolf**.

** Monte Baldo

N 16 – R 8

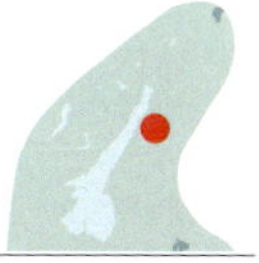

Höhe: bis 2218 m ü. d. M.

Das majestätische Massiv des Monte Baldo, des höchsten Bergs am Gardasee, zieht sich über 35 km die Ostküste entlang bis Torri del Benaco im Süden. Beliebt ist er im Sommer wie im Winter durch seine vielfältigen Sportmöglichkeiten.

Großartige Aussicht

Der Monte Baldo besteht aus zwei Bergzügen, einem westlichen mit den höchsten Gipfeln, der zum Gardasee hin abfällt, und einem parallel verlaufenden östlichen, der nicht ganz so hoch ist, aber z. T. schroff ins Tal der Etsch abstürzt. Auf den **Almen und Hochflächen** zwischen den beiden gewaltigen Bergketten stehen abgeschiedene Höfe, vereinzelt sind Dörfer entstanden. Der Monte Baldo ist nicht nur im Sommer als **fantastisches Kletter-, Mountainbiker- und Wandergebiet** mit herrlichen Aussichten auf den See und als Startplatz für Drachenflieger und Paraglider beliebt, sondern lockt in den Wintermonaten auch die Skifahrer an. Pflanzenfreunde kommen auch auf ihre Kosten, im Gebiet des Monte Baldo wachsen mehr als 600 verschiedene **Pflanzenarten**, u. a. Edelweiß, Gelber Enzian, Feuerlilien und Orchideen, und teilweise endemische Pflanzen, d. h. nur hier heimische Gewächse. Da die Gipfel des Massivs in der Eiszeit aus den umliegenden Gletschern herausragten, konnten einige Pflanzen die Zeiten überdauern, deren Ursprünge voreiszeitlich sind. Unterhalb der Gipfelregion mit ihrer dünnen Heide- und Wiesendecke schließen sich große grüne Almen und dicht bewaldete Hänge mit Olivenbäumen, Kiefern- und Buchenhainen an.

! BAEDEKER TIPP

Paragliding-Tandemflug

Wer den Mut hat, einen Paragliding-Tandemflug vom Monte Baldo zu wagen – oder selbst zu fliegen, wenn man's kann – der wird die besten Blicke mitnehmen und die Freiheit über dem See im wahrsten Sinne des Wortes grenzenlos genießen. Abflug ist auf 1800 m, jeder zwischen 12 und 80 Jahre und zwischen 40 und 110 kg kann ohne Vorbereitung mitfliegen, Ankunft nach 30 – 45 Min. am See bei Malcesine (100 €; www.paragliding-academy.com).

***Seilbahn**

Die bequemste Art, auf den Monte Baldo zu kommen, ist eine Fahrt mit der Seilbahn (Funivia) ab ►Malcesine. Die Talstation befindet sich in Malcesine oberhalb der Gardesana, von der man in die Via Navene Vecchia einbiegt. Sowohl an der Mittelstation (San Michele) auf 572 m Höhe als auch an der Bergstation (Bocca Tratto Spino, 1760 m) gibt es Gastronomie. Zur Mittelstation führen auch zwei Straßen, die eine beginnt nördlich, die andere südlich von Malcesine. 10 km weiter südlich gibt es eine zweite Seilbahn: Ihre untere Station liegt nördlich des Fremdenverkehrsortes Prada auf 1000 m Höhe, sie führt nach Ortigaretta (1494 m), von wo man per Sesselbahn auf den Costabella (1804 m) weiterfahren kann (►Brenzone, Castelletto). Eine Straße, an einigen wenigen Stellen Schotterpiste, führt über die gesamte Bergkette von Nord nach Süd: Sie beginnt mit der Abfahrt von der SS 240 (Rovereto – Torbole) bei Mori und verläuft in schier endlosen Serpentinen über Brentonico zum Monte Altissimo, östlich an der Bergstation der Seilbahn vorbei, zum Orto Botanico del Monte Baldo (s. u.), über Ferrara, Spiazzi und Caprino Veronese nach Torri del Benaco bzw. Garda.

Funivia ab Malcesine: Betriebszeiten im Sommer: 8.00 – 19.00 Uhr. Zu bestimmten Zeiten ist eine Fahrradmitnahme zur Station Bocca Tratto Spino auf 1760 m Höhe möglich.

Frei schwebend über dem Gardasee

WANDERVORSCHLÄGE

Hinweis

Es gibt zahlreiche ausgeschilderte Wege zum Wandern und Spazierengehen entlang des Bergkamms und hinunter in Täler und Schluchten. Die folgenden Vorschläge starten alle an der Bergstation (Bocca Tratto Spino) der Seilbahn, die in Malcesine beginnt.

***Bocca Tratto Spino**

Will man hier oben an der Bocca Tratto Spino die Paraglider und Drachenflieger beim Starten beobachten, steigt man einfach – an der Trattoria La Capannina vorbei – die Alm hoch. Bei gutem Wetter reicht der **Panoramablick** von der Landzunge mit Sirmione im Süden des Gardasees bis nach Riva im Norden, über Malcesine am Fuß des Berges bis auf die Hochebenen von Tremosine und Tignale.

***Von der Berg- zur Mittelstation der Seilbahn**

Von der Bergstation der Seilbahn auf 1760 m Höhe hinunter zur Mittelstation San Michele (572 m) wandert man höchstens 2,5 Stunden. Zunächst wendet man sich nach Süden, wo unterhalb der Station an der Bocca Tratto Spino die Ausschilderung nach San Michele beginnt. Nach etwa 40 Min. biegt man zum Rifugio Kira ab, das man über Wiesen und Weiden nach einer guten Dreiviertelstunde erreicht. Nach einer möglichen **Rast im Gasthof** nimmt man den gepflasterten Weg durch einen Nadelwald. Zur ausgeschilderten Mittelstation der Funivia muss man kurz vor San Michele auf einen kleineren Pfad abbiegen.

***Über den Bergkamm zur Mittelstation der Seilbahn**

Eine nur für geübte Wanderer empfehlenswerte, sieben- bis neunstündige Wanderung mit **vielen Kletterpartien** über den Kamm des Monte-Baldo-Massivs, durch Wälder, über Hochebenen und Geröllfelder, mit herrlichen Blicken über steile Felswände und auf den Gardasee beginnt ebenfalls an der Bergstation der Seilbahn. Man folgt dem CAI-Wanderweg 651 in südlicher Richtung zur Station Bocca Tratto Spino, auf die Cima delle Pozzette (2132 m) und weiter über den Grat bis zur Cima del Longino (2179 m). Nun führt der Weg zum Fuß der Cima Valdritta. Am Südhang des Gipfels verlässt man den Wanderweg 651 und biegt nach rechts in den Weg Nr. 5 ein. Diesem folgt man zunächst nach Westen und dann in nördlicher Richtung an Felswänden entlang, über die Hochebene La Guardiola (1900 m), hinunter durch einen Kiefernwald und über Geröllfelder zur Guardia, einem Aussichtspunkt auf 1520 m Höhe. An Tälern und Schluchten vorbei durchwandert man einen Buchenhain und erreicht die Ebene Col di Piombi, von wo der Pfad Signor zur Mittelstation der Seilbahn zurückführt. Da es unterwegs keine Hütte gibt, muss für Verpflegung gesorgt werden.

! BAEDEKER TIPP

Orto Botanico del Monte Baldo

Ein schönes und interessantes Pflanzenreservat liegt östlich der Punta Telegrafo. Den Orto Botanico del Monte Baldo erreicht man von Garda im Süden aus über Spiazzi und Ferrara di Monte Baldo. Oder von Norden kommend von der Straße, die in Morri beginnt und am Monte Altissimo vorbei nach Süden führt (Mai – Sept. tgl. 9.00 – 18.00 Uhr; Tel. 04 56 24 72 88; www. ortobotanicomontebaldo.org).

****Zur Punta Telegrafo**

Folgt man dem Wanderweg 651 von der Bergstation der Malcesine-Seilbahn über die Cima Valdritta (s. o.) hinweg weiter, dann kommt man nach insgesamt etwa vier Stunden zu **einem der höchsten Gipfel des Monte Baldo**, der Punta Telegrafo (2200 m) mit dem gleichnamigen Rifugio (Schutzhütte). In den Sommermonaten gibt es beim Rifugio in der Chiesetta di Santa Rosa Übernachtungsmöglichkeiten.

***Zum Rifugio Monte Altissimo**

Man kann den Wanderweg 651 von der Bergstation Bocca Tratto Spino auch in nördliche Richtung gehen. Nach knapp drei Stunden erreicht man den Rifugio Monte Altissimo (2079 m) mit Übernachtungsmöglichkeiten. Der Weg ist nicht sehr beschwerlich und führt zunächst an der Ostflanke der Colma di Malcesine vorbei und zur Bocca di Navene (1225 m), wo man eine traumhafte Sicht hat. Wer sich mit der Pflanzenwelt des Monte Baldo beschäftigen will, kann vom Monte Altissimo den Wanderweg 633 hinunter **zum Corno Piana** nehmen. In diesem Gebiet wachsen zahlreiche, für den Monte Baldo typische Pflanzen.

Blick vom Monte Baldo über das Nordufer mit dem Monte Brione auf die schneebedeckten Alpen

⋆ Nago-Torbole

Q / R 3

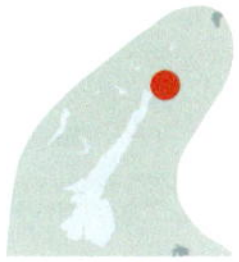

Höhe: 67 m ü. d. M. (Torbole), 217 m ü. d. M. (Nago)
Einwohnerzahl: 2400

Während sich nur wenige Touristen nach Nago verirren, ein Dorf auf einem Felsplateau oberhalb des Gardasees, strömen täglich Tausende an die Strände von Torbole, das sich 150 m unterhalb Nagos an das Ufer des Gardasees schmiegt.

Doppelort mit zwei Gesichtern

Wegen der starken Winde, die hier fast schon planmäßig von Nordosten einfallen, hat sich **Torbole** zu einem der **beliebtesten Surfparadiese Europas** gemausert, worauf sich der Ort mit seinem kleinen historischen Kern mittlerweile eingestellt hat. Uferstraße und Parkplätze sind meist überfüllt mit Autos von Surfern. An den Stränden kommt bei der ersten Brise Leben auf: Die Surfer schnappen sich ihre Bretter und stürzen sich in die Fluten. Absolutes Surferzentrum ist der Zweckbau des Circolo Surf, wo Kurse gebucht werden können, aber auch Wettkämpfe und Meisterschaften im Surfen ausgerichtet werden (www.circolosurftorbole.com). Viele Urlauber kommen, um vor der fantastischen Kulisse der hoch aufragenden Berge Hunderte bunter Segel über das blaue Wasser flitzen zu sehen. Auch **Mountainbiker und Kletterer** finden hier ideale Bedingungen, denn der Norden des Gardasees ist fast völlig von Bergen umschlossen, Wanderwege und Kletterfelsen sind gut ausgeschildert.

Nago-Torbole erleben

AUSKUNFT

Lungolago Conca d' Oro 25
I-38069 Torbole-Nago, TN
Tel. 04 64 50 51 77
www.gardatrentino.it

EINKAUFEN

In Torbole wird von April bis September immer dienstags ein Wochenmarkt abgehalten.

STRÄNDE

Kiesstrände, an denen sich Surfer tummeln, gibt es an der Sarca-Mündung; die längsten liegen südöstlich der Mündung und ziehen sich am Kleinen Hafen vorbei bis zum Hafen.

ÜBERNACHTEN

Villa Bella €€€
Tempesta, 3 km südlich von Torbole
I-38069 Torbole
Tel. 04 64 50 51 00
www.hotelvillabella.it
Ruhig und spektakulär auf einem Felsen direkt über dem Wasser gelegenes kleines Hotel, mit Pool, Privatbadeplateau am See und moderner 3-Sterne-Ausstattung. Alle 15 Zimmer haben einen Balkon oder eine Terrasse. Ein schönes und familiär geführtes Haus.

Hotel Lago di Garda €€
Lungolago Verona 11
I-38069 Torbole
Tel. 04 64 50 51 11
www.hotellagodigarda.it
43 Zimmer, Restaurant, Sauna, Solarium, Surfschule, Parkplatz. Das traditionsreiche Haus liegt im Zentrum von Torbole direkt an der Uferpromenade, im Hochsommer gibt's hier also viel Trubel.

Aktivhotel Santalucia €€
Via Santa Lucia 6
I-38069 Torbole
Tel. 04 64 50 51 40
wwwaktivhotel.it
Ideal für Sportler, die abseits vom Touristentrubel nächtigen, aber dennoch in wenigen Gehminuten im Zentrum sein wollen. Renoviertes Haus mit Pool, Sauna und Solarium, aber auch mit Mountainbike-Werkstatt und -Waschplatz sowie Übernacht-Wäscheservice für MB-Sportkleidung.

Hotel Elisabetta €
Via Coize 3
I-38069 Torbole
Tel. 04 64 50 51 76
www.hotelelisabetta.com
30 Zimmer, Restaurant, Bar, Swimmingpool, Sonnenterrasse, Sauna. Das gemütliche Haus liegt in der Nähe eines langen Strandes. Zum Haus gehört ein kleiner botanischer Garten.

ESSEN

Surfer's Grill €€
Via Sarca Vecchio 5
Tel. 04 64 50 59 30
Mo. geschlossen
Gute, günstige Grillspezialitäten, aber auch andere Köstlichkeiten außer Pizza

La Terrazza €€
Via Benaco 14
Tel. 04 64 50 60 83
Di. geschlossen
Im Restaurant »La Terrazza« in Torbole wird zum Essen die schönste Aussicht auf den Sonnenuntergang mitserviert. Das Restaurant liegt fast direkt am Strand, also Fensterplätze reservieren!

Torbole liegt am Fuß des nördlichen Ausläufers des Monte Baldo in einer schmalen Ebene, die der Sarca-Fluss geschaffen hat, der hier in den See mündet. Westlich von Torbole bildet das lang gezogene Massiv des Monte Brione (374 m) eine natürliche Grenze zum benachbarten Ort Riva. Die immer zahlreicher werdenden Hotels und Ferienwohnungen erstrecken sich mittlerweile weit in die Ebene.

Das kleine **Nago** blickt gelassen von der Höhe herab auf den Trubel in Torbole. Es liegt inmitten von Weinterrassen, im Hintergrund steigen die Berge steil und dicht bewaldet auf. Seine einzige Sehenswürdigkeit ist die Ruine eines Kastells (13. Jh.), das einst das Gebiet vom Etschtal bis zum Gardasee überwachte. Von oben hat man einen atemberaubenden Blick auf Torbole und den See. Auch vom Parkplatz hinter der ersten Serpentine von Nago kommend (► Baedeker Tipp S. 276) hat man einen herrlichen Überblick.

> ! BAEDEKER TIPP
>
> *Shuttle für Mountainbiker*
>
> Natürlich ist Torbole die Surfer-Hauptstadt, aber auch Mountainbiker sind am Nordzipfel des Sees zu Hause. Ideal sind die täglichen Shuttle-Busse, die vormittags stündlich in die besten MB-Reviere der Umgebung aufbrechen (www.torboletour.com).

Geschichte

Erstmals wurde die Burg von Nago, das Kastell Penede, 1210 erwähnt. Die strategisch günstig gelegene Festung war im Besitz der Grafen von Arco, der Castelbarco, der Trentiner und der Venezianer, bevor sie 1703 von den Franzosen zerstört wurde. Bis dahin sicherte sie die wichtigste nördliche Zugangsstraße zum Gardasee.

Einen ungewöhnlichen Tross, der später in zahlreichen Bildern verewigt wurde, sahen die Bewohner von Nago und Torbole 1438 über die Berge ziehen: Damals hatten die **Venezianer** fast den gesamten Gardasee besetzt und Brescia in ihrer Hand, als plötzlich die feindlichen **Mailänder** vor den Mauern der Stadt standen, die mitten in Mailänder Herrschaftsgebiet lag. Venedig konnte Brescia nur zu Hilfe kommen, indem es Truppen über den Gardasee sandte. Doch weder von Norden noch von Süden her konnte Venedig seine Soldaten schicken, denn die Mailänder Visconti hatten im Norden in Riva, dem einzigen von Mailändern besetzten Ort am Gardasee, eine Kriegsflotte gebaut und im Süden den Fluss Mincio besetzt. Da Venedig auf irgendeine Weise seine Kriegsschiffe mit Truppen in den See verfrachten musste, verfiel man auf die Idee, die Flotte mit mehr als 30 Schiffen von der Etsch über die Berge nach Torbole zu schaffen, was man dann mit gigantischem Aufwand – Sprengung einer Straße in den Fels, Hunderte von Bäumen als Rollen und 2000 Ochsen in Gespannen – auch tat. Während der zweijährigen Kämpfe unterlagen die Venezianer zwar in einer ersten Schlacht, siegten aber letztendlich über die Mailänder und nahmen 1440 den gesamten Gardasee in Besitz.

Das alte Zollhaus im Hafen von Torbole markierte bis 1918 die Grenze zwischen Österreich und Italien.

SEHENSWERTES IN TORBOLE

Häfen Torbole besitzt zwei Häfen: Der Kleine Hafen liegt nahe der Sarca-Mündung nordwestlich der Altstadt, der andere gegenüber dem alten Ortskern. Auf dessen Hafenmole steht ein blassgelbes **Zollhäuschen**; hier verlief bis 1918 die Grenze zwischen Österreich und Italien.

Historisches Zentrum Das historische Zentrum versteckt sich gegenüber dem östlichen Hafen. Vorbei am Hafen führt die Durchgangs- und Geschäftsstraße Lungolago Verona. Durch einen kleinen Torbogen kommt man vom Lungolago zur ruhigen **Piazza Vittorio Veneto**, dem Kern der Altstadt. Gegenüber dem Restaurant Centrale steht die Casa Alberti, an der eine Gedenktafel an Goethes Aufenthalt im September 1786 erinnert. Sie zitiert den Dichter: »Heute habe ich an der Iphigenie gearbeitet, es ist im Angesichte des Sees gut vonstatten gegangen.« Rechts hinter der Piazza V. Veneto liegt etwas erhöht die barocke Kirche Sant' Andrea (18. Jh.). Das Gemälde über dem Hochaltar (»Martyrium des hl. Andreas«) stammt von dem Veroneser Giambettino Cignaroli (1706 – 1770).

Wanderung von Torbole nach Nago Von Torbole kann man mit herrlichen Ausblicken auf den See in ca. 35 Min. nach Nago gehen. Südlich der Piazza V. Veneto vor der Treppe zur Kirche beginnt man den Aufstieg über die Via Pontalti, die in die Strada Santa Lucia übergeht. Auf dieser Route wurden auch die venezianischen Kriegsschiffe transportiert.

SEHENSWERTES IN NAGO

Altstadt

Der kleine Ortskern von Nago liegt südlich der SS 240. An der Hauptgasse steht die **Pfarrkirche San Vigilio**. Das Kirchenportal stammt aus dem 16. Jh., an dem Turm ist noch ein romanisches Relief zu erkennen.

Castel Penede

Zu den Resten des Kastells (1210 erstmals erwähnt) geht es von der Ortsmitte an der Kirche vorbei durch einen Torbogen; der Weg ist ausgeschildert. Etwa 15 Min. geht es an Gemüsegärten vorbei einen Hang hoch. Kurz vor Erreichen der Burgruine kann man bei einem Trimm-dich-Pfad-Schild nach rechts zu einem Felsplateau einbiegen, von dem aus man zum Gardasee hinunterblickt. Das Kastell selbst, das von den Franzosen 1703 zerstört wurde, darf nicht betreten werden: Die spärlichen Mauerreste liegen auf einem Felsen fast verborgen zwischen Bäumen und Büschen. Nur das Ristorante Al Forte Alto öffnet hier oben seine Türen.

UMGEBUNG VON NAGO-TORBOLE

***Marmitte dei Giganti**

An der Straße von Torbole nach Nago gibt es 1,5 km hinter Torbole und kurz vor Nago einen Pfad, der von der SS 240 zu den Felsen hinunterführt; etwas weiter oben liegt ein kleiner Parkplatz. Bei den Marmitte dei Giganti, den »Riesentöpfen« oder auch **Gletschermühlen**, handelt es sich um gewaltige Löcher im fast senkrechten Fels, die vor Jahrmillionen während der Eiszeit entstanden, als sich das Geröll, das die Gletscher vor sich her schoben, in den Berg bohrte.
Bei gutem Wetter testen **Freeclimber** ihr Können an dieser Wand. Wer es weniger spektakulär angehen möchte, kann eine schöne Wanderung machen, die auf einem bequemen Weg nach Torbole oder Riva hinunterführt.

Strada del Monte Baldo

Eine fantastische Strecke auf einer sehr schmalen, kurvigen und z. T. unübersichtlichen Straße führt von Nago auf die nördlichen Ausläufer des Monte Baldo. Die Strada del Monte Baldo beginnt dort, wo, von Rovereto kommend, ein Wegweiser nach links ins Centro leitet. Hier geht es kurz darauf scharf nach links zum Monte Baldo. Die Straße ist eigentlich für Bergbauern gebaut und nicht für den öffentlichen Verkehr, sie endet daher auch nach ungefähr 13 km. Knapp 2 km weiter bietet sich ein Abstecher zur **Quelle Acqua d' Oro** an (ausgeschildert). Am Ende der asphaltierten Straße kann man auf einer Straße mit schönen Aussichtspunkten zum Gipfel des **Monte Altissimo** (2079 m) weiterwandern (ca. 2 Std.). Man sollte bei diesen Ausflügen warme Kleidung nicht vergessen, denn selbst im Sommer ist es hier oft recht kalt.

Peschiera

J/K 27

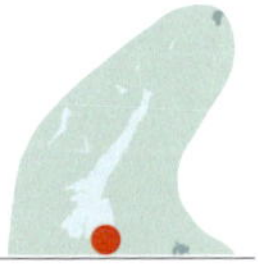

Höhe: 68 m ü. d. M.
Einwohnerzahl: 8800

Im Mittelalter und in der frühen Neuzeit wurde Peschiera wegen seiner Schönheit sogar Sirmione und Lonato vorgezogen. Etwas vom längst vergangenen Flair spürt man noch beim Spaziergang durch die Altstadtgassen mit Läden, Restaurants und Cafés oder entlang des Mincio-Kanals, der am nördlichen Rand der Altstadt vorbeifließt.

Stadt auf drei Inseln

Der Mincio ist der einzige Abfluss des Gardasees; er schlängelt sich von der südöstlichen Ecke des Lago nach Süden an Mantua vorbei, bis er nach einigen weiteren Kilometern in den Po mündet. An der Stelle, an der der Mincio den Gardasee verlässt, liegen mitten im Fluss **drei bewohnte Inseln**: eine breite, flache, auf der die Altstadt von Peschiera liegt, und zwei kleinere nördlich davon. Allerdings merkt man ihnen den Inselcharakter kaum an, denn wenn man auf der Durchgangsstraße von einer zur anderen fährt, überquert man nur relativ schmale Kanäle, die die Inseln umfließen. Die Stadt hat sich im Laufe der Zeit natürlich weiter ausdehnen müssen, sodass sich nun wenig ansprechende Wohngebiete, Hotels und Ferienwohnungen am Gardaseeufer, v. a. in westlicher Richtung, entlangziehen. Der Stern von Peschiera stieg und sank mit seiner Bedeutung als Festungsstadt: Vom 16. bis ins 19. Jh. war die Stadt von einem gigantischen, 2,3 km langen Festungsgürtel mit fünf Bastionen umschlossen. Diese militärische Anlage riegelte den Mincio komplett ab; erhalten haben sich nur wenige Teile der Mauern und Bastionen. Wirtschaftlich spielen heute neben dem Tourismus hauptsächlich der Bau und die Instandsetzung von Sportbooten eine wichtige Rolle. Touristische Anziehungspunkte sind vor allem die vielen Freizeitparks bei Peschiera.

Geschichte

Die Römer, die die Stadt Arilica nannten, besaßen hier an der Kreuzung wichtiger Handelsstraßen eine Burg. Der Ort war wegen seiner **strategisch günstigen Lage** immer wieder umkämpft – der Mincio war damals noch bis zum Po schiffbar, sodass man einen Zugang zur Adria hatte. Da die Region um den Mincio schon wenige Kilometer südlich von Peschiera von unzugänglichen Sümpfen und Seen durchzogen war, war der Besitz einer Festung im Bereich des oberen Flusslaufs von entscheidender Bedeutung, um sowohl die Lombardei als auch Venetien kontrollieren zu können. Im Jahr 422 wurden von Peschiera aus die Hunnen auf ihrem Marsch gegen Rom gestoppt. Friedrich Barbarossa zog hier in den 1170er-Jahren Truppen zusam-

Peschiera erleben

AUSKUNFT

IAT

Piazza Betteloni 15
I-37019 Peschiera, VR
Tel. 04 57 55 16 73
www.peschieradelgarda.org

EINKAUFEN

Montags ist Wochenmarkt in Peschiera. Ein beliebter Nachtmarkt wird im Juni, Juli und August mittwochs in Castelnuovo del Garda östlich von Peschiera abgehalten (18.00 – 24.00 Uhr). Fans von alten Möbeln etc. können immer am 4. Sonntag im Monat nach Valeggio sul Mincio südöstlich von Peschiera fahren und dort stöbern.

STRÄNDE

Westlich der Altstadt beginnt am Ende der Uferstraße Lungolago Giuseppe Mazzini eine Strandzone, wo es auch einige Campingplätze gibt. Zudem bestehen auch noch nördlich des Hafens einige gute Bademöglichkeiten.

ÜBERNACHTEN

Bell' Arrivo €€

Piazzetta Benacense 2
I-37019 Peschiera
Tel. 04 56 40 13 22
www.hotelbellarrivo.it
Dieses Hotel mit 27 Zimmern liegt zentral und zudem am See und am Fluss. Von hier sind es nur wenige Kilometer zum Gardaland und zur Canevaworld.

Al Pescatore €

Loc. Porto Fornaci 5
I-37019 Peschiera
Tel. 04 57 55 02 81
Das preisgünstige und gepflegte Haus liegt 4 km westlich des Stadtkerns direkt am See mit einer wunderschönen Frühstücksterrasse. Die Atmosphäre in dem Familienbetrieb ist sehr angenehm. Es gibt 16 Zimmer, außerdem Ferienwohnungen.

ESSEN

Ristorante Il Cantinone €€€

Via Galileo Galilei 14
Tel. 04 57 55 11 62
Di. geschl.
Einheimische schätzen die Gerichte von Guiseppe Pertasi, die in einem schnörkellosen Küchenkonzept auf den Tisch kommen. Beliebte Gerichte sind die Gardasee-Suppe, Taglioni mit Forellenragout oder auch die Forelle im Kartoffelmantel.

Caffè Centrale €€

Via Dante 21
Tel. 04 57 55 03 27
Die Spaghetti allo Scoglio (mit Meeresfrüchten) sind schon gut, aber dass man sie auf einem Ponton direkt am Mincio genießen kann, ist fast noch besser.

men, um die Lombardische Liga zu schlagen. Die Herrschaft über Peschiera wechselte zwischen den Mailändern, den Familien della Scala und Gonzaga sowie den Venezianern (16. Jh.). Letztere veranlassten 1550 unter dem Baumeister Michele Sanmicheli (►Berühmte Persönlichkeiten) den Bau riesiger **Bastionen**, die später von Napoleon und danach von den Österreichern ausgebaut wurden. So konnten sie unter den Österreichern ein Eckpfeiler des Festungsvierecks

»Quadrelatero« werden, das die Kastelle von Verona, Legnano, Mantua und Peschiera bildeten. Von diesem Viereck aus wurden die Gardaseeregion sowie Venetien und die Lombardei in Schach gehalten. Erst nach der Einigung Italiens verlor die Festungsanlage ihre Bedeutung und mit ihr die Stadt.

SEHENSWERTES IN PESCHIERA

Festungsanlage

Die drei bewohnten Inseln waren einst Teil einer gewaltigen venezianisch-österreichischen Festung, die die Form eines fünfzackigen Sterns hatte. Die noch erhaltenen Anlagen sind überwiegend mit Bäumen und Büschen bewachsen. Die Mauern der Bastion Tognon, die die südwestliche Seite der Altstadt umgeben, sind noch vollständig und erheben sich über einem Kanal des Mincio. Hier befindet sich eines der zwei erhaltenen Tore, die Porta Brescia, die Einlass in die Altstadt gewährt. Die Bastion Tognon ist von Nordwesten und von Südosten aus zugänglich. Oben befinden sich ein Fußballplatz, eine Picknickwiese, eine Bar und ein Spielplatz. Im östlichen Teil der Altstadt liegt neben einer Kaserne die **Rocca**, der historische Kern der Festung, die bis heute militärisches Sperrgebiet ist. Das zweite erhaltene Tor ist die Porta Verona: Diese passiert man, wenn man auf der Gardesana von Norden nach Peschiera kommt.

Der Mincio durchfließt in schmalen Kanälen die auf drei Inseln gebaute kleine Stadt Peschiera.

In der von Kanälen des Mincio umgebenen Altstadt sind die meisten Geschäfte und Restaurants Peschieras versammelt. Im südöstlichen Teil steht an der Piazza Ferdinando di Savoia der Dom San Martino. Rechts neben der Kirche sieht man in einem kleinen Ausgrabungsfeld die Grundmauern der **römischen Siedlung Arilica**. Den nördlichen Rand der Altstadt begrenzt ein hübscher Kanal des Mincio, auf dem kleine Motor- und Segelboote schaukeln. Der Kanal wird im Nordosten von einer fünfbogigen Ziegelsteinbrücke (Ponte di Voltoni) überspannt. Treppen führen auf die Brücke und auf die dahinterliegende Ostmauer der Bastion.

! BAEDEKER TIPP

Bau Beach für Hunde

Hunde sind an den oft engen Stränden am Gardasee eher nicht willkommen und müssen auf jeden Fall an die Leine. Bis auf eine Ausnahme: In Peschiera ist man auf den Hund gekommen und hat 2011 den Bau Beach im Ortsteil San Benedetto als hundefreundlichen Strand ausgezeichnet – für alle, die ohne Leine mit ihrem Hundchen herumtoben möchten.

NATUR- UND FREIZEITPARKS BEI PESCHIERA

***Gardaland**

Der berühmteste Freizeitpark am Gardasee ist Gardaland, eine Art **italienisches Disneyland**, 1,5 km nördlich von Peschiera an der Gardesana gelegen. Zum Gardaland gehören auch das Sealife und das Delfinarium. Ein Pendelzug fährt an Sommerwochenenden kostenlos vom Bahnhof von Peschiera zum Gardaland. Vor allem an den Wochenenden in der Hauptsaison sind Park und Parkplätze allerdings heillos überfüllt (► S. 92).

❶ Wechselnde Öffnungszeiten: etwa Juli/Aug. 9.30 – 23.00, Sept. – Juni 10.00 – 18.00 Uhr; Tel. 04 56 44 97 77; Eintritt: ab 31 €; www.gardaland.it

Wassersportparks

Im Süden Peschieras gibt es etliche Wassersportparks mit Schwimmbecken, Rutschen und Liegewiesen, die alle südlich der Ost-West-Achse der A 4 liegen. Der bekannteste, der **Acquapark Altomincio**, (► S. 93) liegt bei Valeggio sul Mincio, in der Nähe gibt es außerdem den Parco Acquatico Cavour (2 km von Borghetto) und das Centro Sportivo Picoverde in Custoza nordwestlich von Valeggio.

****Parco Giardino Sigurtà**

Der Naturpark Giardino Sigurtà 8 km südlich von Peschiera bei Valeggio sul Mincio zieht sich über eine Fläche von 500 000 m² und gilt als **eine der schönsten Gartenanlagen Europas**. Ursprünglich dehnte sich hier ein trockenes Gelände aus, das der Graf Carlo Sigurtà (1898 – 1983) erwarb und in eine blühende Parklandschaft verwandelte. Dies war nur möglich, weil er das 100-jährige Recht, das Wasser des Mincio zur Bewässerung zu nutzen, miterworben hatte. Große Wiesen mit Blumenbeeten und Teichen, die die sanft hügelige

Landschaft wie große Polster überziehen, wechseln mit kleinen Wäldchen, Zypressenalleen, Buschwerk und rosengesäumten Wegen. Gepflasterte Straßen führen durch das Gelände, das man durchwandern oder mit einem parkeigenen Gefährt durchfahren kann.

➊ März – Nov. tgl. 9.00 – 18.00, sonst bis 17.00 Uhr; www.sigurta.it

UMGEBUNG VON PESCHIERA

Madonna del Frassino Die Wallfahrtskirche Madonna del Frassino (»frassino« = Esche), die 2,5 km südwestlich von Peschiera liegt, wurde zum Gedenken an ein Wunder errichtet. Hier soll Anfang des 16. Jh.s eine Schlange durch das Erscheinen der Jungfrau Maria in einem Eschenbaum davon abgehalten worden sein, einen Bauernsohn zu töten. Eine Zypressenallee führt zu dem 1514 errichteten und später mehrfach umgebauten Gotteshaus. Im Innern der reich mit Stuck und Fresken verzierten Kirche sind Gemälde des Veroneser **Künstlers Paolo Farinati** (um 1560) zu sehen. Von der Kirche aus kommt man in zwei Kreuzgänge mit modernen Fresken.

***Mincio** Der tiefblaue Mincio durchzieht in Mäandern die Landschaft südlich von Peschiera. Sanft gewellte Hügel mit Zypressenwäldern, Dörfern und Burgruinen erzeugen ein fast **toskanisches Flair**, was die Gegend zum beliebten Ausflugsziel macht. Außerdem lockt die regionale Küche, auf dem Speiseplan steht neben Fisch auch Eselsbraten. Es gibt eine schöne **Fahrradtour** von Peschiera nach Mantua am Mincio entlang mit Rastmöglichkeiten in den Dörfern der Umgebung. Eine Strecke ist ca. 50 km lang, es gibt kaum Steigungen. Die Tour führt am westlichen Ufer des Mincio nach Monzambano (mit einem möglichen Abstecher nach Ponti sul Mincio), von hier aus nach Borghetto di Valeggio und über die berühmte Visconteo-Brücke an das Ostufer des Flusses nach Valeggio sul Mincio. Über Góito und Maglio oder Rivalta sul Mincio erreicht man Mantua.

Eine **kürzere Rundfahrt** (insgesamt 22 km) führt wie oben beschrieben von Peschiera über Ponti sul Mincio nach Monzambano, wo man den Mincio überquert und am östlichen Flussufer über Salionze zurück nach Peschiera radelt. Eine deutschsprachige Beschreibung der Strecke bekommt man im Fremdenverkehrsamt von Peschiera.

Ponti sul Mincio Das unspektakuläre Dorf 4 km südlich von Peschiera liegt mitten im **traditionsreichen Weinanbaugebiet** Alto Mantovano. Schon im 5. Jh. v. Chr. baute man hier Trauben an, heute kann man die roten und weißen Weine in der Winzergenossenschaft Cantina Colli Morenici probieren und erwerben. Kommt man von Norden in den Ort, liegt links der Durchgangsstraße ein kleiner Kirchplatz, oberhalb davon erheben sich die Reste einer Skaligerburg.

Die Vernonica, das letzte einer Flotte von Lastschiffen, die in den 1920er-Jahren in Peschiera gebaut wurden, ist heute Ausflugsboot.

Monzambano

8 km von Peschiera liegt ebenfalls am westlichen Ufer des Mincio Monzambano. Von dem etwas oberhalb gelegenen Kastell sind Mauern und Türme großenteils noch erhalten, von der Zugbrücke dagegen nur noch Reste. Innerhalb der Burgmauern stehen die Kapelle von S. Bagio (7. Jh.) und ein Kloster, das heute als Wohnhaus genutzt wird. Zwei ältere Herren hüten das Anwesen und führen Besucher gerne auf den Glockenturm, von dem man das Mincio-Tal bis zum Gardasee überblickt. Anfang September findet in dem alten Gemäuer ein **Burgfest** statt, bei dem es Speisen nach alten Rezepten und Vorführungen in mittelalterlichen Kostümen gibt.

Borghetto, Valeggio sul Mincio

Borghetto, ein hübscher Vorort von Valeggio 12 km südlich von Peschiera, besteht aus wenigen alten Häusern am Westufer des Mincio. Eine Attraktion ist der 600 m lange **Damm Ponte Visconteo**, der den Mincio überspannt und über den man Valeggio erreicht. Die Ruinen einer gewaltigen Befestigungsanlage aus Backsteinen krönen den Damm, der ursprünglich gar nicht als Brücke gedacht war, sondern als Staumauer, um die Stadt Mantua von der Wasserzufuhr abzuschneiden. Der Mincio speiste die Seen, die Mantua umgaben und schützten. Den Plan zu ihrer Trockenlegung ersann der Mailänder Gian Galeazzo Visconti, nachdem er 1387 Peschiera erobert hatte. Das mächtige Bollwerk, dessen Errichtung Unsummen verschlang, wurde jedoch niemals gegen Mantua eingesetzt. Doch immerhin wa-

ren 1438 die mit den Mailändern verfeindeten Venezianer gezwungen, wegen des abgeriegelten Mincio ihre Kriegsflotte in einer aufwändigen und kostspieligen Aktion über die Berge nach Torbole zu transportieren (►Nago-Torbole). Von den 1702 durch die Franzosen gesprengten Torbauten auf dem Damm stehen nur noch Ruinen.
Aus Valeggio sul Mincio stammt eine der berühmtesten Nudelvariationen Italiens, die Tortellini. Die **Nodi d'Amore** (Liebesknoten) gehen auf eine Legende zurück, nach der sich ein Soldat in eine Nymphe verliebte, die bei Morgengrauen zurück in ihren Fluss musste. Als Pfand ihrer Liebe gab sie ihm ein goldenes Taschentuch mit einem zarten Knoten. Jedes Jahr im Juni wird auf der Visconti-Brücke die **Festa del Nodo d'Amore** mit bis zu 4000 Gästen und mehr als 600 000 Tortellini gefeiert (► S. 84). Die Liebesknoten werden von Hand hergestellt, Karten muss man lange im Voraus bestellen.

❶ Karten: Tel. 04 57 95 18 80; tourist@valeggio.com; www.valeggio.com

★ Riva

P 1/2

Höhe: 70 m ü. d. M.
Einwohnerzahl: 15 000

Wer seinen Urlaub in Riva verbringt, sollte die relativ große Altstadt mit ihren Geschäftsstraßen, das Stadtmuseum in einer alten Wasserburg und die barocken Kirchen besichtigen. Außerdem kann man an einem der längsten und gepflegtesten Strände des Gardasees sonnenbaden und surfen.

Bekannter Urlaubsort

Die elegante Stadt, die zu den größten und bekanntesten Urlaubsorten der Region zählt, liegt im äußersten Nordwesten des Gardasees und wird von zwei Bergen flankiert: Im Osten trennt der Monte Brione den Ort vom benachbarten Torbole, im Westen ragen die letzten Ausläufer des Monte Rocchetta (1521 m) als steile, hohe Felsen auf. Wer Riva und den oberen Teil des Sees aus der Vogelperspektive betrachten möchte, kann sich zu Fuß zu den Ruinen einer Bastion aus dem 16. Jh. begeben, die auf einem Felsvorsprung des Monte Rocchetta thront. Beim Blick über die Dächer der Stadt erkennt man, dass sich das alte Viertel mit seinen farbenprächtigen Palazzi, Laubengängen und schmalen Gassen um den Hafen und die Wasserburg Rocca drängt.

Wassersport

Wassersport spielt in Riva eine große Rolle, wenn auch das nahe gelegene Torbole als Surfparadies nicht zu schlagen ist. In Riva findet die **Internationale Segelwoche** »Intervela« statt, eine der bedeutendsten Regatten in Italien.

Hafen

Riva hat einen der wichtigsten Häfen am See. Eines der beiden schönsten Schiffe, der **Schaufelraddampfer »Zanardelli«** von 1903, verkehrt ausschließlich im Norden, im Viereck Riva, Limone, Malcesine, Torbole. Die schnellste Direktverbindung von Riva nach Peschiera, also die längste Strecke, dauert 3,5 Stunden. Eine komplette Schiffsrundfahrt zu den wichtigsten Orten am See lässt sich also an einem Tag nur machen, wenn man auf einen Bummel durch die einzelnen Orte verzichtet (Strecke Riva – Malcesine 7,50 €; Fahrplan unter www.navigazionelaghi.it).

Geschichte

In der Umgebung von Riva hat man Reste von Pfahlbauten entdeckt, die auf die Zeit um 2000 v. Chr. zurückgehen (►Lago di Ledro). Die Römer verbanden die Hafenstadt, die damals »Ripa« (Ufer) hieß, durch eine Straße mit Trient. Rivas strategisch günstige Lage, mittels der sich der Nord-Süd-Handel von den Alpen bis zur Po-Ebene kontrollieren ließ, weckte immer wieder Begehrlichkeiten: die der Trentiner Fürstbischöfe, der Grafen von Arco, der Skaliger aus Verona, der Visconti aus Mailand und der Venezianer. Die entscheidende Seeschlacht der Venezianer gegen die Mailänder, die die Venezianer in Besitz des gesamten Gardaseeraums brachte, fand 1438 vor Riva statt (►Nago-Torbole). Nach dem Wiener Kongress fiel Riva 1815 an Österreich, bei dem es bis 1918 blieb. Um 1900 war die Stadt ein **beliebtes Reiseziel des Adels und Großbürgertums, der Künstler und Schriftsteller**. Franz Kafka, Thomas Mann, Friedrich Nietzsche, Rainer Maria Rilke, Sigmund Freud und D. H. Lawrence sind nur einige der Persönlichkeiten, die hier zeitweise Quartier nahmen.

! BAEDEKER TIPP

Platz zum Baden

Manche Strände am Gardasee sind nicht breiter als ein Handtuch. Anders in Riva: Der Strand ist so groß, dass er sogar im August kaum überlaufen ist. Genügend Schatten spendende Bäume gibt es zudem, und Eintritt wird auch nicht verlangt.

SEHENSWERTES IN RIVA

*Piazza Tre Novembre

Das Zentrum der Altstadt bildet der schöne Platz Tre Novembre am Hafen, der mit seinen **Palazzi und Arkaden im lombardisch-venezianischen Stil** den Einfluss Veronas und der Serenissima auf das Städtchen erkennen lässt. Unter den bunt gestrichenen Häusern mit ihren langen Laubengängen fällt an der Westseite des Platzes ein Ensemble aus drei bedeutenden Palazzi ins Auge, in denen heute u. a. das Rathaus untergebracht ist: Aus dem 14. Jh. stammen der Palazzo Pretorio und der über Eck gebaute Palazzo del Provveditore, beide unter Cansignorio della Scala erbaut. Der Palazzo Municipale, in

Riva erleben

AUSKUNFT

APT
Largo Medaglie d' Oro al V.M. 5
I-38066 Riva del Garda, TN
Tel. 04 64 55 44 44
www.gardatrentino.it
www.gardatrentino.de

EINKAUFEN

Jeweils am 2. und am 4. Mittwoch im Monat gibt es einen Wochenmarkt.

ÜBERNACHTEN

1 *Lido Palace* €€€€
Viale Carducci 10, 38066 Riva del Garda
Tel. 04 64 02 18 99
www.lido-palace.it
Das neueste Fünf-Sterne-Haus am Lago ist eines der besten Hotels, wenngleich die Architektur, die Tradition (das Haus stammt von 1900) und Moderne vereint, Geschmackssache ist. Perfekter Service, aller Komfort, Top-Küche und Top-Spa.

2 *Hotel Luise* €€€
Viale Rovereto 9, I-38066 Riva del Garda
Tel. 04 64 55 08 58
www.hotelluise.com
Das traditionsreiche und familiär geführte Haus liegt in Seenähe. Es hat 67 Zimmer, Restaurant, Bar und Weinkeller, außerdem gibt es einen Pool, Kinderspielplatz, Liegewiese und Tennisplatz.

3 *Ambassador Suite Hotel* €€€
Via Longa 16, I-38066 Riva del Garda
Tel. 04 64 55 03 58
www.ambassadorsuite.it
Ein hochmoderner Hotelbetrieb in Seenähe mit komfortabel ausgestatteten 40 Zimmern und Suiten, Bar, Swimmingpool, Whirlpool und Tiefgarage

4 *Agriturismo Eden Marone* €€
Via Marone 11, I-38066 Riva
Tel. 04 64 52 15 20
www.eden-marone.net
Hier wohnt man inmitten von Olivenbäumen und Weinreben, also etwas außerhalb des Ortes. Die vielen Stammgäste stört das nicht, denn sie buchen für einen geruhsamen Urlaub gleich Halbpension.

ESSEN

1 *Vecchia Riva* €€€
Via Bastione 3
Tel. 04 64 55 50 61
Di. geschl.
Das Lokal gehört zu den teuersten der Stadt. Dafür bekommt man hier auch viel geboten. Wunderbar schmecken die diversen Fischgerichte wie »Salmerino« (Lachsforelle) oder »Scaloppa di orata« (Scheibe von der Goldbrasse).

2 *Al Volt* €€
Via Fiume 73
Tel. 04 64 55 25 70
Mo. geschl.
Das elegante Restaurant wird sehr souverän von Maurizio Poli und seiner Frau Silvana geführt. Eine besondere Spezialität des Hauses sind die deliziös zubereiteten Lammkoteletts mit Thymian.

3 *Locanda Restel de Fer* €€€
Restel de Fer 10
Tel. 04 64 55 34 81
Dieses Ristorante tipico liegt versteckt, wirkt unscheinbar und hat einen schönen Garten. Auf der Karte stehen wirklich typische Gerichte und die Weinkarte ist hervorragend. Carne Salada gibt es bei den Meneghellis mit Auberginen.

Riva del Garda

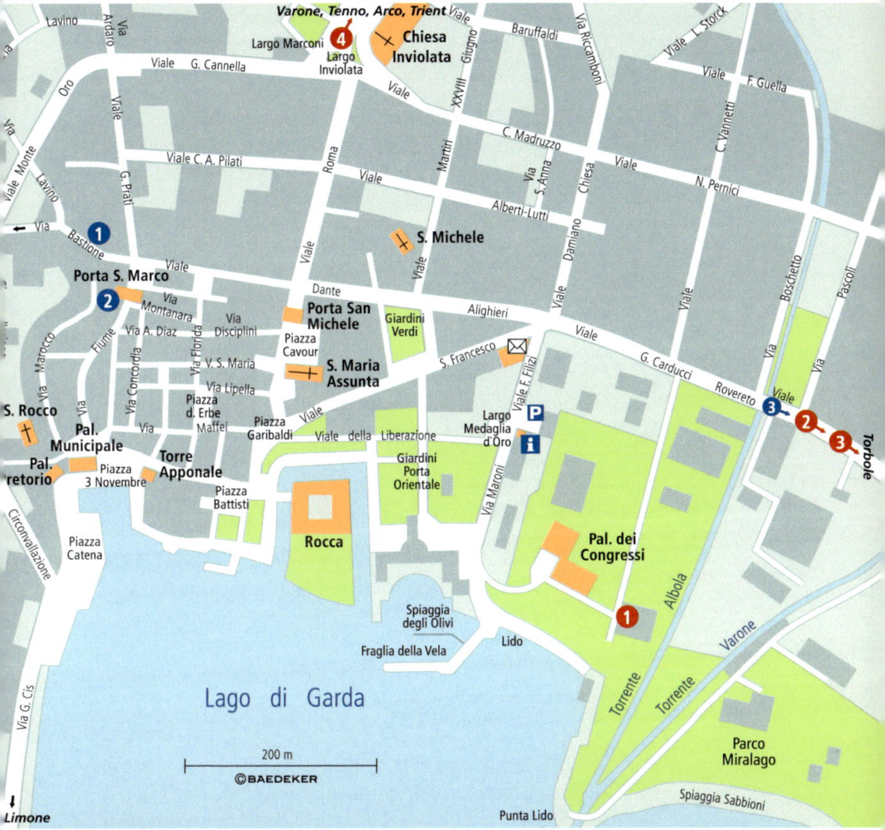

Übernachten
1. Lido Palace
2. Hotel Luise
3. Ambassador Suite Hotel
4. Agriturismo Eden Marone

Essen
1. Vecchia Riva
2. Al Volt
3. Restel de Fer

dem die venezianischen Gouverneure residierten, wurde im 15. Jh. angefügt. An den Wänden des Laubengangs sind zahlreiche, bis zu 2000 Jahre alte Tafeln mit Inschriften aus den Zeiten der Römer und Skaliger angebracht, eine davon dokumentiert die Rechte der Juden in Riva. Durch den Gang und ein zinnenbekröntes Stadttor (Porta Bruciata) kommt man auf die kleine **Piazza Rocco**; rechter Hand kann man in die offene Apsis der früheren Kirche San Rocco sehen.

***Torre Apponale** An der Ostseite des Platzes ragt etwas schief die 34 m hohe Torre Apponale auf, von der Friedrich Nietzsche so begeistert war, dass er sich wünschte, sein Leben darin als Eremit beschließen zu können. Allerdings diente der Uhrturm ganz unromantischen Zwecken, er war Teil der Stadtmauer, die im 13. Jh. zur Verteidigung errichtet wurde.

Rocca (Museo Civico) Die Rocca östlich der Torre Apponale steht mitten im Grünen auf einer kleinen, von Wassergräben umgebenen Insel. Sie wurde 1124 von den Skaligern erbaut und im letzten Jahrhundert von den Österreichern umgebaut und als Kaserne genutzt. Das darin eingerichtete Museo Civico zeigt archäologische Funde der Region und besitzt eine Pinakothek mit Gemälden des 16. – 20. Jahrhunderts.

ⓘ März – Sept. Di. – So 10.00 – 18.00 Uhr; Eintritt: 2 €

Santa Maria Assunta In der mit Fresken, Gemälden und Stuck ausgestatteten Pfarrkirche Santa Maria Assunta (1728) an der Piazza Cavour ist die dritte Kapelle rechts von einer Kuppel überwölbt, die Giuseppe Alberti mit einer Himmelfahrt Mariens bemalt hat.

***Chiesa dell' Inviolata** Ein Spaziergang durch die Straßen der Altstadt sollte auch zur »Kirche der Unberührten«, dem **kunsthistorisch bedeutendsten Bauwerk von Riva** führen. Die Chiesa dell' Inviolata wurde Anfang des 17. Jh.s von einem unbekannten portugiesischen Architekten über achteckigem Grundriss errichtet. Die äußerlich schmucklose Kirche ist im Innern prächtig dekoriert. In der Sakristei stehen aufwändig gearbeitete Möbel, auch das Chorgestühl ist beachtenswert.

Bastion Etwa 200 m über der Stadt ragt aus den Baumwipfeln am Hang des Monte Rocchetta ein Rundturm heraus, der einzige Überrest der venezianischen Festung, die 1703 von den Franzosen zerstört wurde. Nach dem angenehmen Aufstieg – 30 Minuten zu Fuß mit Bänken am Wegesrand für kleine Pausen – kann man auf der **Aussichtsterrasse eines Restaurants** eine Rast einlegen. Von hier geht es weiter zu der 625 m hoch gelegenen Kapelle Santa Barbara (weitere 1,5 Std.). Sie wurde 1935 von den Bergleuten erbaut, die sich nach Vollendung des Wasserkraftwerks Ponale dafür bedankten, dass bei dem schwierigen Bau so wenig passiert war. Santa Barbara wird von den Rivanern mindestens einmal im Jahr besucht. Und immer sonntags gibt es gegen eine kleine Spende Polenta in der nahen Capanna Sociale Santa Barbara. Die unübersehbaren riesigen Rohre, die den Hang des Monte Rocchetta hinabführen, leiten das Wasser des Flusses Ponale vom ►Lago di Ledro zum Wasserkraftwerk von Riva.

Promenade Man kann am Ufer entlang bis zum Monte Brione auf einer schönen Promenade spazieren, vorbei an kilometerlangen Stränden und gepflegten Liegewiesen, Lokalen und Campingplätzen.

Die Piazza Tre Novembre mit Palazzo Municipale und Torre Apponale

UMGEBUNG VON RIVA

Eldorado für Sportler

Die alte Pregasina-Straße zum Lago di Ledro ist seit 1990 für den Autoverkehr geschlossen und seit 2000 ein wunderbarer Fuß- und Radweg. Die Schotterstraße, auch Ponale genannt, bietet atemberaubende Blicke – viele **Mountainbike-Fahrer** zählen sie zu den Top-10-Strecken in Europa. Zu den Top-Windplätzen für **Windsurfer** und **Kiter** gehört die Seefläche auf Höhe vom Hotel Pier an der Località Gola (www.pierwindsurf.it).

***Cascata Varone**

An der SS 421 in Richtung Lago di Tenno liegt Varone, wo sich der Eingang zu einer engen Schlucht befindet, in der der Wasserfall von Varone fast 100 m ins Tal stürzt. Der Zugang zu dem **Naturspektakel** über Treppen und Fußpfade wurde schon im vergangenen Jahrhundert eröffnet. Das Wasser, das aus dem 8 km entfernten Lago di Tenno kommt, frisst sich seit 20 000 Jahren jährlich 4 mm tiefer in das Kalkgestein der Klamm. In der 98 m hohen Schlucht kann man das Naturschauspiel von zwei Plattformen aus bewundern. Mit festen Schuhen und Regenschutz ist man dabei gut bedient!

❶ März / Okt. tgl. 9.00 – 17.00; Apr. / Sept. bis 18.00, Mai – Aug. bis 19.00 Uhr; Eintritt: 4 €; www.cascata-varone.com

Türkisblaues Wasser: der Lago di Tenno inmitten von Bergen

***Canale del Monte**

In endlosen Serpentinen windet sich die Straße von Varone hoch nach Cologna, Canale del Monte und Tenno. In der Gemeinde Villa del Monte nimmt man die Abfahrt nach Tenno und erreicht das hübsche Dorf Canale. Schlendert man durch die stillen Gassen der mittelalterlichen Ansiedlung mit Häusern aus hellen Bruchsteinen, kommt man an zwei Museen vorbei: Das **Landwirtschaftsmuseum** (Museo degli Attrezzi Agricoli) stellt Ackergeräte und Utensilien von Handwerkern aus früheren Zeiten aus. Die sehenswerte, verwinkelte **Casa degli Artisti G. Vittone** gleich gegenüber ist Künstlern vorbehalten, die hier zeitweise leben, arbeiten und während der Sommermonate auch ausstellen.

Museo degli Attrezzi Agricoli: 15. Juni – 15. Sept. tgl. 10.00 – 12.00 u. 15.00 – 19.00 Uhr

***Tenno**

In 428 m Höhe liegt das lang gezogene Dorf Tenno. Die Häuser innerhalb der alten Stadtmauer gruppieren sich um ein kleines, mittelalterliches Kastell (heute Privatbesitz). Ein Bummel durch die hübschen Gassen lohnt sich. Fresken aus dem 12. und 14. Jh. birgt die romanische Kirche San Lorenzo. Hat man Tenno hinter sich gelassen, erreicht man nach einigen Hundert Metern das Hotel Lago di Tenno. Neben dem Hotel führt eine Treppe hinunter zum **Lago di Tenno**, der türkisblau in dicht bewaldete Berge eingebettet ist.

★ Rovereto

östl. von S 1

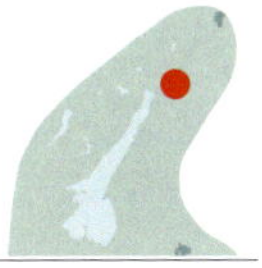

Höhe: 212 m ü. d. M.
Einwohnerzahl: 39 000

Noch immer gilt Rovereto als »heimliche Hauptstadt des Trentino«, obwohl die Glanzzeiten lange vorbei sind. Venezianische Lebensfreude scheint die Maxime zu sein und deshalb werden Fremde hier sehr herzlich willkommen geheißen.

Einen wirtschaftlichen und kulturellen Höhepunkt hatte Rovereto im 17./18. Jh.: Damals entwickelte sich mit einer florierenden Seidenindustrie ein kapitalkräftiges, selbstbewusstes Bürgertum, das sich auch in literarischen Salons und intellektuellen Zirkeln zusammenfand. Hier wurde mit dem Teatro Riccardo Zandonai **das erste Theater des Trentino** gebaut und die erste Zeitung der Provinz herausgegeben. Noch heute zeugen in der Altstadt alte Palazzi und Bürgerhäuser im Stil der Renaissance und des Barock vom Wohlstand dieser Zeit. Beeindruckend ist die mächtige Festung, die oberhalb der Altstadt auf einem Felsen thront. Sie ist Teil einer Kette von Burgen, die das Tal der Etsch säumen. Die Etsch fließt fast parallel zum östlichen Gardaseeufer von Trient im Norden bis Verona im Süden. Rovereto liegt am östlichen Ufer der Etsch hoch im Norden des Gardaseeraums. Dieser Teil des Etschtals, das Lagarinatal, ist abwechslungsreicher und freundlicher als der nördlich von Trient gelegene. Hier werden Wein und Obst angebaut, am Fuß der Berge liegen Dörfer und kleine Städte.

> **! BAEDEKER TIPP**
>
> *Stararchitektur*
>
> Das Museo d' Arte Moderna e Contemporanea di Trento e Rovereto, kurz MART genannt, wurde von dem Tessiner Stararchitekten Mario Botta entworfen und zeigt über 7000 Werke moderner Kunst (Corso Bettini 43, Di. – So. 10.00 – 18.00, Fr. bis 21.00 Uhr, Tel. 0 46 44 38 87; Eintritt: 10 €; www.mart.trento.it).

Geschichte

Im 13. und 14. Jh. wurden im Lagarinatal zahlreiche Burgen errichtet, viele auf den Resten bereits bestehender Befestigungen. Auf den Grundmauern eines Vorgängerbaus ließ im 14. Jh. die mächtige Familie Castelbarco auch in Rovereto eine Burg hochziehen. Das heutige Aussehen verdankt sie aber den Venezianern, die die **Burg** im 15. Jh. in eine mächtige Festungsanlage verwandelten, eine der ersten, die auch modernen Schusswaffen standhalten konnte. Nachdem Napoleon seine Truppen Ende des 18. Jh.s in der Burg stationiert hatte, diente sie im 19. Jh. als Armenhaus und Gefängnis und von 1859 – 1918 als österreichische Kaserne. In ihren Mauern wurde 1921 ein Kriegsmuseum eröffnet.

Highlights Rovereto

- **Teatro Riccardo Zandonai**
  Das Barocktheater mit vier Rängen war das erste Theater im Trentino.
  Seite 219

- **Castel Beseno**
  Schon von Weitem als größte Befestigungsanlage des Trentino erkennbar
  Seite 223

- **MART**
  2002 eröffnete das spektakulärste Kunstmuseum in der Gardaseeregion.
  Seite 219

- **Friedensglocke Maria Dolens**
  Sie wurde aus Kanonen der am Ersten Weltkrieg beteiligten Staaten gegossen und dient als Mahnmal und hörbares -signal gegen alle Kriege.
  Seite 223

- **Castello di Rovereto**
  In der um 1300 gebauten Festung ist auch Italiens größtes Kriegsmuseum beheimatet. Von der Aussichtsterrasse hat man eine tolle Aussicht.
  Seite 221

Die Blütezeit der Stadt begann im 16. Jh. mit der **Seidenspinnerei.** Schon zuvor hatte man Maulbeerbäume für die Seidenraupenzucht angepflanzt. Äußere Zeichen des Aufschwungs sind die prächtigen Gebäude, die im 17. / 18. Jh. um die Piazza Malfatti und die Piazza Erbe und in den angrenzenden Straßen gebaut wurden. Im 18. Jh. war Rovereto mit seinen Betrieben zur Seidenherstellung und -färbung das größte Industriezentrum des Trentino. Antonio Graf Rosmimi-Serbati, der aus Rovereto stammte, gründete 1828 eine Priesterkongregation für Seelsorge und Unterricht **(Rosminianer)**. Im Ersten Weltkrieg verlief hier die Front zwischen Österreichern und Italienern, die sich in einem Stellungskrieg jahrelang bekämpften.

SEHENSWERTES IN ROVERETO

Altstadt Die Altstadt zieht sich den Hang des Monte Finonchio zum Kastell hinauf. Die engen Gassen und kleinen Plätze sind von hohen Gebäuden aus dem Mittelalter, der Renaissance und dem Barock gesäumt. Man kann einen Bummel im Nordwesten an der hübschen **Piazza Battisti** mit dem Neptunbrunnen beginnen und vom Platz aus eine der zwei fast parallel verlaufenden Hauptgassen nehmen: Die schräg nach links abknickende Via della Terra führt durch das Stadttor San Marco zur **Piazza San Marco** mit der gleichnamigen Kirche und weiter durch das Tor des **Stadtturms Torre Civica**. Die nach rechts führende Via Mercerie, die in die Via dei Portici übergeht, führt am Mozarthaus, an der Piazza Erbe und an der Piazza Malfatti vorbei. Beide Gassen treffen beim venezianischen Rathaus zusammen.

Rovereto erleben

AUSKUNFT

APT
Corso Rosmini 6
I-38068 Rovereto
Tel. 04 64 43 03 63
www.visitrovereto.it

ÜBERNACHTEN

Relais Palazzo Lodron €€€
Via Conti Lodron 5
I-38060 Nogaredo
Tel. 04 64 41 31 52
www.relaispalazzolodron.it
Etwa 4 km außerhalb des Zentrums von Rovereto lohnt eine Nacht in einem kleinen Relaishotel, eingerichtet in einem äußerlich nahezu unveränderten Palast aus dem 16. Jh., der noch im Besitz der Grafenfamilie Lodron ist. Die Zimmer verfügen über allen modernen Komfort.

ESSEN

Locanda D & D Maso Sasso €€
Via Maso 2
Sasso di Nogaredo
Tel. 04 64 41 07 77
Nur einen Katzensprung vom Palazzo Lodron entfernt verwöhnt diese Locanda mit hausgemachter Pasta, Brot und Kuchen. Alles andere kommt von der nahen Umgebung und ist Bio: ein Landgasthof im Wortsinn.

Palazzo Todeschi-Micheli

In der Via Portici 14 gab Wolfgang Amadeus Mozart mit 13 Jahren sein erstes Konzert in Italien (1769). Im Palazzo Todeschi-Micheli hat heute der städtische **Mozart-Verein** seinen Sitz, der u. a. das jedes Jahr im September stattfindende internationale Mozart-Festival in Rovereto organisiert.

San Marco

Die barocke Kirche San Marco am gleichnamigen Platz wurde im 16. Jh. errichtet. Ein gewaltiges Tonnengewölbe überspannt den Kirchenraum, dessen Stuckdekor erst um 1900 hinzugefügt wurde.

***Castello (Museo Storico Italiano della Guerra)**

Von der Piazza Podestà mit dem Rathaus kommt man hinauf zur Burg, die auf einem Fels oberhalb des historischen Zentrums steht. Eine mächtige Wehrmauer umgibt die Anlage, an deren Ecken die Venezianer drei große Bastionen setzten.
Seit 1921 ist in der Festung das Kriegsmuseum (Museo Storico Italiano della Guerra) untergebracht, das größte dieser Art in Italien. Die Exponate informieren über die Kriege vom 19. Jh. bis zum Zweiten Weltkrieg und geben einen Überblick über die Entwicklung der Waffen und Armeeausrüstungen verschiedener Länder. Der Schwerpunkt liegt auf dem Ersten Weltkrieg, der nicht nur mit Waffen und Geschützen, Uniformen, Sanitätszubehör und Gasmasken dokumentiert ist, sondern auch mit Fotos, Zeitungsartikeln, Briefen, Propagandazeichnungen etc.
❶ Di. – So. 10.00 – 18.00, Juli, August Di. – Fr. 10.00 – 18.00, Sa., So. bis 19.00 Uhr; Eintritt: 7 €; www.museodellaguerra.it

Casa d' Arte Futurista Depero Unterhalb der Burg befindet sich das **einzige futuristische Kunstmuseum Italiens**, das dem Trentiner Künstler Fortunato Depero (1892 – 1960) gewidmet ist. Ein Teil der aus 3000 Gemälden, Wandteppichen, Plastiken, Plakaten, Spielzeug und Möbelstücken bestehenden Sammlung ist hier zu besichtigen.

ⓘ Via Portici 38; Di. – So. 10.00 – 18.00 Uhr; Eintritt: 7 €; www.mart.trento.it

Museo Civico Das Städtische Museum Roveretos besitzt neben einer archäologischen Abteilung auch eine große **Sammlung naturwissenschaftlicher Exponate.** Dazu zählen mineralogische Funde; eine paläontologische Abteilung mit mehr als 7000 Fossilien, u. a. mit versteinerten Krokodilen und nachgebildeten Dinosauriern, sowie eine zoologische Sammlung. Ein historisches und ein neuzeitliches Herbarium führen in die Pflanzenwelt der Region Trentino ein. Im dritten Stock ist eine Sammlung untergebracht, in der ausgestopfte Hühner mit drei Beinen, ein Kalb mit zwei Köpfen und Darstellungen von Kannibalen zu sehen sind. Angeschlossen ist ein Planetarium.

ⓘ Borgo S. Caterina 41, Di. – So. 9.00 – 12.00, 15.00 – 18.00, Juli – Okt. Fr., So. auch 20.00 – 22.00 Uhr; Eintritt: 5 €

Santa Maria delle Grazie Die barocke Kirche in der Via Vannetti, ein achteckiger Zentralbau mit einer großen Kuppel, wurde 1728 von Andrea Colomba erbaut.

Die größte Festung des Trentino: Castel Beseno

UMGEBUNG VON ROVERETO

Friedensglocke Maria Dolens, Ossario del Castel Dante

Auf dem Hügel Miravalle oberhalb von Rovereto erinnert die Friedensglocke Maria Dolens – auch Campana dei Caduti (Glocke für die Gefallenen) genannt – jeden Abend bei Sonnenuntergang an die Kriegsopfer. Sie wurde 1924 und dann nochmals 1964 in Trient aus der Bronze von Kanonen aus dem Ersten Weltkrieg gegossen. Sie gehört zu den größten und mit mehr als 22 t auch schwersten frei hängenden Glocken der Welt. Angeschlossen ist eine **Gedenkstätte**.
2 km südlich erhebt sich auf einem zweiten Hügel das größte **Beinhaus** (Ossario del Castel Dante) für Gefallene des Ersten Weltkriegs in Italien. Es birgt die sterblichen Überreste von 20 000 italienischen, österreichischen, tschechischen, slowakischen und ungarischen Soldaten.

Gedenkstätte / Friedensglocke: Nov. – Feb. tgl. 9.00 – 16.30, März, Okt. bis 18.00, April – Sept. bis 19.00 Uhr. Vom 15. Juni – 15. Sept. abendliche Öffnung, um den 100 Schlägen der Glocke um 21.30 Uhr lauschen zu können, ansonsten läutet sie So. um 12.00 Uhr; Eintritt: 3 €

Piste dei Dinosaur

Der Weg zu den **Spuren von Hunderten von Dinosauriern**, die 4 km südöstlich von Rovereto zu sehen sind, ist ausgeschildert. Mehr als 200 Mio. Jahre alt sind die bis zu 6 m langen Abdrücke, die die Saurier im Kalkgestein hinterlassen haben. Um zu dem Pfad mit den Spuren zu gelangen, folgt man zunächst den Schildern zum Ossario del Castel Dante.

❶ Das Museo Civico bietet Sa. u. So. kostenlose Führungen an:
Tel. 04 64 43 90 55

Radtour

Eine schöne 18 km lange Radtour kann man von Rovereto in nördlicher Richtung bis Nomi unternehmen. Man fährt von Rovereto durch den Vorort Sacco, nimmt die Brücke über die Etsch und erreicht, nachdem man die Autobahn auf einer Fußgängerbrücke überquert hat, **Isera** mit einem kleinen alten Ortskern und einem Ansichtskartenmuseum (Museo della Cartolina; Via della Terra 53). Weiter geht es nach Marano und Brancolino, einem Ortsteil von Nogaredo, dessen Zentrum weiter nördlich liegt, und schließlich nach **Villa Lagarina**, der wichtigsten Stadt dieser Region. Über Piazza und Pomarolo kommt man nach Nomi, wo man die Etsch überqueren und am anderen Ufer nach Rovereto zurückfahren kann.

***Castel Beseno**

Auf den Hügeln des Lagarina-Tals südlich von Rovereto stehen Dutzende von Burgen, die meist im 13./14. Jh. errichtet wurden. Die größte unter den Trentiner Burgen ist das Castel Beseno (11 km nördlich von Rovereto), eine gewaltige Befestigungsanlage aus dem 12. bis 15. Jh., die mit drei mächtigen Bastionen, acht Toren und mehreren Innenhöfen ausgestattet ist. In der Residenz der Burgherren ist ein Freskenzyklus aus dem 15. Jh. besonders sehenswert. Man erreicht die Burg zu Fuß vom Ort Besenello aus (20 Min.) oder vom Parkplatz, der 400 m vom Kastell entfernt liegt.

ⓘ Mai – Nov. Di. – Do. 10.00 – 18.00 Uhr; Eintritt: 5 €

**Castello di Sabbionara

Etwa 20 km südlich von Rovereto kann man die Burg Sabbionara bei Avio besichtigen. Um einen älteren Bergfried herum entstand um 1300 die mächtige, dreifache Befestigungsmauer, die sich den Berg hinunterzog, und die Residenz des Burgherrn. Interessant sind vor allem das Wächterhaus (Casa delle Guardie) und der Bergfried. Ersteres wurde um 1350 von einem Veroneser Meister mit einem großen Freskenzyklus ausgemalt, der in recht drastischen Bildern die **mittelalterlichen Kampftechniken** darstellt. Ganz anders dagegen die Fresken im Bergfried, in dessen oberstem Stockwerk (Camera d' Amore) die Wände mit **höfischen Liebesszenen** bemalt sind.

ⓘ Feb. – Sept. Mi. – So. 10.00 – 18.00; Okt. – Dez. bis 17.00 Uhr; Eintritt: 5 €

** Salò

B / C 18

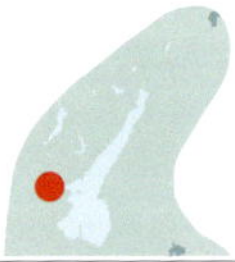

Höhe: 75 m ü. d. M.
Einwohnerzahl: 11 000

Die größte Stadt am Westufer des Gardasees liegt windgeschützt zu Füßen des mit Weinreben, Lorbeer- und Olivenbäumen bewachsenen, 569 m hohen Monte San Bartolomeo.

An einer großen Bucht

Salò hat einen guten Ruf nicht nur als **vielseitige Einkaufsstadt**, sondern auch als eleganter Urlaubsort mit altehrwürdigem Flair. Entlang der sanft geschwungenen großen Bucht verläuft die ungewöhnlich lange Uferpromenade der Stadt, die von farbenprächtigen Palazzi mit Laubengängen gesäumt wird. Hinter der Promenade erstreckt sich zwischen dem Uhrturm und der Piazza Carmine die Altstadt, in der es viele, teilweise recht exklusive Geschäfte gibt.

Berühmte Einwohner Salòs waren der **Maler Zenon Veronese** (1484 – 1554) und der **Geigenbauer Gaspare Bertolotti** (1540 bis 1609), der den Violinen ihre heutige Form gab.

Nicht erst unter den Venezianern (1405 – 1797) war Salò das politische Zentrum des Westufers; schon unter den Römern und dann unter den Mailänder Visconti (14. Jh.), die Salò zu einem ihrer Verwaltungssitze machten, war die Stadt der Dreh- und Angelpunkt der westlichen Uferregion. 1901 fiel Salò einem schweren Erdbeben zum Opfer. In den folgenden Jahren wurde der alte Stadtkern komplett wiederaufgebaut, wobei man eine neue Uferpromenade anlegte, die nun auf Pfeilern im See steht.

Am Lungolago von Salò reihen sich altehrwürdige Häuser aneinander.

In die Schlagzeilen geriet die Stadt im Zweiten Weltkrieg, als sie 1943 bis 1945 **Sitz der Repubblica Sociale Italiana** war, der mit deutscher Hilfe errichteten letzten faschistischen Regierung Italiens. Vorausgegangen war 1943 die Verhaftung Benito Mussolinis (►Berühmte Persönlichkeiten). In einer riskanten Aktion wurde er daraufhin im Auftrag Hitlers aus seinem Gefängnis in den Abruzzen befreit und als Chef einer Marionettenregierung eingesetzt, die in Salò und Gargnano ihren Sitz hatte. In Salò wurden das Kulturministerium und im heutigen Hotel Laurin das Außenministerium eingerichtet. Im April 1945 wurde Salò von den Alliierten, die am Ostufer standen, beschossen; am 29. April floh Mussolini an den Comer See, wo er und seine Geliebte wenig später von Partisanen ermordet wurden.

SEHENSWERTES IN SALÒ

**Uferpromenade Lungolago Zanardelli

Einen Besuch der Stadt beginnt man am besten mit einem Bummel über die großzügige, von Kastanien und Palmen bestandene Uferpromenade Lungolago Zanardelli. Durch den leichten Bogen, in dem sich die Promenade an die Bucht schmiegt, hat man stets die lange Reihe von **herrlichen Palästen** mit ihren bunten Fassaden und Laubengängen im Blick. Bemerkenswert sind der Palazzo del Podestà und der Palazzo della Magnifica Patria sowie das Jugendstilgebäude Nr. 51, in dem ein Eiscafé eingerichtet ist. Von den Cafés und Restaurants an der Promenade kann man das Treiben zu Wasser und zu Lande beobachten.

Salò erleben

AUSKUNFT

IAT
Lungolago Zanardelli 52
I-25087 Salò, BS
Tel. 0 36 52 14 23
www.comune.salo.bs.it

EINKAUFEN

In Salò kann man samstags auf einen schönen Wochenmarkt gehen und Obst, Gemüse etc. ganz frisch kaufen.

ÜBERNACHTEN

❶ *Duomo* €€
Lungolago Zanardelli 63, I-25087 Salò
Tel. 0 36 52 10 26
www.hotelduomosalo.it
Fantastische Lage, zum Teil mit antiken Möbeln eingerichtete Zimmer mit Balkon, Sauna und sehr gutes Restaurant

❷ *Panoramica* €
Via del Panorama 28, I-25087 Salò
Tel. 0 36 54 12 69
www.hotelpanoramica.com
10 Zimmer. Das preisgünstige Hotel liegt etwas außerhalb des Ortes und bietet einen tollen Ausblick.

ESSEN

❶ *La Campagnola* €€€
Via Brunati 11
Tel. 0 36 52 21 53
Mo. geschl.
In der »Campagnola« sollte man Fisch aus dem Gardasee probieren: Forelle, Schleie, Hecht oder Renke. Außerdem gibt es eine reiche Auswahl an Fleischgerichten und Gemüse.

❷ *Cantina Santa Giustina* €€
Salita Santa Giustina 8
(Richtung Polpenazze del Garda)
Tel. 03 65 52 03 20
Mo. und mittags geschl.
Mario di Feltre bereitet in seiner Cantina liebevoll die ausgesuchten und frisch aufgeschnittenen Piatti zu. Ob Wurst-, Käse-, Fisch- oder Gemüseteller, alles wurde sorgsam ausgewählt.

Palazzi

Im ***Palazzo del Podestà** (14. Jh.) ist heute das Rathaus untergebracht. Neben dem Arkadengang und der venezianischen Fassade, die dem Gebäude im Nachhinein vom berühmten Architekten Sansovino (1486 – 1570) vorgesetzt wurde, ist vor allem das Fresko an der Decke des Treppenhauses sehenswert. Der **Arkadengang** verbindet das Gebäude mit dem **Palazzo della Magnifica Patria** (1524), in dem einst der venezianische Statthalter residierte.

****Duomo S. Maria Annunziata**

Der Dom Santa Maria Annunziata ist das **bedeutendste Bauwerk der Spätgotik am Gardasee**. Seine Errichtung zog sich über 50 Jahre hin (1453 – 1502), deshalb sind neben spätgotischen auch Renaissance-Stilelemente zu finden. Seine unscheinbare Backsteinfassade blieb unvollendet; auffallend ist nur das marmorne Figurenportal. Die Ausstattung erfolgte durch Künstler aus Brescia und Venedig, die illusionistische Langhausbemalung stammt von Tommaso Sandrini.

Salò

Übernachten
1 Duomo 2 Panoramica

Essen
1 La Campagnola 2 Cantina Santa Giustina

Die **zehn barocken Seitenkapellen** wurden erst im 16. Jh. angebaut und enthalten kostbare Kunstwerke. Die erste Seitenkapelle rechts zeigt eine figurenreiche Grablegung. Paolo Veneziano (1300 – 1362) schuf das gotische Holzretabel in der zweiten Kapelle links. Darüber hängt ein Tafelbild (1484 – nach 1559) von Romanino. An der Zwischenwand zur dritten Kapelle ist ein einzigartiges Meisterwerk dieses Brescianer Malers zu sehen: »Hl. Antonius von Padua«. Es zeigt rechts unterhalb des Heiligen auch den Stifter des Bildes – offensichtlich verband den Maler wenig Sympathie mit seinem Auftraggeber, denn von dem verdrossen dreinblickenden Mann wenden sich sogar die Engel ab. In der vierten Kapelle links hängt ein Gemälde des Brescianer Künstlers Moretto (um 1498 – 1554). Den **Chor** flankieren rechts eine »Geburt Christi« von Zenon Veronese von 1520, links eine »Anbetung der Könige« von Andrea Celesti. Im Chor steht ein prunkvoller spätgotischer Altaraufsatz. Das Chorgewölbe wurde wie die Wände des Presbyteriums von Palma il Giovane (1544 – 1628) freskiert. Unter dem Triumphbogen hängt ein spätgotisches Kruzifix (1449) von Hans von Ulm. Das fantasievolle Deckenfresko in der Sakramentskapelle rechts vom Chor malte Giovanni Battista Trotti.

Museo del Nastro Azzurro

Im Museo del Nastro Azzurro sind Zeugnisse aus der Napoleonischen Zeit, aus dem Unabhängigkeitskrieg und aus dem Ersten und Zweiten Weltkrieg zu sehen. Waffen, Uniformen, Briefe, Kupferstiche und Fotografien dokumentieren die Kriegszeiten.

Via Fantoni 49; Sa., So. 10.00 – 12.00, 15.00 – 18.00 Uhr; www.museonastroazzurro.it

San Giovanni

Die im Gassengewirr der Altstadt versteckte, unauffällige und kleine Kirche San Giovanni birgt im barocken Innern ein bedeutendes Tafelbild, das über dem Hochaltar zu finden ist: Der Renaissancemaler Zenon Veronese (1484 – 1554) hat darauf die Enthauptung Johannes' des Täufers dargestellt und diese in eine typische Gardaseelandschaft eingebettet.

UMGEBUNG VON SALÒ

Wanderung

Eine schöne Wanderung, die man am besten im Osten Salòs in der Via San Bartolomeo beginnt, führt auf den Hausberg Monte Bartolomeo (568 m).

Barbarano

Im Ortsteil Barbarano, 2 km nordöstlich, steht der große **Palazzo Martinengo-Terzi** (1577), eine Dreiflügelanlage im Stil der Spätrenaissance (Privatbesitz). Prachtvoll ist insbesondere die Seeseite. Auf der der Gardesana gegenüberliegenden Seite zieht sich der Park der Villa den Hang hinauf.

Via Panoramica

►Gardone Riviera, Umgebung

San Felice del Benaco

D 19

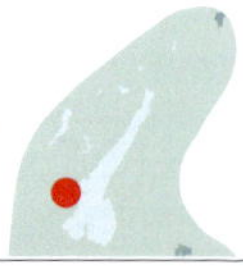

Höhe: 119 m ü. d. M.
Einwohnerzahl: 3000

Valtenesi nennt sich die sanfte Hügellandschaft, die sich von Desenzano bis Salò im Südwesten des Gardasees zieht und als Wein- und Olivenanbaugebiet bekannt ist. Auf einer kleinen Erhebung in der Valtenesi liegt San Felice del Benaco.

Im Zentrum der Halbinsel San Fermo

San Felice del Benaco, in dem Landwirtschaft eine ebenso große Rolle wie der Tourismus spielt, ist das Zentrum der Halbinsel San Fermo. Der Name des Städtchens erinnert an die lateinische Bezeichnung des Gardasees, Lacus Benacus. Zur Gemeinde San Felice gehört seit 1928 auch das nördlich gelegene Örtchen Portese.

San Felice del Benaco erleben

AUSKUNFT
Comune di San Felice del Benaco
Piazza Municipio 1
I-25010 San Felice del Benaco, BS
Tel. 0 36 56 25 41
www.comune.sanfelicedelbenaco.bs.it

EINKAUFEN
Mittwochs ist in San Felice del Benaco Markttag.

ÜBERNACHTEN
Hotel San Filis €€
Via Marconi 5
I-25010 San Felice del Benaco
Tel. 0 36 56 25 22
www.sanfilis.it
Familiär geführtes Hotel mit 26 Zimmern, eingerichtet in einer alten Gardaseevilla in zentraler Lage im Ort. Zum Haus gehören ein Garten mit Pool und ein Restaurant, in dem man gute Gardaseeküche bekommt – am schönsten sitzt man in dem Patio.

ESSEN
Piccolo Grill €€€
Via Cesare Battisti 4
Tel. 0 36 56 24 62
Mi. geschl.
Gutes Restaurant, in dem es regionale Brescia-Küche und Grillspezialitäten gibt

SEHENSWERTES IN SAN FELICE DEL BENACO UND UMGEBUNG

Ortszentrum

Im Kern des Städtchens thront die für den kleinen Ort erstaunlich große **Pfarrkirche** (18. Jh.) mit einer ovalen Kuppel. Das Altarbild stammt von Romanino. Nur noch als Ruine existiert die **Festung** (14. Jh.), von der die Natur seit Langem Besitz ergriffen hat. In 1 – 2 km Entfernung liegt der Hafen der Stadt, **Porto San Felice**.

***Santa Maria del Carmine**

Einen Abstecher sollte man unbedingt zu der südlich in den Weinbergen gelegenen Wallfahrtskirche Santa Maria del Carmine machen. Die äußerlich schlichte einschiffige Saalkirche (15. Jh.) wurde als Teil eines Karmeliterklosters erbaut. Im Innern ist sie reich mit Fresken verziert, die den **Übergang von der Spätgotik zur Renaissance** markieren, gut zu erkennen an der Scheinarchitektur mit antikisierenden Elementen. Ungewöhnlich ist die Häufung von Madonnen- und Heiligendarstellungen, womit wohl die fürsprechende und heilbringende Wirkung verstärkt werden sollte. Die geschnitzte Mariendarstellung »Patrona della Valtenesi« wird als wundertätig verehrt.

❶ tgl. 7.00 – 12.00, 15.00 – 19.00 Uhr

Isola del Garda

Dicht vor der Spitze der Landzunge San Fermo ragt die 1 km lange Isola del Garda, die größte Gardasee-Insel, aus dem Wasser. Früher stand ein Franziskanerkloster (1220 gegr.) auf der Insel, heute ist sie

Der Palazzo der Familie Borghese-Cavazza auf der Isola del Garda

in Privatbesitz der Grafen Borghese-Cavazza, die in einer traumhaften ***Villa** (1901) inmitten eines Parks residieren. Die Insel kann von Mai bis Oktober im Rahmen von zweistündigen Führungen besichtigt werden. Dabei werden Geschichte und Legenden der Insel erzählt und die italienischen und englischen Gärten besucht. Höhepunkt ist die Besichtigung von zwei Sälen der Villa mit anschließender Erfrischung auf der Terrasse. Abfahrt u. a. im Hafen von Gardone Riviera und von Garda.

❶ Eintritt: 25 € (Überfahrt, Führung, Erfrischung); Tel. 32 83 84 92 26; www.isoladelgarda.com

Portese Portese liegt wie San Felice auf einem Hügel (1,5 km nördlich), etwas weiter nördlich Porto Portese mit einigen Hotels und Ferienwohnungen. Einst gehörte der hübsche Hafenort zu den wichtigsten Fischereizentren am See. Ein langer Kiesstrand breitet sich ca. 2 km östlich aus. Von Porto Portese führt ein Weg die Küste entlang bis zur Landzunge San Fermo mit der gleichnamigen Kirche (15. Jh.).

** Sirmione

F 24/25

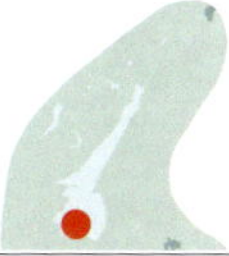

Höhe: 68 m ü. d. M.
Einwohnerzahl: 7500

Schon der römische Dichter Catull und Goethe priesen die Schönheit Sirmiones, einer kleinen Stadt, die bis heute zu den beliebtesten Zielen am Gardasee gehört. Der einstige Fischerort ist mittlerweile fast zu stark vom Tourismus geprägt – am besten kommt man in der Nebensaison.

*** Einzigartige Lage**

Traumhaft schön ist die Lage der Altstadt von Sirmione auf einer Insel, die nur durch eine Fußgängerbrücke mit der schmalen Landzunge verbunden ist, die 3,5 km in den See hineinragt. In die autofreie Altstadt geht es durch das Stadttor neben der Skaligerfestung, die sich mit ihren vielen zinnenbekrönten Türmen wie ein Riegel vor die Altstadt schiebt. Zu Recht zählt die Burg zu den **schönsten und besterhaltenen Wasserburgen Europas**. Dahinter öffnen sich die gepflasterten Altstadtgassen und kleinen Plätze, die von Palazzi und mittelalterlichen Steinhäusern mit Läden, Cafés und Trattorien gesäumt werden. Viele Hauswände und Balkone sind blumenüberwuchert. Hat man die Altstadt hinter sich gelassen, kommt man zu einer **Thermalanlage**, die von der Boiola-Quelle gespeist wird. Ihre heilende Wirkung hat Sirmione zu einem der wichtigsten Kurorte Norditaliens gemacht. Über einen Hügel gelangt man durch Olivenbaumhaine zur Nordspitze der Insel mit den Grotten des Catull, den berühmten Ruinen einer großen römischen Villa. Da die kleine Altstadtinsel für die Touristenströme nicht genügend Unterkunftsmöglichkeiten bieten kann, haben sich im Vorort Colombare am Beginn der Landzunge zahlreiche Hotels und Ferienwohnungen angesiedelt.

Geschichte

In römischer Zeit besaß der damals Sermio Mansio genannte Ort bereits zwei Häfen und ein Kastell an der Stelle der heutigen Skaligerburg. Die Langobarden bauten Kirchen und Klöster, die heute verschwunden sind; erst die Skaliger schufen vom 13. Jh. an wehrhafte Anlagen. Der römische Westhafen wurde damals zugeschüttet, dadurch entstand die Piazza Carducci. Ein grausames Massaker fand 1276 unter Mastino I. della Scala statt, als er die Anhänger der **Sekte der Patariner**, von denen viele in Sirmione lebten, ermorden ließ: Die Patariner waren eine in ganz Europa verbreitete, religiös und politisch engagierte Gemeinschaft, die sich gegen Reichtum und Macht der Kirchen und Klöster wandte und auch den Papst als kirchliches Oberhaupt ablehnte. Rund 400 Jahre lang (ab 1404) unterstand die Stadt den **Venezianern**. Der Tourismus setzte mit der 1889 wiederentdeckten heilkräftigen Wirkung der Boiola-Quelle ein.

Sirmione erleben

AUSKUNFT

IAT
Viale Marconi 2
I-25019 Sirmione, BS
Tel. 0 30 91 61 14
www.sirmione.de

EINKAUFEN

In Sirmione gibt es immer freitags einen Wochenmarkt.

ÜBERNACHTEN

❶ *Palace Hotel Villa Cortine* €€€€
Via Grotte 6
I-25019 Sirmione
Tel. 03 09 90 58 90
www.hotelvillacortine.de
Der luxuriöse Hotelbetrieb mit 56 Zimmern ist in einer altehrwürdigen Villa untergebracht. Wunderschön ist der dazugehörige Park mit altem Baumbestand. Die Ausstattung des Hauses ist exquisit; es gibt einen Pool, einen Tennisplatz und einen eigenen Strand.

❷ *Flaminia* €€€
Piazza Flaminia 8
I-25019 Sirmione, BS
Tel. 0 30 91 60 78
www.hotelflaminia.it
Das gepflegte Altstadthotel mit 45 Zimmern steht direkt am See und hat eine schöne Sonnenterrasse.

ESSEN

❶ *Vecchia Lugana* €€€€
Piazzale Vecchia Lugana 1
Tel. 0 30 91 90 12
Mo. und Di. geschl.
Das Restaurant, idyllisch direkt am See gelegen, hat sich vom einstigen Geheimtipp zu einer der besten Feinschmeckeradressen am Gardasee entwickelt. Große Küche und exzellenter Service an einem fantastischen Platz im Weinvorort Lugana.

❷ *Trattoria Antica Contrada* €€€
Via Colombare 23
Tel. 03 09 90 43 69
Mo. und Dienstagmittag geschl.
Restaurant der gehobenen Preisklasse. Die Trattoria bietet internationale Küche, darunter insbesondere hervorragende Fischgerichte. Vielseitige Weinkarte mit Schwerpunkt Norditalien.

SEHENSWERTES IN SIRMIONE

****Altstadt** An der Via Vittorio Emanuele, der Hauptgasse, reihen sich Eisdielen, Delikatessenläden und Boutiquen aneinander. Kurze Gassen, die sich z. T. zu kleinen Plätzen mit Seeblick öffnen, gehen nach links von der Via V. Emanuele ab; rechter Hand erstreckt sich ein **mittelalterliches Gassengewirr**. Die hübsche Piazza Carducci auf der linken Seite markiert die Umrisse eines römischen Hafens, der im 13. Jh. zugeschüttet wurde. Heute befindet sich hier die Anlegestelle für Fähren und Ausflugsboote.
Die Pfarrkirche **Santa Maria Maggiore** aus dem 15. Jh. steht an der Via Dante. Die Innenausstattung stammt aus dem 18. Jh., die Fres-

Sirmione

Übernachten
1 Palace Hotel Villa Cortine
2 Flaminia

Essen
1 Vecchia Lugana
2 Trattoria Antica Contrada

ken, aus denen die Kreuzigungsszene an der Südwand herausragt, aus dem 15. Jahrhundert. Sehenswert sind zudem der Marmoraltar und das geschnitzte Orgelprospekt. Nördlich der Kirche kommt man durch die Via Ansi del Langobardi zum Stadtpark.

****Skaligerburg** Vor der Altstadt ragen die zinnenbekrönten Türme der Burg von 1250 auf, die als **besterhaltenes Kastell der Skaliger** besondere Beachtung verdient. Sie diente als Schutz für die Altstadt. Der Bau wurde aus Natursteinen und aus Ziegeln errichtet. Eine Zugbrücke im Süden und eine im Westen bildeten die Zugänge. Im Innern ist das Kastell mit all seinen Treppen, Türmen, Höfen und Wehrgängen überraschend düster. Der von Mauern fast gänzlich umschlossene Hafen war unter den Römern der Osthafen von Sirmione und wurde von den Skaligern in die Festungsanlage integriert. In einem kleinen Museum sind römische und mittelalterliche Funde aus der Umgebung ausgestellt.

❶ März – Okt. Di. – So. 8.30 – 19.00, Nov. – Feb. Di.– Sa. 8.30 – 16.30 Uhr

Therme und Fonte Boiola Die von der 70 °C heißen Boiola-Quelle gespeiste Thermalanlage hat eine bekannte Abteilung für Ohrenheilkunde; außerdem werden hier Rheumatismus, Haut- und Lungenkrankheiten behandelt. Die schwefel-, brom- und jodhaltige Quelle entspringt vor dem Ostufer der Insel in 19 m Tiefe und wurde **schon von den Römern genutzt**, die das Wasser durch Bleirohre in ihre Thermen leiteten.

Villa Cortine Der dicht mit Olivenbäumen, Zypressen, Pinien und Steineichen bewachsene Hügel, der sich in der Mitte der Altstadtinsel erhebt, heißt Cortine – wie die berühmte klassizistische Villa, die auf ihm steht. Heute ist darin ein Luxushotel untergebracht.

***San Pietro in Mavino** Gegenüber der Villa Cortine steht die **Villa, die einst Maria Callas gehörte**. Dahinter geht es links hoch auf den Mavino-Hügel, wo zwischen Olivenbäumen versteckt die kleine romanische Kirche San Pietro steht. Neben der Kirche steht die »Glocke für die Gefallenen« (Campana dei Caduti). Langobardische Mönche bauten im Jahr 765 das Gotteshaus, das im 11./12. Jh. um den Chor und den Glockenturm erweitert wurde. Die Ausmalung der Kirche mit Fresken fand zwischen dem 14. und dem 16. Jh. statt. Herausragend ist v. a. das 1321 geschaffene Fresko in der Apsis, das Christus als Weltenrichter zeigt und den Einfluss des byzantinischen Stils erkennen lässt.

> ! BAEDEKER TIPP
>
> *Antiquarium*
>
> Das wohl schönste Museum am See ist das Antiquarium bei den Grotten des Catull. Hervorragend beschriftet – auch auf Deutsch –, gibt es einen Überblick über die Frühgeschichte am Gardasee (März – Okt. Di. – So. 8.30 – 19.00 Uhr; Eintritt: 4 €).

****Grotten des Catull** Die Bezeichnung Grotten des Catull weckt falsche Vorstellungen, denn es handelt sich weder um Grotten noch um einen Ort, an dem der römische Dichter Catull wohnte. Vielmehr sind die Ruinen die

Grotten des Catull

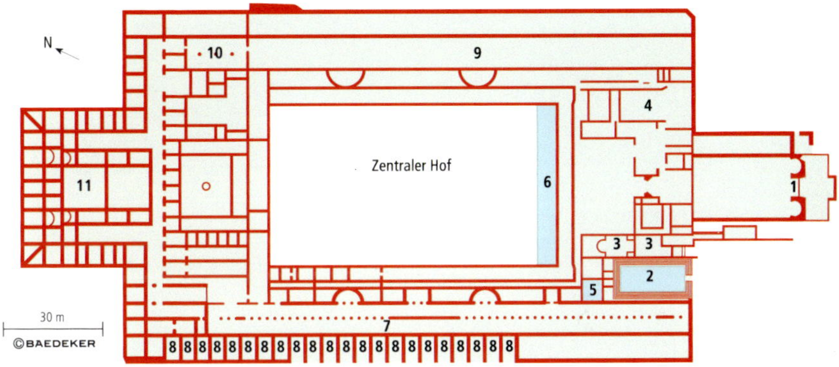

1 Antiker Eingang mit Brunnennischen
2 Schwimmbecken
3 Thermalräume
4 Raum mit Mosaikböden
5 Zisterne
6 Unterirdische Zisterne
7 Doppelte Kryptosäulenhalle
8 Laden
9 Terrasse mit Säulengang
10 Drei-Pfeiler-Aula
11 Terrassenvorbau, darunter die Aula der Riesen

Reste eines repräsentativen römischen Gästehauses oder einer großen Villa eines wohlhabenden Privatmannes. Die Bezeichnung »Grotte« oder »Höhle« benutzte ein Chronist in der Renaissance für den eingestürzten, überwucherten Komplex. Auch die fälschliche Annahme, es könnte sich dabei um den Wohnsitz Catulls handeln, kam damals auf. Einmalig sind die herrliche Lage auf den weißen Klippen oberhalb des Gardasees und die gewaltigen Ausmaße der Anlage von mehr als 20 000 m^2 – sie ist die größte ihrer Art in ganz Italien. Erbaut wurde die Villa um 150, eingestürzt ist sie wohl im 4. Jahrhundert. Nimmt man den nördlichen und südlichen Vorbau der Villa aus, so hat man eine rechteckige Anlage von 167,5 x 105 m vor sich. Da das Gelände, auf dem der Komplex erbaut wurde, nicht eben ist, wurden z. T. Untergeschosse errichtet oder in den Fels gehauen. Diese Unterbauten sind es im Wesentlichen, die man heute noch sehen kann, von den darüberliegenden zwei Stockwerken mit Herrschaftsräumen sind keine Reste erhalten. Zwischen den Ruinen wachsen Olivenbäume, Rosmarin, Thymian, Minze und Oregano, die einen intensiven Geruch verströmen.
Man betritt zunächst das **Antiquarium**, ein **kleines Museum mit Fundstücken**, die erahnen lassen, in welcher Pracht die Villa einst erstrahlte. Wendet man sich dahinter nach rechts, steht man am südwestlichen Rand der ehemaligen Villa und schaut hinab auf eine 159 m lange **Kryptosäulenhalle** (7). Diese trug früher einen darü-

** Skaligerburg

Die mächtige Burg der Familie della Scala ist das Wahrzeichen der Stadt und gleichzeitig der schützende Eingang zur Altstadt. Die Wasserburg ist die bedeutendste Befestigungsanlage am Gardasee, sie entstand um 1300. Doch ihr Alter sieht man ihr nicht an, die Geschichte scheint fast spurlos an ihr vorübergegangen zu sein.

● Di. – Sa. 8.30 bis 19.00 Uhr; Eintritt: 4 €

❶ Mauerwerk
Die Mauern bestehen aus Ziegelsteinen, die in der Nähe gebrannt wurden, und aus Naturstein, der vom nahen Hügel Cortine stammt.

❷ Tor und Zugbrücke
Früher gab es hier eine Zugbrücke. Man erkennt am Tor noch heute, dass eine Zugbrücke mittels Hebelkraft geschlossen wurde. Die langen Hebel, Schwungruten genannt, verschwanden beim Schließen in Mauerschlitzen, die über dem Tor zu sehen sind. Die Ruten hatten ihren Drehpunkt in den Schlitzen, ihr äußeres Ende war mit Ketten am Ende der Brücke befestigt. Das innere Balkenende wurde nach unten gezogen, die Brücke hob sich.

❸ Innenhof
Der rechteckige Innenhof wird fest von den massiven Mauern umschlossen.

❹ Turmkomplex
Die Ecktürme sind durch Wehrgänge verbunden, zu denen Treppen hinaufführen. Vom 47 m hohen Hauptturm, dem Mastio, genießt man eine herrliche Aussicht über den unteren See.

❺ Hafen
Der große ummauerte und mit Zinnen versehene Burghafen ist einzigartig im europäischen Festungsbau. Einst diente er der Versorgung und Verteidigung, heute wachsen hier Seerosen.

Vom Mastio, dem Hauptturm, hat man einen fantastischen Blick.

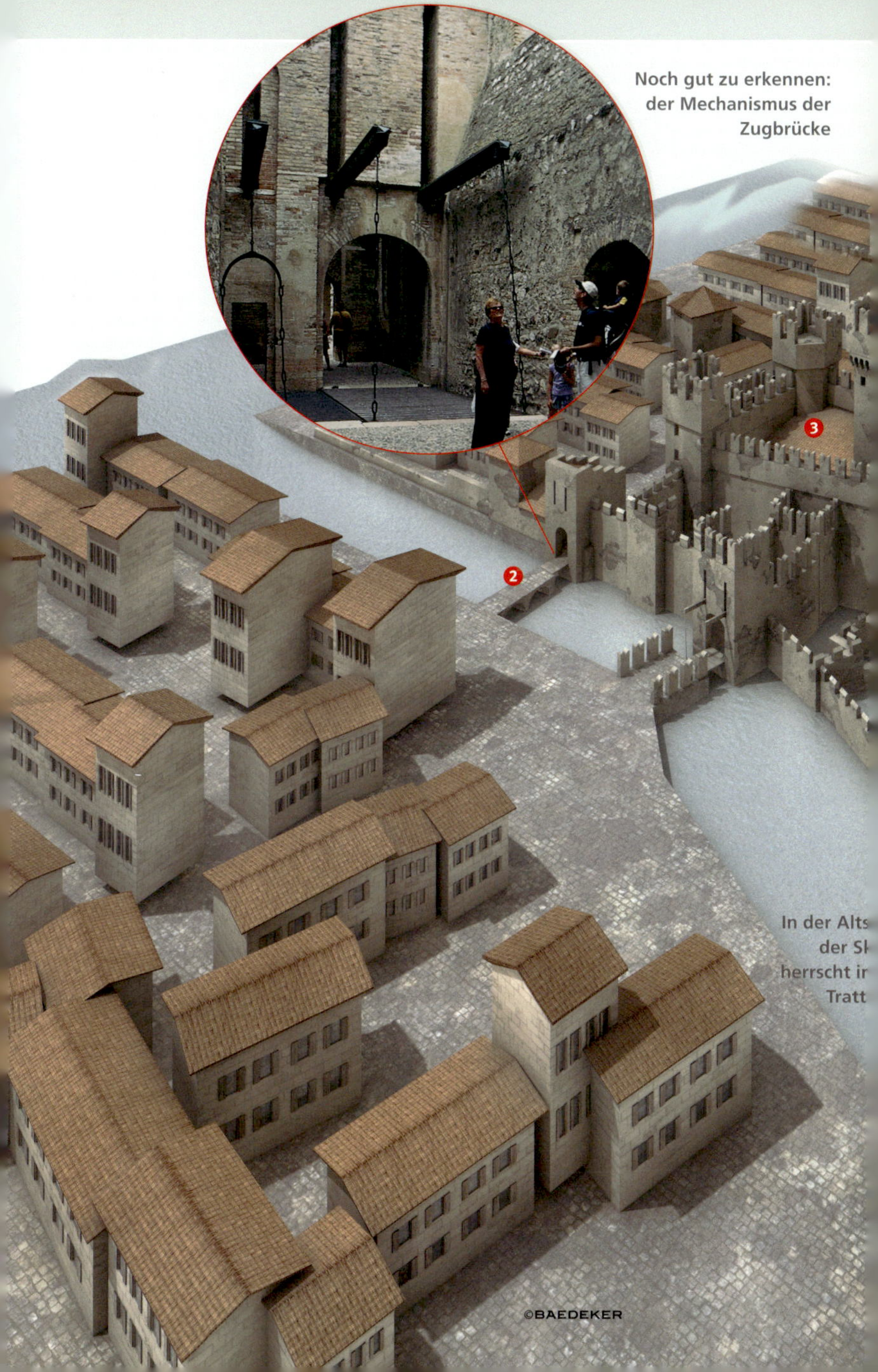

Noch gut zu erkennen: der Mechanismus der Zugbrücke

In der Alts
der Sl
herrscht ir
Tratt

berliegenden, offenen Laubengang, durch den man mit Blick auf den See auf- und abflanieren konnte. Ein weiterer Laubengang (9) flankierte die Ostseite der Villa. Durch die Arkaden gelangte man auf die große **Aussichtsterrasse** (11), unter der sich der größte Saal der Villa (»Aula der Riesen«) befand. Den Namen erhielt er wegen der riesigen Steine, mit denen die Terrasse darüber abgestützt wurde. Der Eingang in die Villa befand sich im Süden (1). In der Mitte besaß die Villa einen offenen Hof, heute eine Wiese mit Olivenbäumen. Im Süden wurde er von einer 43 m langen **Zisterne** begrenzt (6), die von einem Steinboden mit Fischgrätmuster fast völlig bedeckt ist. Im 2. Jh. wurde die **Thermenanlage** (2 u. 3) angebaut, in der das Wasser der heißen Boiola-Quelle genutzt wurde. Am Westrand der Villa waren wohl kleine Läden (8) eingerichtet.

ⓘ März – Okt. Di. – So. 8.30 – 19.00 Uhr; Eintritt: 4 €

Kalkterrassen der Punta Grotte

An der Spitze der Insel gibt es **Bademöglichkeiten**, am Lido delle Bionde und bei den flachen Kalkplatten, die rings um das Kap wenige Zentimeter über oder unter der Wasseroberfläche liegen. Von hier hat man einen der besten Weitblicke am See, sowohl Ost-West-Blick über den »Bauch«, als auch gen Norden. **Surfen** ist zwar die Domäne des Nordens, dennoch macht der Untersee vor allem Warmwasser- und Schönwettersurfern viel Spaß (www.centrosurfsirmione.it).

Tignale

K / L 10

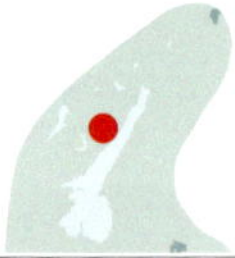

Höhe: 560 m ü. d. M.
Einwohnerzahl: 1300

Verstreut liegen auf der Hochebene von Tignale reizvolle kleine Orte, die vom Trubel am Seeufer weit entfernt zu sein scheinen. Die meisten bieten ihren Besuchern vor allem Ruhe und Erholung, man hat hier oben aber auch die Gelegenheit zu ausgedehnten Wanderungen, zum Fahrradfahren und zum Drachenfliegen.

Auf weiter Hochfläche

Zwei weitläufige grüne Hochflächen haben zwischen den steilen Berghängen, die das Westufer des Gardasees säumen, Platz gefunden: Tremosine und im Süden angrenzend Tignale. Sie liegen nahe beieinander zwischen Limone im Norden und Gargnano im Süden, getrennt werden sie durch das Tal von San Michele.

Beeindruckend ist die gesamte landschaftliche Kulisse: Schroff und fast senkrecht stürzen die Felswände in den See; oberhalb dehnen sich die leicht **schräg abfallenden Felsterrassen** aus. Im Hintergrund steigen die Berge der Trentiner Voralpen bis zu 2000 m Höhe

Tignale erleben

AUSKUNFT
Verkehrsbüro
Via Europa 5
I-25080 Tignale
Tel. 0 36 57 33 54
www.tignale.org

SURFSTRAND
Einen guten Startpunkt für Surfer bietet der winzige Hafen (mit Bar) unterhalb von Tignale an der Gardesana.

ÜBERNACHTEN
Parkhotel Zanzanù €€
Via Provinciale 1
I-25080 Tignale
Tel. 03 65 76 02 62
www.zanzanu.it

Von dem 450 m hoch über dem See erbauten Hotel bietet sich ein überwältigender Ausblick. Die 70 Zimmer und Suiten sind modern eingerichtet, der Service ist in Ordnung. Es gibt ein Restaurant mit Panoramaterrasse, einen Weinkeller, Swimmingpool, Liegewiese.

ESSEN
Osteria La Miniera €€
Via Chiesa 9
Gardola
Tel. 03 65 76 02 25
Auf die große Aussicht muss man zwar verzichten, aber dafür gibt's gute Spanferkel-Medaillons, Kaninchen nach Tignaler Art oder geschmortes Reh in Rotwein zu günstigen Preisen.

auf, die zusammen mit den Hochebenen den Naturpark Alto Garda Bresciano bilden. Unter den sechs Dörfern der Hochebene Tignale ist Gardola der Hauptort.

SEHENSWERTES AUF DER HOCHEBENE

Gardola

In 550 m Höhe liegt Gardola, der Luftkur- und Hauptort von Tignale. Verwinkelte Gassen sind von Häusern mit schönen Steinportalen und kleinen Gärten gesäumt. Hinter der Kirche hat man von einer Aussichtsplattform eine schöne Sicht nach Süden. Wanderwege führen von hier aus in die kleinen Orte Aèr, Olzano und Prabione.

***Madonna di Monte Castello**

Atemberaubend ist die Lage der Wallfahrtskirche Madonna di Monte Castello: An der Kante eines steilen, von Bäumen bewachsenen Felsens ragen – 700 m hoch über dem See – die Kuppel und die Dächer der Kirche auf. Von Gardola fährt man 1 km Richtung Tremosine, bis eine steile Straße, die nicht für Wohnmobile und Autos mit Anhängern geeignet ist, nach rechts zum Santuario della Madonna di Monte Castello abzweigt. Die dreischiffige Kirche entstand im 16. Jh. wahrscheinlich auf den Grundmauern einer alten Skaligerburg. Gleich rechts neben dem Eingang sieht man die größte Votivtafel, die es in einer italienischen Wallfahrtskirche gibt; sie stammt aus dem 16. Jahrhundert. Den Altarraum mit dem vergoldeten Altar schmückt ein **Fresko der Madonna mit Kind aus der Schule Giottos** (14. Jh.), das von vier Medaillons von Palma il Giovane (16. Jh.) umgeben ist. Geht man links an der Kirche vorbei den Schildern »alla croce« nach, kommt man an einem Kloster vorbei zu einem Weg, der in 20 Min. zum Gipfelkreuz führt.

❶ Mitte März – Ende Okt. tgl. 9.00 – 18.00 Uhr;
www.santuariomontecastello.it

Wandern In knapp 2 Std. wandert man von der Wallfahrtskirche hinunter nach Campione del Garda am Seeufer. Durch Olivenhaine und an steilen Felswänden vorbei führt ein weiterer schöner Wanderweg von Gardola über Oldesio, Piovere und Muslone nach Gargnano (ca. 3 Std.).

Torbole

▶Nago-Torbole

Torri del Benaco

J 17/18

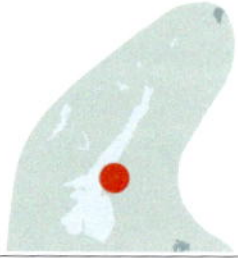

Höhe: 68 m ü. d. M.
Einwohnerzahl: 2800

Torri del Benaco ist im Vergleich zu den südlicher gelegenen Orten Garda, Bardolino und Lazise, die während der Hauptsaison von Touristen oft überlaufen sind, etwas ruhiger. Aber auch in den Altstadtgassen von Torri gibt es ausreichend Gelegenheit zum Bummeln, Kaffeetrinken und Einkaufen.

***Ruhiger Ort** Ortsmittelpunkt von Torri del Benaco ist der hübsche Hafen, an dem typische Fischerhäuser und die kleine Chiesa della Trinità stehen. Zum Schutz des Hafens wurde im 14. Jh. die mächtige Skaligerburg gebaut. Das Hafenstädchen, das auf den lateinischen Namen des Gardasees (Lacus Benacus) zurückgeht, liegt an einem **besonders schönen Küstenabschnitt der Olivenriviera**. In den Sommermonaten verkehrt täglich von 8.00 bis 19.00 Uhr eine Autofähre nach Maderno. Schon zu römischen Zeiten existierte an der Stelle des heutigen Kastells ein Fort. Der 888 zum König von Italien gekrönte Berengar I., dessen Herrschaft mehrfach angefochten wurde, zog sich Anfang des 10. Jh.s nach Torri zurück und ließ die Altstadt von einer Mauer umgeben und eine Burg errichten. Auf den Resten dieses Baus entstand im Auftrag von Antonio della Scala 1383 die mächtige Burg,

Relaxen in Torri del Benaco: Es gibt mehrere Strände mit Bootsstegen.

die zum großen Teil erhalten ist. Im 15. Jh. wurden in Torri die Ratsversammlungen der Gardesana dell' Acqua abgehalten, ein Zusammenschluss von zehn Gemeinden, die mit Genehmigung von Venedig ihre Verwaltungsaufgaben selbst übernahmen.

SEHENSWERTES IN TORRI DEL BENACO

*Altstadt, Hafen

Kleine Plätze und schmale Gassen verbinden die breite Uferpromenade mit der langen Hauptgasse Via Alighieri, die durch den malerischen Altstadtkern führt. Im Norden der Via Alighieri steht die schlichte barocke Pfarrkirche Santi Pietro e Paolo (1712 – 1723), die eine kostbare Orgel besitzt, deren reich verziertes Gehäuse von Angelo Bonatti aus Desenzano stammt. Das südliche Ende der Fußgängerzone bildet die Piazza Calderini am Hafenbecken. Gerahmt wird der Hafen von mittelalterlichen Fassaden und den Zinnenmauern des Skaligerkastells. Außerdem steht hier das **traditionsreiche Hotel Gardesana**. Gebaut wurde das Haus 1452 für die Ratsversammlungen der Gardesana dell' Acqua. Im 20. Jh. stiegen hier prominente Gäste ab, wie Winston Churchill, Max Ernst, Vivien Leigh oder Isabel Allende. Aber auch in diesem Jahrhundert bezogen hochrangige Persönlichkeiten ihr Quartier in dem vergleichsweise schlichten Drei-Sterne-Haus, so etwa der König vom Spanien, Juan Carlos, und 2008 der damalige Bundespräsident Deutschlands, Horst Köhler. Neben dem Hotel sind in der ehemaligen Kirche Santissima Trinità Fresken erhalten, u. a. eine Darstellung des Abendmahls (14. Jh.).

Torri del Benaco

AUSKUNFT

IAT
Viale Fratelli Lavanda 5
I-37010 Torri del Benaco, VR
Tel. 04 57 22 51 20
www.torridelbenaco.de

EINKAUFEN

Montags kann man in Torri del Benaco über den Markt bummeln. Mittwochs gibt es im Juni, Juli und August einen Nachtmarkt (18.00 – 24.00 Uhr), der immer äußerst gut besucht ist.

STRÄNDE

Am nördlichen und südlichen Ortsrand gibt es kleine Kiesstrände. Am Lido Bagni Brancolino (1 km nördlich der Punta San Vigilio) gibt es einen Strand mit Liegestuhlverleih und Bar. In Richtung Brenzone kommt man an weiteren, sehr schmalen Stränden mit Bootssteg vorbei.

ÜBERNACHTEN

Gardesana €€€
Piazza Calderini 5
I-37010 Torri del Benaco
Tel. 04 57 22 54 11
ww.gardesana.eu
Das altehrwürdige Hotel steht direkt am Hafen und in unmittelbarer Nachbarschaft der Skaligerburg. Die 34 Zimmer, insbesondere das Zimmer des Dichters, sind sehr hübsch.

Hotel Baia dei Pini €€€
Via Gardesana 115
I-37010 Torri del Benaco
Tel. 04 57 22 52 15
www.baiadeipini.com
Kleines, modern und etwas eigenwillig eingerichtetes Haus am Strand mit toller Terrasse. Die freundliche Atmosphäre und Hausherrin Silvia sorgen dafür, dass sich die 3 Sterne wie 4 anfühlen.

ESSEN

Trattoria al Sestante €€
Via Gardesana 82
Tel. 04 56 29 66 63
Die Trattoria und Rosticceria liegt zwar an der Hauptstraße, aber drinnen wird Cucina Casalinga, also Hausmannskost, aufgetischt. Familienrezepte kommen nicht nur bei Pasta oder Kaninchen zum Einsatz, sondern auch beim hausgemachten Mandarino und Rosalino (Mandarinen- und Rosenblattlikör) danach.

***Skaligerburg (Museum)** Das Museum in der Burg informiert über die Geschichte der Gardaseefischerei und über Olivenanbau und -verarbeitung. U. a. sind Fanggeräte, Werkzeuge zum Kalfatern (Abdichten der Fugen zwischen den Planken von Holzschiffen) und eine »Gardaseegondel« zu sehen. In einem winzigen botanischen Garten steht eine große nachgebaute Ölpresse. In den oberen Räumen sind Fotos und Gipsabdrücke von prähistorischen Felszeichnungen aus dem Gebiet des Monte Luppia ausgestellt. Vom Museum aus zugänglich ist auch **eines der letzten alten Zitronengewächshäuser** (1760) des Gardaseeraums, in dem noch Früchte gedeihen (►Baedeker Wissen, S. 23).

ⓘ April, Mai, Okt. tgl. 9.30 – 12.30, 14.30 – 18.00, Juni – Sept. tgl. 9.30 – 13.00, 16.30 – 19.30 Uhr

Eine »Gardaseegondel« im Museum in der Skaligerburg. Die Dauerausstellung widmet sich der Geschichte der Fischerei am Lago.

Torre di Berengario

Dieser mittelalterliche Turm am Stadtrand neben der Kirche Santi Pietro e Paolo erinnert an den Langobardenkönig Berengar I., der im 10. Jh. eine Verteidigungsanlage mit zwei Burgen errichten ließ. Die Torre di Berengario war der Eckturm einer der beiden Burgen.

UMGEBUNG VON TORRI DEL BENACO

***Panoramastraße**

Mit herrlichen Ausblicken auf den See und die Berge ist eine Rundfahrt verbunden, die von Torri del Benaco über Albisano, San Zeno di Montagna, Prada, die Westhänge des Monte Baldo entlang und wieder hinab zum Gardaseeufer nach Castelletto führt. In Albisano sollte man an der Dorfkirche San Martino einen Halt machen. Vom **Balcone del Garda** aus, einem der schönsten Aussichtsplätze am See in 300 m Höhe, tut sich der Untersee in seiner ganzen Breite auf.

San Zeno di Montagna

Der Luftkurort ca. 5 km nördlich von Albisano in 585 m Höhe ist ein **idealer Ausgangspunkt für Wanderungen** auf den Monte Baldo und in strengen Wintern für Wintersport auf den Skipisten der 9 km entfernten Prada-Hochebene. Im Ortsteil Montagna wurde das herrschaftliche Haus der Familie Montagna, das ursprünglich aus dem 14. Jh. stammt, aufwändig restauriert. Der Hof wird im Sommer zeitweise als Freilichtbühne genutzt.

***Costabella-Seilbahn** Steil und kurvig ist die Straße nach Prada auf die Hochebene (►Brenzone), wo die Seilbahn Gäste von ca. 1000 m Höhe zum Rifugio Fior del Baldo auf 1804 m befördert (nur im Sommer in Betrieb).

Wandern In einer Stunde sind die 4,5 km von Torri nach Castiglione Veronese, einem kleinen Bergort östlich von Torri, zu schaffen. In einem weiten Park liegt hier die barocke Villa Pellegrini. Reizvoll ist auch eine Wanderung durch Olivenhaine und Weingärten (45 Min.) von Torri zum nördlich gelegenen kleinen Ort Pai (►Brenzone).

Monte Luppia ►Garda, Umgebung

Toscolano Maderno

F/G 16

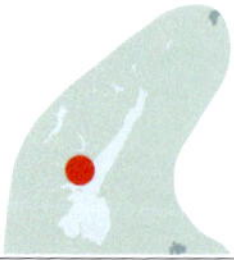

Höhe: 80 m ü. d. M.
Einwohnerzahl: 7700

Aus dem Zusammenschluss zweier durch die Mündung des Flusses Toscolano getrennter Orte – Maderno im Süden und Toscolano im Norden – entstand das Städtchen Toscolano Maderno am Westufer des Gardasees.

Zwei verschiedene Gesichter Mit seiner halbrunden Bucht, der langen Seepromenade, den schönen Villen, dem Altstadtkern und dem Hafen bietet Maderno eindeutig mehr als Toscolano, das eigentlich nur für Camper attraktiv ist wegen der Campingplätze im Norden. Zwischen Maderno und Torri del Benaco besteht eine regelmäßige Fährverbindung.

Geschichte Während der Name Toscolano auf eine etruskische Gründung hindeutet, war Maderno erst zur Römerzeit besiedelt. Im Jahr 243 wurde Toscolano durch einen schweren Erdrutsch verschüttet. Spätestens ab langobardischer Zeit bis zum Jahr 1377, als die Scaligeri die Stadt Salò zum Hauptsitz der Comunità della Riviera erhoben, bildete Maderno das wirtschaftliche Zentrum des Westufers.

Papierherstellung Europaweite Bedeutung erlangte **Toscolano** mit seiner Papierherstellung. Der erste Beleg für die Existenz von Papiermühlen stellt ein Dokument von 1381 dar, das die Wasserverteilung zwischen Toscolano und Maderno regelt. Spätestens im 17. Jh. hatte sich Toscolano einen Namen als norditalienisches Zentrum für Papierherstellung und Buchdruckerkunst gemacht. Bedeutende Werke entstanden auf **Büttenpapier** aus Toscolano – u. a. die **lateinische Bibel**, die Luther für seine Übersetzung benutzte. Heute ist nur noch eine bedeutende Papierfabrik in Betrieb, die direkt am See steht.

Toscolano Maderno erleben

AUSKUNFT

IAT
Via Sacerdoti 15
I-25088 Toscolano Maderno, BS
Tel. 03 65 64 13 30
www.comune.toscolanomaderno.bs.it

EINKAUFEN

Donnerstags findet ein Wochenmarkt statt. Im Juni, Juli und August wird freitags und samstags von 18.00 – 24.00 Uhr ein beliebter Nachtmarkt veranstaltet. Einen Flohmarkt gibt es mittwochs.

STRÄNDE

Südlich des Hafens von Maderno gibt es ein Strandbad, in Toscolano den Hauptstrand und nahe der Kirche Santi Pietro e Paolo einen einsamen Strand.

ÜBERNACHTEN

Hotel Maderno €€€
Via Statale 12
I-25080 Toscolano Maderno
Tel. 03 65 64 10 70
www.hotelmaderno.it
Das Haus nur 50 m vom See entfernt ist um 1900 erbaut und mit viel Liebe zum Detail renoviert worden. Es hat 30 Zimmer, Pool und Sonnenterrasse.

ESSEN

Ristorante Belvedere €€
Via Maclino 6
Tel. 03 65 64 12 10
200 m über dem See liegt dieses idyllische Restaurant, in dem es bodenständige regionale Spezialitäten gibt. Das Haus hat auch Zimmer – alle mit Balkon.

SEHENSWERTES IN MADERNO

***Sant' Andrea Apostolo**

An der Piazza San Marco nahe dem Hafen steht die um 1140 erbaute romanische Kirche Sant' Andrea Apostolo mit einem spätgotischen Campanile (1469). Reste eines Vorgängerbaus sind in die Fassade eingearbeitet worden, die sich aus Lagen von weißem, grauem und rosafarbenem Marmor zusammensetzt. Das Stufenportal ist reich mit Flechtornamenten, Früchten und Tieren skulptiert. Ein Giebelfries mit Konsolsteinen, die menschliche Köpfe darstellen, schließt die Fassade ab.
Im Innern fallen die Kapitelle auf, die als **Meisterwerke lombardischer Steinmetzkunst** gelten. Die kostbaren Wandmalereien entstanden im Wesentlichen um 1500. In der Krypta unter dem angehobenen Altarraum ruhten ursprünglich die Gebeine des hl. Herkulan (Sant' Ercolano), die später in die benachbarte Pfarrkirche Sant' Ercolano überführt wurden.

Villa Lucia

Links neben Sant' Andrea Apostolo beginnt die Via Benamati, die durch die Altstadt zum Toscolano-Bach führt. Auf dem Weg liegen in einem verwunschenen Garten am Hang die Reste einer römischen Villa (Nr. 79) mit einer Freitreppe.

Von Maderno aus fährt eine Autofähre nach Torri del Benaco am Ostufer.

Nur wenige Schritte entfernt steht die **Pfarrkirche Sant' Ercolano**, die Mitte des 18. Jh.s an der Stelle einer Burg gebaut wurde, deren Turm man zum Glockenturm umgestaltete. Im Innern sind zwei Altarbilder sehenswert: Paolo Veronese schuf das Gemälde »S. Ercolano«, Palma di Giovane das »Martyrium des hl. Andreas«.

SEHENSWERTES IN TOSCOLANO UND UMGEBUNG

Am Nordrand von Toscolano stand in römischen Zeiten ein dem Zeus Ammon geweihter Tempel. 1584 wurde an dieser Stelle die **Kirche Santi Pietro e Paolo** gebaut, an den Tempel erinnern die vier Säulen neben der Kirche. Im Innern der dreischiffigen Kirche sind 22 Gemälde des Venezianers **Andrea Celesti** (1637 – 1712) und Skulpturen aus dem 16. Jh. zu sehen. Der kunstvoll geschnitzte bischöfliche Stuhl unter der Orgel ist ein barockes Meisterwerk von 1621.

Villa Nonii-Arii

In der Nähe der Kirche kommt man, Richtung Papierfabrik »Cartiera di Toscolano« bergab gehend, zu den **Ruinen einer römischen Villa** (1./2. Jh.), die wegen ihrer schönen Mosaikböden beachtenswert sind. Der die Villa umgebende Park ist stark verwildert.

Papiermühlental

Die malerische, grüne Schlucht des Papiermühlentals hat der Toscolano-Bach gebildet, der vom Lago di Valvestino gespeist wird. Eine **Wanderung** am Toscolano entlang beginnt an der Brücke nahe der Hauptstraße Via Statale. Am nördlichen Ufer führt die Via Valle delle Cartiere an den verlassenen und meist überwucherten Papiermühlen und an einem Wasserfall vorbei. Über eine weitere Brücke geht es ans andere Ufer bis zu einem kleinen Wohngebiet. Von dort an ist der Wanderweg mit einer rot-weißen Markierung gekennzeichnet.

★ Tremosine

Höhe: 414 m ü. d. M.
Einwohnerzahl: 2100

Tremosine ist eine üppig grüne Hochebene und ein herrliches Wandergebiet mit teils schwindelerregenden Ausblicken auf den Lago. Auch wer sich für die Pflanzenwelt begeistert, bekommt viel zu sehen: Weite Almen mit einer artenreichen Alpenflora wechseln mit waldreichen Hängen, tiefen Schluchten, Olivenhainen, Kastanien- und Steineichenwäldern.

Sonnige Hochebene

Zwischen Limone und Gargnano am nördlichen Abschnitt des Westufers ragen gut 400 hohe, schroffe Felsen fast senkrecht aus dem Wasser und lassen unten am Ufer nicht einmal Platz für eine Straße. Man musste Tunnel sprengen, um die Gardesana in Seenähe weiterführen zu können.

Oberhalb des Felsabbruchs dehnt sich die Hochebene mit **17 verstreut liegenden Orten** aus, die die Gemeinde Tremosine bilden mit dem hübschen Pieve als Hauptort; Campione liegt als einziger Ort unten am Seeufer. Wegen des im Vergleich zur Uferregion kühleren Klimas kommen Sportbegeisterte gern hierher. Dass die Gegend schon vor den meisten Plätzen am See besiedelt war, belegt ein Stein mit lateinischen und etruskischen Inschriften, der in Voltino, einem Ort in Tremosine, gefunden wurde und heute im Museo Romano in Brescia zu sehen ist.

Tremosine erleben

EINKAUFEN

In Campione findet jeweils am 2. und am 4. Sonntag im Monat ein großer Wochenmarkt statt.

ÜBERNACHTEN

Hotel Village Bazzanega €€
Via Volta 69
I-25010 Tremosine
Tel. 03 65 95 40 68
www.montagnoligroup.it
Dieses Ferienhotel in bester Panoramalage mit 70 Zimmern, Bar, Swimmingpools, Tennisplätzen, Wellness- und Fitnesscenter und einer schönen Terrasse zieht vor allem jüngere und sportbegeisterte Gäste an.

ESSEN

Miralago €€
Piazza Cozzaglio 2
Pieve di Tremosine
Tel. 03 65 95 30 01
Ein Restaurant, in dem man vor lauter Begeisterung über den spektakulären Ausblick fast das Essen vergessen könnte: Das Miralago liegt am Rand eines steilen Felsabbruchs (► Abb. S. 249).

SEHENSWERTES AUF DER TREMOSINE

***Pieve** Am Rand eines steilen Felsabbruchs liegt 416 m über dem Gardasee der **Hauptort von Tremosine**. In der kleinen Altstadt von Pieve mit schönen Natursteinhäusern gibt es eine Fußgängerzone. Mehrere Restaurants werben mit spektakulärem Panoramablick auf den See von ihren hart an die Felskante gebauten Terrassen. Wer kein Kletterer ist, sicheren Boden unter den Füßen haben und trotzdem mal einen Überhang erleben möchte, besucht die Schauderterrasse. Die Restaurantterrasse des Hotel Paradiso ragt an einer Stelle mehrere Meter über den Rand des Abgrunds hinaus. Nur einmal hineingehen und schauen ist kein Problem (www.terrazzadelbrivido.it). Auch die Pfarrkirche mit Aussichtsplattform thront auf einem Felsvorsprung. Sie wurde im 15. Jh. erbaut und 1712 im barocken Stil ausgestattet. Kostbare Holzschnitzarbeiten sind das Orgelgehäuse und das Chorgestühl, sehenswert ist auch der Hochaltar mit sorgfältig gearbeiteten Marmorintarsien.

> **! BAEDEKER TIPP**
>
> *Holzkünste*
>
> Holzbehältnisse von fast zerbrechlier Zartheit stellt der Münchner Kunstdrechsler Ernst Gamperl in seinem Atelier in Vesio di Tremosine her. Die Gefäße sind sehr beliebt bei Prominenten wie z.B. den Designern Issey Miyake oder Michele de Lucchi. Der Showroom steht nach Anmeldung jedem Interessierten offen (Piazza San Bartolomeo 7, Tel. 03 65 91 70 68, www.ernst-gamperl.de).

***Wandern** Vom Hauptplatz in Pieve (Piazza Cozzaglio) führt am Restaurant Miralago ein sehr steiler **Wanderweg hinunter zum See** (40 Min.) zum früheren Hafen von Tremosine (Ex Porto di Tremosine).

Ein **Rundwanderweg** (15 km) über die Hochebene beginnt bei Pieve und führt über Pregasio, dann weit oberhalb eines Baches nach Polzone und weiter bis Vesio. An der Brasaschlucht entlang geht es zurück nach Pieve.

Zwei längere Touren führen auf die Gipfel im Norden und Nordwesten von Tremosine, wo sich fantastische Blicke über die Alpen öffnen: Zum **Monte Tremalzo** (1974 m), der sich zwischen der Hochebene und dem Lago di Ledro erhebt, wandert man von Vesio über Polzone nach San Michele, von hier auf dem Wanderweg 222 über den Monte di Mezzo und den Passo di Cocca, bis der Wanderweg 224 nach rechts zum Monte Tremalzo abzweigt (ab San Michele 3,5 Std.). Über San Michele erreicht man auch den **Monte Caplone**, mit 1976 m der höchste Gipfel der Brescianer Voralpen. Es geht ebenfalls über den Monte di Mezzo, dann über die Malga di Lorina zum Gipfel.

Spektakuläre Blicke öffnen sich Schwindelfreien auch auf dem **Wanderweg entlang der Felskante** von der Kirche von Pregasino (477 m) nach Campione (ca. 1,2 Std.). Dabei durchwandert man eine Schlucht und überquert den Wildbach Campione.

UMGEBUNG VON TREMOSINE

Campione del Garda

Zwischen den Hochebenen von Tremosine und Tignale liegt am Seeufer der kleine Ort Campione del Garda. Die Landzunge, auf der dicht gedrängt die wenigen Häuser um die zentrale Piazza Arrighini stehen, wird von einem riesigen, senkrecht aufsteigenden Felsen überragt, der dem Ort schon am Nachmittag die Sonne nimmt. Campione ist der einzige ortsplanerische Fehlgriff am Gardasee, ein Investmentprojekt, das scheiterte. Der exklusive Segelhafen wird ungenügend genutzt, die teuren Apartments (ab 150 000 €) stehen weitgehend leer. Nur Surfer lieben Campione wegen der starken Winde heiß und innig. Das Dorf war mit seinen Baumwollspinnereien schon ab 1910 Industriestandort, nach 1945 zogen die jungen Leute zunehmend weg, 1980 wurde die letzte Produktionsstätte geschlossen und heute hat Campione nur noch rund 200 Einwohner.

Nur für Schwindelfreie: Die Terrasse des Restaurant Miralago in Pieve di Tremosine schwebt direkt über dem Abgrund.

** Verona

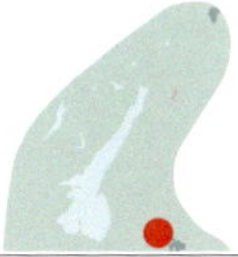

östl. von O 27

Höhe: 59 m ü. d. M.
Einwohnerzahl: 270 000

Verona ist weltberühmt als Ort der Opernfestspiele, die jedes Jahr im Juli und August unter freiem Himmel in der Arena stattfinden, einem riesigen römischen Amphitheater mitten in der Stadt. Scharen pilgern auch wegen der vielen Kunstschätze und -denkmäler nach Verona.

Kulturstadt

In der stimmungsvollen Altstadt von Verona öffnen sich weite Plätze, die von prächtigen Renaissancepalästen, romanischen und gotischen Kirchen und von vielen anderen Bauten aus verschiedenen Epochen gesäumt werden. Einen herrlichen Blick zur Einstimmung auf die Stadt hat man vom Aussichtsbalkon der Torre dei Lamberti. In Verona nahm auch die **tragischste Liebesgeschichte der Weltliteratur** ihren Lauf: Das Haus der Julia, wo Romeo seine Liebste angebetet haben soll, wird von kaum einem Besucher ausgelassen. (►Baedeker Wissen S. 264). Schließlich kann man in Verona auch hervorragend einkaufen: Als **elegante Mode- und Schuhstadt** zieht sie Käufer aus der gesamten Umgebung an. Zudem ist die Lage der Hauptstadt der gleichnamigen Provinz erwähnenswert: etwas südöstlich des Gardasees, an der Stelle, an der die aus den Alpen kommende Etsch (Adige) in die Oberitalienische Tiefebene eintritt. Im Norden erheben sich die Ausläufer der Lessinischen Alpen. Das Hauptgebiet Veronas liegt auf einer von der Etsch umflossenen Halbinsel, von der zehn Brücken zu den Stadtteilen am linken Ufer führen.

Geschichte

Verona erlangte unter den Römern ab 89 v. Chr. große Bedeutung, wie das Amphitheater und andere Baudenkmäler bezeugen. Im 6. Jh. machte der Ostgotenkönig Theoderich († 526), der Dietrich von Bern deutscher Heldensagen, die Stadt neben Pavia und Ravenna zum Königssitz. Später hatte Pippin (777 – 810), der zweite Sohn Karls des Großen, als König des fränkischen Unterkönigreichs Italien hier das Sagen. Im Mittelalter wählten die deutschen Kaiser die Stadt am Ende der Brennerstraße als Stützpunkt ihrer Herrschaft über Oberitalien. 1164 gründeten die Veroneser mit anderen Städten des östlichen Oberitalien den Veroneser Bund, ein Militärbündnis, das sich 1167 zur lombardischen Liga erweiterte. Damals kam Verona durch Handel zu großer Bedeutung und konnte seinen Herrschaftsbereich erweitern. Ab der Mitte des 13. Jh.s herrschte das **Fürstengeschlecht della Scala** (ital. Scaligeri = Skaliger), das die Stadt zum

Zentrum der Altstadt von Verona: die lang gestreckte Piazza delle Erbe

Verona

Übernachten
1. Veronesi La Torre
2. Novo Hotel Rossi
3. Giulietta e Romeo
4. Cavour

Essen
1. Il Desco
2. 12 Apostoli
3. Re Teodorico

1 Sant'Elena
2 Palazzo del Governo
3 Loggia del Consiglio
4 Case dei Mazzanti
5 S. Maria Antica, Gräber der Scaligeri
6 Palazzo dei Tribunali
7 Palazzo del Comune
8 Casa dei Mercanti
9 Porta dei Borsari

Höhepunkt ihrer Macht führte. 1387 fiel Verona an die Mailänder Visconti, 1405 an die Republik Venedig. 1797 wurde Verona mit Venetien österreichisch und bildete ab 1814 mit Peschiera, Mantua und Legnago ein Festungsviereck. Als Österreich Venetien an Italien verlor, wurde die Stadt 1866 ins Königreich Italien eingegliedert. Aufgrund der **strategisch wichtigen Lage** war Verona seit jeher stark befestigt: Die Römer legten Mauern im Bereich der Etschschleife an, während des Mittelalters entstand ein Mauerring, in den auch die Vorstädte einbezogen wurden. Die Venezianer ließen auf den Hügeln um die Stadt Bollwerke errichten. Michele Sanmicheli (►Berühmte Persönlichkeiten) ließ beim Bau der Stadtmauer mit ihren Bastionen um 1530 antikisierende Architekturformen einfließen. In österreichischer Zeit wurde Verona als Festung ausgebaut. Der Verlauf der Stadtmauern ist teilweise noch zu erkennen.

* PIAZZA BRA UND ARENA

*Piazza Bra

Einen Rundgang durch die Stadt beginnt man am sinnvollsten an der Piazza Bra, die mit der Arena in ihrem Zentrum einer der meist besuchten Plätze ist. Man betritt die Piazza von Süden her durch die **Portoni della Bra**, ein doppelbogiges Stadttor mit einem Turm, den die Visconti um 1400 anfügten. Palazzi mit Fresken, Bogenfenstern und hübschen Balkonen (16. – 18. Jh.) rahmen die Piazza Bra, an der sich Cafés und Restaurants aneinanderreihen.

**Amphitheater (Arena)

Das römische Amphitheater, das im 1. Jh. n. Chr. errichtet wurde, war nach dem Kolosseum in Rom und der Arena in Capua das **drittgrößte Bauwerk für Gladiatoren- und Tierkämpfe**. Ursprünglich wurden die zweigeschossigen Arkadenreihen, die heute das Bild des Amphitheaters bestimmen, von einer weiteren, dreigeschossigen Außenmauer aus rotem Veroneser Marmor umgeben: Von dieser Prunkfassade sind nur vier Arkaden an der Nordseite erhalten. Das Innere besteht aus einer ellipsenförmigen Fläche (138 m x 109 m) mit **44 Stufenreihen und 15 000 Zuschauerplätzen**. Die Geschichte des Amphitheaters ist recht bewegt: Erdbeben beschädigten es im 12. und 13. Jh., zeitweise wurde es als Steinbruch, als Festung und unter den Skaligern gar als Hinrichtungsstätte genutzt. Ritterturniere und Stierkämpfe sah das altehrwürdige Gemäuer ebenfalls, bevor sich schließlich in venezianischer Zeit Handwerker und Prostituierte in den Arkaden im Erdgeschoss einrichteten. 1913 wurden anlässlich des 100. Geburtstags von Giuseppe Verdi erstmals die Opernfestspiele (►Baedeker Wissen S. 86) in der Arena veranstaltet. Sie finden jedes Jahr zwischen Juni und September statt.

➊ Mo. 13.45 – 19.30, Di. – So. 8.30 – 19.30, während der Festspiele 8.00 – 15.30 Uhr; Eintritt: 7 €; www.arena.it

Highlights Verona

- **Piazza Bra**
  Die Piazza Bra ist der optimale Platz für eine Kaffeepause mit Blick auf die Arena.
  Seite 254

- **Arena**
  Gladiatoren- und Tierkämpfe gehören längst der Vergangenheit an. Heute werden Opern in spektakulärer Kulisse geboten.
  Seite 254. 256

- **San Fermo Maggiore**
  Die Kirche gliedert sich in einen romanischen Unterbau und einen gotischen Oberbau.
  Seite 258

- **Piazza delle Erbe**
  Hier bummelt man am besten, wenn der überbordende Blumen- und Gemüsemarkt aufgebaut ist.
  Seite 260

- **Torre dei Lamberti**
  Wer auf den Turm hinaufsteigt, dem liegt die Stadt zu Füßen.
  Seite 260

- **Piazza dei Signori**
  Am Platz stehen zahlreiche Paläste und das älteste Café der Stadt.
  Seite 261

- **Casa di Giulietta**
  Auf dem berühmten Balkon von Shakespeares Julia muss man unbedingt gestanden haben.
  Seite 262

- **Sant' Anastasia**
  Monumentale gotische Kirche mit reicher Ausmalung und den berühmten »due gobbi«, zwei buckligen Säulenträgern
  Seite 263

- **Dom**
  Die romanisch-gotische Kathedrale birgt ein Gemälde von Tizian.
  Seite 267

- **Museo Civico d'Arte**
  Das Museum im Castelvecchio überzeugt durch die Konzeption und zeigt bekannte venezianische Maler wie Veronese, Tiepolo oder Tintoretto.
  Seite 268

- **San Zeno Maggiore**
  Gilt als schönste romanische Kirche Norditaliens.
  Seite 269

- **Giardino Giusti**
  Ein grünes Paradies für erholungsbedürftige Stadtbesucher
  Seite 273

Gran Guardia Nuova und Gran Guardia

Die Südseite der Piazza Bra wird begrenzt durch die Gran Guardia Nuova (Palazzo Municipale), das zwischen 1835 und 1843 errichtete Rathaus mit einem halbkreisförmigen Erweiterungsbau, der nach 1945 angefügt wurde. Daneben steht das lang gestreckte venezianische Gebäude der Gran Guardia, der alten Hauptwache mit einer riesigen Loggia (1614).

** Arena von Verona

Das römische Amphitheater ist das drittgrößte erhaltene seiner Art, es wurde zur Zeit der flavischen Kaiser (1. Jh.) erbaut. Die Arena ist eine Spielstätte der idealen Maße, ihre Größe ist Zeuge für die historische Bedeutung Veronas. Heute ist sie Ziel aller Opernfans, die die besondere Mischung aus Klassik, Prunk und italienischem Flair schätzen. Seit 1913 gibt es hier jedes Jahr im Sommer die beliebten Opernfestspiele.

● Mo. 13.45 – 19.30, Di. – So. 8.30 bis 19.30 Uhr; während der Festspiele 8.00 – 15.30 Uhr

❶ Oval

Im Zentrum des Rundbaus befindet sich die eigentliche Arena, das innere ausgehobene Oval. Hier fanden einst die Kämpfe der Gladiatoren, Stierkämpfe und Hetzjagden statt. In seinen beiden Achsen misst es 73,68 m und 44,53 m.

❷ Cavea

Der Zuschauerraum, Cavea genannt, wird aus 45 jeweils 45 cm hohen Steinstufen geformt. Auf diesen Stufenreihen können heute noch bis zu 15 000 Menschen Platz nehmen. Die gesamte Länge des ellipsenförmigen Grundrisses beträgt von außen, in Höhe der Tore, 138,77 m.

Monumentale Kulisse für »Aida«, auf der Piazza Bra vor der Arena zwischengelagert

❸ Untergeschoss

Im Kellergeschoss unter der Arena befinden sich heute die technischen Einrichtungen des Theaters, einst waren hier die Räume für die Gladiatoren und die Tierkäfige.

❹ Velaria

Den Zuschauerraum des Amphitheaters konnte man mit kompliziert angebrachten Sonnensegeln überdachen, sodass auch bei starker Hitze das Vergnügen nicht allzu sehr beeinträchtigt wurde.

❺ Ala

Ursprünglich wurde die Arena von einer Prunkfassade (Ala) umgeben, die aber durch ein Erdbeben 1183 fast vollständig verloren ging. Nur der Nordflügel blieb in ganzer Höhe vom Außenring übrig. Die fünf Pilaster und seine Arkaden vermitteln einen Eindruck vom damaligen Gebäude.

❻ Fassade

Die Rundbögen an der Fassade waren ursprünglich Bestandteil des Innenbaus. Man sieht, dass der rötliche Marmor von der Witterung angegriffen wird.

Auch die legendäre Maria Callas war in der Arena zu hören.

Faszinierende Kulisse: die nächtlich erleuchtete Arena

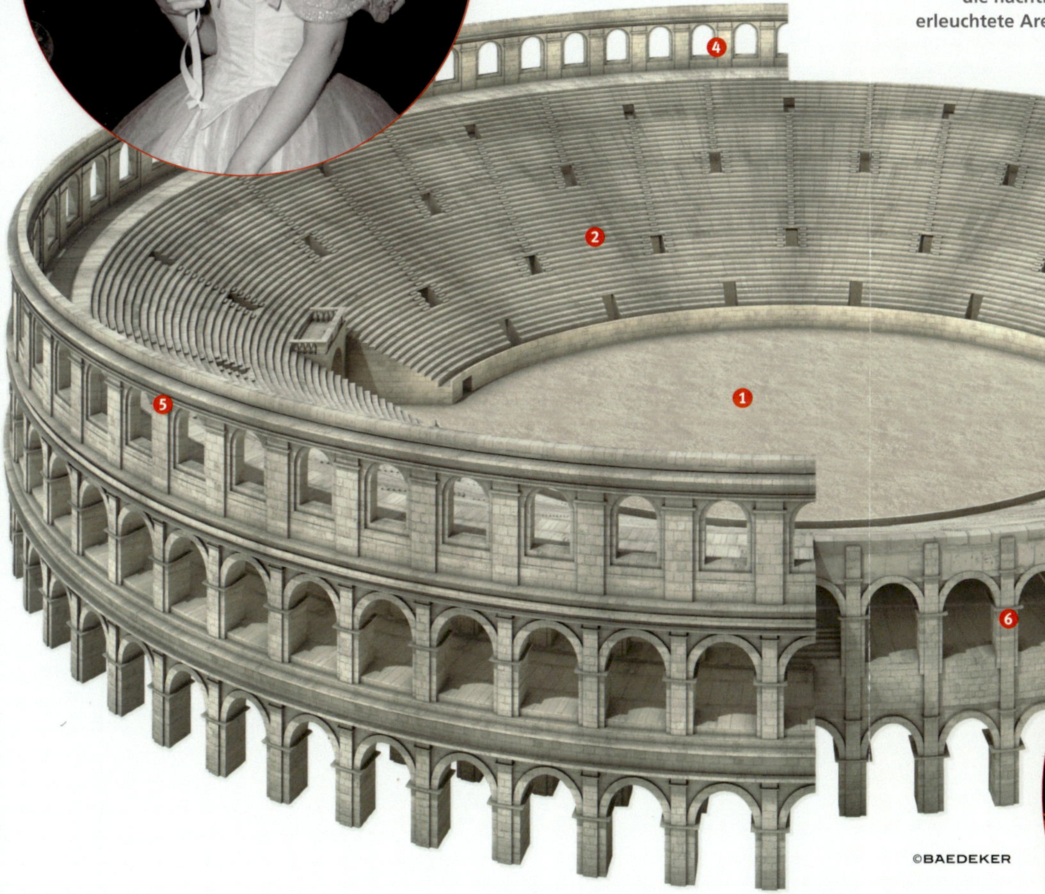

Farbenprächtige Opern wie »Carmen« unter freiem Himmel zu erleben, bleibt unvergessen.

Museo Lapidario (Lapidarium)

Hinter der Gran Guardia befinden sich der Konzertsaal Teatro Filarmonico (1716) und das Museo Lapidario Maffeiano. Das Gebäude ließ der Veroneser Gelehrte Scipione Maffei (1675 –1755) für seine Sammlung antiker griechischer und römischer Skulpturen, Sarkophage, Reliefs u. v. m. errichten. Als **erstes Museum dieser Art in Europa** war es seinerzeit eine viel gerühmte Rarität.

● tgl. 8.30 – 14.00; Eintritt: 4,50 €

****San Fermo Maggiore**

Ein Abstecher lohnt sich von der Piazza Bra nach Osten zur Kirche San Fermo Maggiore. Über einem Vorgängerbau des 6. Jh.s, der den beiden Veroneser Märtyrern Fermo und Rustico († 361) geweiht war, erbauten Benediktinermönche 1065 – 1138 eine Doppelkirche. Dabei wurde der Altar mit den Reliquien der Heiligen an seinem Platz belassen; eine problematische Lösung, da der Kirchenboden durch mehrfache Überschwemmungen der Etsch stark abgesunken war. Also setzte man über die alte Kirche eine neue mit einem gestaffelten Chor. Die Franziskaner, die die Kirche 1260 zugesprochen bekamen, wandelten die dreischiffige Oberkirche in eine Hallenkirche um und verlängerten sie nach Westen. Im Osten entstand die **auffällige Chorgruppe**, die von dem Kontrast zwischen dem gotischen Hauptchor mit aufstrebenden Lanzettfenstern und den vier kleinen romanischen Apsiden geprägt ist.

Im Innern empfiehlt sich ein Rundgang durch die gotische Oberkirche (13./14. Jh.), bevor man die romanische Unterkirche (11./12. Jh.) betritt. Herausragend sind in der Oberkirche die Bildhauerarbeiten, die Holzdecke und die Fresken. Zwei Darstellungen der Kreuzigung verdienen Beachtung, die beide aus der Schule Altichieros stammen: Ein Fresko sieht man über dem Haupteingang, ein weiteres über dem Westportal. Ein Meisterwerk befindet sich links des heutigen Haupteingangs: das Grabmal des Nicolò Rangoni di Brenzone († 1422). Die Auferstehungsszene um den Sarkophag schuf Nanni di Bartolo, Pisanello malte den **illusionistischen Wandteppich** im Hintergrund. Ende des 14. Jh.s. schuf der Bildhauer Antonio da Mestre die Kanzel. In der Kapelle neben dem nördlichen Querschiff befindet sich das um 1510 hervorragend gearbeitete **Grabmal von Gerolamo della Torre und seinem Sohn**. Schließlich sollte man seinen Blick nach oben richten und die Holzdecke betrachten, deren Form an einen umgedrehten Schiffskiel erinnert. Sie ist das früheste Beispiel dieser Art im venezianischen Raum (um 1350). Die kostbaren Fresken an den Pfeilern und Wänden stammen aus dem 12. Jh., das Holzkruzifix über dem Altar aus dem 14. Jahrhundert.

Porta Leoni

Das römische Stadttor Porta Leoni (Löwentor) stand nordwestlich der Kirche San Fermo in der Via Leoni, man sieht heute noch einen Bogen in der Seitenwand eines Hauses und die Grundmauern der Anlage, die auf der gleichnamigen Piazza ausgegraben wurden.

Verona erleben

AUSKUNFT

IAT

Piazza Bra/Via degli Alpini 9
I-37121 Verona
Tel. 04 58 06 86 80
www.veronatuttintorno.it

EINKAUFEN

Wichtigste Meile für Shoppingfans sind die Via Mazzini und Nebenstraßen mit Läden von Modeschöpfern wie Gucci, Dolce & Gabbana, Prada oder Giorgio Armani. Auf der Piazza delle Erbe wird wochentags ein schöner Markt aufgebaut.

ÜBERNACHTEN

❶ *Hotel Veronesi La Torre* €€€

Via Monte Baldo 22
I-37062 VE-Dossobuono di Villafranca
Tel. 04 58 60 48 11
www.hotelveronesilatorre.it
Ein paar Kilometer außerhalb des Zentrums und vor allem zur Festspielzeit ein Tipp, da es in dem hübsch renovierten ehemaligen Kloster meist noch Zimmer gibt. Besonders schön und günstiger als viele normale 4-Sterne-Zimmer in der Stadt ist die Turmsuite. Mit gutem Spa.

❷ *Novo Hotel Rossi* €€€

Via delle Coste 2
I-37138 Verona
Tel. 0 45 56 90 22
www.novohotelrossi.it
Ein freundliches Hotel mit 38 Zimmern in der Nähe des Hauptbahnhofs

❸ *Hotel Giulietta e Romeo* €€

Vicolo Tre Marchetti 3
I-37121 Verona
Tel. 04 58 00 35 53
www.giuliettaeromeo.com
Nettes Hotel direkt hinter der Arena. Von hier aus kann man alles zu Fuß (oder mit dem Rad) machen. Fahrräder werden kostenlos gestellt.

❹ *Cavour* €€

Vicolo Chiodo 4
I-37121 Verona
Tel. 0 45 59 01 66
www.hotelcavourverona.it
Kleine, recht gemütliche Adresse (24 Z.) im Herzen der Altstadt – in der Nähe der wichtigsten Sehenswürdigkeiten

ESSEN

❶ *Il Desco* €€€€

Via Dietro San Sebastiano 7
Tel. 0 45 59 53 58
So., Mo. geschl.
In diesem Restaurant der Spitzenklasse mit zwei Michelin-Sternen führt Elia Rizzo Regie. Sehr besonders sind die 7-gängigen Degustationsmenüs für 135 Euro. Reservierung dringend angeraten.

❷ *12 Apostoli* €€€

Corticella San Marco 3
Tel. 0 45 59 69 99
So. abend und Mo. geschl.
Das Interieur ist wie aus einem Film und Giorgio Gioco ist ein sehr guter und äußerst beliebter Koch und ein bekannter Mundartdichter mit Veroneser Dialekt. Einer der originellsten Plätze in Verona.

❸ *Re Teodorico* €€€

Piazzale Castel San Pietro
Tel. 04 58 34 99 90
Di. geschl. Raffiniert zubereitete Fisch- und Fleischgerichte kann man auf der Terrasse mit wunderschönem Blick auf die Altstadt und die Etsch genießen.

Blick über das abendlich erleuchtete Verona mit der Etsch

** PIAZZA DELLE ERBE

Mittelpunkt der Altstadt Den Mittelpunkt der Altstadt bildet die lang gestreckte Piazza delle Erbe, **einer der schönsten Plätze Italiens**, auf dem wochentags ein Blumen- und Gemüsemarkt stattfindet. Hier befand sich schon das Forum der Römerstadt; es liegt 4 m unter dem heutigen Bodenniveau. Auf dem Platz steht der Capitello, ein baldachinbekröntes Podest (16. Jh.), von dem aus dem Volk wichtige Entscheidungen und Gerichtsbeschlüsse verkündet wurden. Weiter nördlich sieht man den Marktbrunnen mit der Madonna Verona, einer römischen Marmorstatue. Die Marmorsäule am Nordende des Platzes trägt den Markuslöwen, das Wahrzeichen der venezianischen Herrschaft.

***Palazzo del Comune** Im Palazzo del Comune (1194), dem Repräsentations- und Versammlungsbau der Stadtrepublik, berieten die höchsten Gremien der Stadt, der Rat der Ältesten bzw. der Rat der 80 und der Rat der 500, der bis zu 1200 Repräsentanten haben konnte. Entsprechend gewaltig sind die Ausmaße des mächtigen **romanischen Vierflügelbaus**. Sein großer Innenhof, der von hohen Arkaden umgeben ist, besitzt eine marmorne, einst überdachte Freitreppe (um 1450), die zum Ratssaal führt. Die nur durch wenige Fenster und Bogen aufgelockerte Fassade wird durch Lagen aus rotem Ziegel- und hellem Tuffstein belebt. Über dem Bau ragt die **Torre dei Lamberti** mit der mittelalterlichen Sturmglocke El Rengo auf.

❶ tgl. 9.00 – 18.00 Uhr

In der 1301 gebauten und 1878 wiedererrichteten **Casa dei Mercanti** gegenüber dem Palazzo del Comune versammelten sich in früheren Zeiten die Kaufleute. Nördlich des Palazzo del Comune stehen hinter dem Durchgang zur Piazza dei Signori die ***Case dei Mazzanti**. Die herrlichen Renaissancefresken an ihren Fassaden entstanden als Auftragsarbeit der Familie Mazzanti, die diese Häuser 1517 erwarb.

! BAEDEKER TIPP

Ein Konzert aus Düften

Schinken aus Parma, Salami aus allen Teilen Italiens, Würste, Käse und Antipasti verbreiten einen betörenden Duft in diesem alten prachtvollen Lebensmittelladen. Da fällt die Auswahl schwer (Antica Salumeria Albertini, Corso Sant' Anastasia 41, Tel. 04 58 03 10 74, www.salumeriaalbertini.it).

Palazzo Maffei, Torre del Gardello

Im barocken Palazzo Maffei (1668) an der Nordseite des Platzes ist eine Touristeninformation untergebracht. In der Nähe erhebt sich die Torre del Gardello mit der ältesten Stadtuhr Veronas von 1370.

** PIAZZA DEI SIGNORI

»Salon« der Stadt

Die Straße links vom Stadtturm mündet in die von Palästen umstandene Piazza dei Signori, den eleganten »Salon« der Stadt. Die Straßendurchgänge zum Platz werden von großen Bögen überspannt, die die **herrlichen Paläste** miteinander verbinden. Hier lag etwa ab dem Jahr 1000 das Verwaltungs- und Regierungsviertel Veronas. In der Platzmitte steht ein Dante-Denkmal aus dem Jahr 1865. Bei archäologischen Grabungen fand man römischen Straßenbelag, Mosaiken und die Fundamente einiger öffentlicher Gebäude der Römerstadt.

Palazzo dei Tribunali

Auf der rechten Seite hinter dem Palazzo del Comune liegt der Palazzo dei Tribunali (1365). Die festungsartige Vierflügelanlage mit ihrem Wehrturm ließ der gefürchtete Cansignorio della Scala errichten; später diente der Bau als Artillerieschule und als Sitz des venezianischen Statthalters. Die Loggia entstand 1476, das Renaissanceportal schuf 1530 Michele Sanmicheli.

Palazzo del Governo

An der östlichen Seite des Platzes schließt der zinnenbekrönte Palazzo del Governo (Präfektur) an, ebenfalls eine ehemalige Residenz der Familie della Scala, in diesem Fall von Cangrande I. Die Arkaden wurden 1419 in die Fassade gebrochen, Sanmicheli fügte 1553 das repräsentative Portal an. Von Giotto und Altichiero wurde der Palast mit Fresken ausgestattet, die heute teilweise noch erhalten sind.

Santa Maria Antica

Der Durchgang zwischen dem Palazzo del Governo und dem Palazzo dei Tribunali führt zu der kleinen dreischiffigen Kirche Santa Maria Antica (12. Jh.), die als **Hauskirche der Scaligeri** fungierte. Über dem Portal der Kirche befindet sich der Sarkophag des Cangrande I. († 1329), den zwei Hunde in Anspielung auf den Herrschernamen Cangrande (= großer Hund) tragen. Über dem Baldachin des Grabmals erscheint die Nachbildung einer ungewöhnlichen Statue mit lachendem Reiter (Original im Castelvecchio).

Auf dem **Familienfriedhof** neben der Kirche befinden sich die eindrucksvollen ****Gräber der Scaligeri**, die gotischen Grabmäler der Familien della Scala (Arche Scaligere). Der Friedhof ist von einem kunstvollen Gitter (14. Jh.) umgeben, in das wiederholt kleine Darstellungen von Leitern (scala) eingearbeitet sind, die die Skaliger im Wappen tragen. Auf dem Friedhof sieht man den Sarkophag Mastinos II. († 1351) und den außerordentlich aufwändig gestalteten Prunksarg des Cansignorio († 1375) – jeder unter einem reich verzierten Baldachin mit einem Pyramidendach, das von der Reiterfigur des jeweiligen Skaligers bekrönt wird.

! BAEDEKER TIPP

Ristorante Antico Caffè Dante

Links neben der Loggia del Consiglio kann man im ältesten Café der Stadt mittags und abends gut essen. Das Caffè Dante befindet sich in einem um 1500 entstandenen Renaissancebau, der seit seiner Renovierung in neuem Glanz erstrahlt (Piazza dei Signori 2, Tel. 04 58 00 00 83).

****Loggia del Consiglio**

An der Nordseite der Piazza dei Signori steht die zweigeschossige Loggia del Consiglio, eines der schönsten Bauwerke der Frührenaissance im venezianischen Stil, entstanden in den Jahren 1486 bis 1493. Der Entwurf der Loggia del Consiglio wird Fra Giocondo zugeschrieben. Die Rundbögen der Arkadenreihe werden von schlanken Säulen getragen. Bekrönt wird das Gebäude von fünf Statuen berühmter Veroneser der Antike.

***Casa di Giulietta**

Im Innenhof der Casa di Giulietta (Via Cappello Nr. 21) soll er sich abgespielt haben: der Beginn der tragischen Liebesgeschichte von Romeo und Julia (►Baedeker Wissen, S. 264). Der Palazzo Capuleti – wie das Gebäude offiziell heißt – stammt aus dem 13. Jh. und bietet heute nicht viel mehr als fast leere frühgotische Räume, in denen nur wenige Fresken und Möbel zu sehen sind.

Hauptattraktion des Besuchs für die meisten: Einmal Julia spielen und auf den **berühmten Balkon** hinaustreten. Der Palazzo Capuleti hatte im Übrigen ursprünglich gar keinen Balkon, er wurde von Shakespeare erfunden, wie letztlich zwei Drittel der Tragödie. Der Balkon, nebenbei bemerkt ein Sarkophag, wurde erst 1935 bei Renovierungsarbeiten angebaut. Wenig Aufmerksamkeit gezollt wird den verbauten Resten des Palazzo der Familie des Romeo in der Via Arche Scaligere.

ⓘ Mo. 13.30 – 19.30, Di. – So. 9.00 – 19.00 Uhr

VON SANT' ANASTASIA ZUM DOM

****Sant' Anastasia**

Durch schmale Gassen geht es von der Piazza dei Signori zur Kirche Sant' Anastasia, einem mächtigen Backsteinbau in unmittelbarer Nähe des Etschufers, der die Häuser an der kleinen, gleichnamigen Piazza überragt. Sant' Anastasia ist die **größte gotische Kirche Veronas**. Sie wurde ab 1290 als Klosterkirche der Dominikaner errichtet und erst 1481 vollendet. Besonders beeindruckend ist der Bau vom gegenüberliegenden Etschufer. Von dort aus ist nicht nur der architektonisch **fein gegliederte Glockenturm** zu sehen, sondern auch die Chorpartie mit ihren sechs polygonalen Kapellen. Der Gesamteindruck des schwach beleuchteten, durch hohe Säulen in drei Schiffe unterteilten Innenraums wird durch den farbigen Fußboden, die roten Marmorsäulen und die ornamentale Gewölbeausmalung bestimmt. Die beiden Weihwasserbecken am ersten Säulenpaar werden von buckligen Figuren, den **»due gobbi«**, getragen. Die linke Figur ist von 1500 und wird Caliari, dem Vater des berühmten Paolo Veronese, zugeschrieben; die rechte ist neun Jahre älter. Eine Besonderheit unter den Kunstwerken in Sant' Anastasia ist das Fresko »Aufbruch des hl. Georg zum Kampf mit dem Drachen«, das **Pisanello** um 1435 malte (über dem Bogen zur ersten Kapelle rechts vom Haupttor). Es ist auch eines der Hauptwerke der oberitalienischen Malerei, da der spätgotische Stil in diesem Gemälde vollendet und zugleich überwunden wird – besonders deutlich zu sehen an der Darstellung des Pferdes, dessen extrem perspektivische Verkürzung auf das Raumempfinden der Renaissance hinweist. Im Hauptchor steht das 1429 geschaffene Grabmal des Condottiere Cortesia Serego, der unter den Skaligern als Feldherr diente. Hervorragende **spätgotische Freskenmalerei** findet man in den Kapellen links und rechts des Hauptchores. Besonders interessant ist die südlichste Kapelle, in der Altichieri um 1390 die Wand mit dem Grabmal des Federico Cavalli mit einem grandiosen Votivfresko ausschmückte. Die Kapelle links daneben birgt das Grabmal des Tommaso Pelegrini (1392).

Galleria d' Arte Moderna

Die Galleria d' Arte Moderna im Palazzo Forti zeigt Werke Veroneser Maler (19. / 20. Jh.) und veranstaltet Wechselausstellungen.

❶ Via Forti 1; derzeit Umzug in den Palazzo della Regione

Museo Miniscalchi-Erizzo

In einer bis 1977 bewohnten Adelsresidenz ist das Museo Miniscalchi-Erizzo eingerichtet. Es zeigt von der Familie Miniscalchi zusammengetragene Einrichtungs- und Ausstellungsstücke von Gemälden über Porzellan, Waffen und Kunsthandwerk bis zu skurrilen mechanischen Apparaturen in der **»Wunderkammer«** des Gelehrten Ludovico Moscardo aus dem 17. Jahrhundert.

❶ Via S. Mamaso 2a; Mo. – Fr. u. So. 11.00 – 13.00 u. 16.00 – 19.00 Uhr, Juni – Sept. nur vorm.

Auf ewig Dein

Umschlungen von einem Herzen stehen an der Wand: »Noemi and Dennis«, »Anna e Enrico«, »Sven und Andrea« – moderne Liebesschwüre in Graffitiform auf den alten Mauern von Verona.

Verona ist die Stadt, in der Romeo und Julia vor 700 Jahren nur wenige Tage lang ihre junge, leidenschaftliche Liebe lebten. Sie endete so tragisch, dass sie Generationen von Verliebten bewegte.

William Shakespeare (1564 – 1616) hat die Geschichte dieser großen Liebe zwar nicht erfunden, aber berühmt gemacht mit »An Excellent Conceited Tragedie Of Romeo And Juliet« (»Eine vortrefflich erfundene Tragödie von Romeo und Julia«), die als Fünfakter in Vers und Prosa 1597 veröffentlicht wurde. Historisch gesichert ist nur, dass die Familien Montecchi und Cappelletti zu Beginn des 14. Jh.s in Verona lebten und miteinander verfeindet waren.

Schon im 15. Jh. hatten sich **Masuccio Salernitano** im »Novellino« (1476) und zwei Schriftsteller der italienischen Renaissance, **Matteo Bandello** (1485 – 1561) und **Luigi da Porto** (1485 – 1529), des bis dahin nur mündlich überlieferten Stoffs für ihre eigenen Werke bedient. Da Porto verlegte die Handlung in seiner Novelle »Giulietta e Romeo« (um 1535) in die Regierungszeit von Bartolomeo della Scala in Verona. Als Übersetzung gelangte der Stoff nach England, wo William Painter ihn veröffentlichte und anschließend **Arthur Brooke** mit seiner Verserzählung **»The Tragicall Historye of Romeus and Juliet«** (1582) die Vorlage für Shakespeare lieferte.

Liebesglück, Liebesleid

Schon bei da Porto ist Romeo ein »junger, schöner, schlanker und aufgeräumter« Mann, der maskiert an einem Fest der Capulets teilnimmt und beim Anblick Julias in heftiger Liebe entbrennt. Es folgen die **heimliche Vermählung** und eine kurze Hochzeitsnacht. Dann nimmt das Schicksal seinen Lauf: Romeo tötet als Vergeltung für seinen ermordeten Freund Mercutio

Bronzestatue für Julia: vier Tage Liebesglück, im Tod für immer vereint

Julias Vetter Tybalt und wird aus Verona verbannt. Julia entzieht sich der Verheiratung mit einem anderen durch ein Betäubungsmittel, das sie für kurze Zeit scheintot werden lässt. Der erklärende Brief erreicht Romeo nicht rechtzeitig. Aus Verzweiflung vergiftet er sich an Julias vermeintlichem Grab. Julia erwacht, erkennt die ausweglose Lage und ersticht sich, um im Tode mit Romeo vereint zu sein.

Die Orte der Tragödie

Im Hof des Palazzo Capuleti steht eine **Bronzestatue von Julia**, vom Lions Club 1972 gestiftet, unterhalb des Balkons, auf dem einst schwärmerisch geflüstert wurde: »Doch still, was schimmert durch das Fenster dort? Es ist der Ost und Julia die Sonne!« Im **Haus des Romeo** in der Via Arche Scaligere kann man seine Worte auf einer Tafel lesen: »Romeo: Ach, ich verlor mich selbst; ich bin nicht Romeo. Der ist nicht hier: er ist – ich weiß nicht wo.« Dem jugendlichen Romeo und der vierzehnjährigen Julia waren lediglich vier Tage ihrer Leidenschaft vergönnt, doch in ihren Herzen war die Liebe eine ewige – die vielleicht aber nur deshalb so wahr und absolut ist, weil sie sich im Alltag nicht bewähren musste.

In den Künsten

Liebesglück und Liebesleid hat auch nachfolgende **Dichtergenerationen** beschäftigt. Johann Wolfgang von Goethe, Gottfried Keller und Marguerite Duras haben einer jungen, wilden, unmäßigen, den Augenblick genießenden, kompromisslosen Liebe in ihren Werken Ausdruck verliehen. Doch Romeo und Julia wurden nicht nur zum literarischen Motiv, auch **Komponisten** nahmen das Thema auf: Vin-

Ti amo, je t'aime, ich liebe Dich – die ewigen Liebesschwüre

cenzo Bellini, Hector Berlioz, Charles Gounod, Sergej Prokofjew, Heinrich Sutermeister, Pjotr Tschaikowsky. Bekannte **Choreografen** wiederum ließen sich durch die Musik zu Interpretationen von Romeo und Julia inspirieren.
Im 20. Jh. wurde die Liebestragödie **verfilmt**. Der Regisseur George Cukor brachte seine Version von Romeo und Julia 1936 heraus. Renato Castellani folgte im Jahr 1954 mit seiner Verfilmung. Franco Zeffirelli und Baz Luhrmann verewigten Romeo und Julia 1968 und 1996 auf Zelluloid. 1968 spielten Olivia Hussey und Leonard Whiting das Traumpaar, 1996 Claire Danes und Leonardo di Caprio.

Einmal als Julia auf dem Balkon stehen ...

Das Liebespaar heute

Heute gibt es in Verona jede Menge Souvenirkitsch, mit dem die Geschichte von Romeo und Julia vermarktet wird, und die Konditoren haben entdeckt, dass sich mit den **»baci di Giulietta«** und den **»baci di Romeo«**, einem leckeren Konfekt, Geld verdienen lässt.
Und die Verliebten, die durch Verona schlendern? Die küssen sich an historischer Stelle und suchen bei Julia das Liebesglück. Und nicht etwa den Liebestod. Sie streichen über die rechte Brust und den rechten Arm der Statue im Hof der Casa di Giulietta – wie es schon Tausende vor ihnen taten – denn das soll der Liebe Glück bescheren.

Mit Julia durch Verona

Manuela Uber ist **eine der Julias**, die beinahe täglich mindestens einen **Brief** beantwortet, der an die Julia aus Shakespeares Tragödie geschrieben wurde (Adresse »Julia, Verona, Italia« reicht!). Sie ist lizenzierte Stadtführerin und bietet Julia-Stadtführungen auf Englisch an (Auskünfte und Anfragen unter manuela.uber@tiscali.it). Wer eine deutsche Julia-Stadtführung bevorzugt, wendet sich an Martina Zampini unter star.3@alice.it. Auch sie ist offizielle Stadtführerin. Der Tarif liegt jeweils bei 54 € pro Stunde, der allerdings für bis zu 30 Personen gilt. Standard-Stadtführungen können auch unter Tel. 0 45/ 8 10 13 22, www.veronacityguide.it angefragt werden.

Im Dombezirk von Santa Maria Matricolare aus dem 12. Jh. entstanden mit der Bischofskirche weitere Gebäude: Kreuzgang, Taufkirche (San Giovanni in Fonte), eine Kirche für das Domkapitel (Sant' Elena), Bibliothek und Bischofspalast.

Dombezirk

Von außen ist der Kirchenbau eine romanische Basilika. Der Bauschmuck konzentriert sich vor allem auf das Hauptportal, das mit einem doppelgeschossigen Baldachinvorbau besonders hervorgehoben ist und als Werk von Maestro Nicolò gilt. An den Säulen des Portalgewändes sind neben Propheten auch zwei Kriegerfiguren zu sehen, bei denen es sich um Roland und Olivier, zwei Paladine Karls des Großen, handeln soll. Der monumentale, durch Bündelpfeiler in drei Schiffe nahezu gleicher Höhe unterteilte Innenraum ist geprägt von späteren Umbauten, insbesondere denen des 15. und beginnenden 16. Jahrhunderts.

****Kathedrale**

Zu den beeindruckendsten Kunstwerken im Dom gehört das großformatige Altarblatt in der ersten Kapelle des nördlichen Seitenschiffs: die Darstellung der »Himmelfahrt Mariens« von **Tizian** (um 1540). Im südlichen Seitenschiff steht am Ostende das gotische Grabmal der hl. Agatha (1353). Die halbrunden Marmorschranken vor der großen, mit illusionistischen Fresken ausgemalten Chorapsis schuf 1534 Sanmicheli.

Hinter der Apsis des Doms steht die Kirche San Giovanni in Fonte (12. Jh.), die – ungewöhnlich für eine Taufkirche – als dreischiffige Basilika angelegt wurde. Sie wird v. a. wegen ihres spätromanischen Taufbeckens besucht, das aus einem einzigen Marmorblock besteht.

San Giovanni in Fonte

Östlich des Doms führt der Ponte Garibaldi ans linke Ufer der Etsch, westlich ist es der von den Römern erbaute Ponte Pietra. Diese 1298 restaurierte und nach dem Zweiten Weltkrieg wieder aufgebaute Brücke verband schon zu römischen Zeiten die Stadt mit der Festung und dem Theater am anderen Ufer (s. u.).

Ponte Pietra

VOM DOM ZUM CASTELVECCHIO

Vom Ponte Garibaldi führt der Lungadige Panvinio am rechten Etschufer aufwärts. Linker Hand fällt der Blick auf die Kirche Santa Eufemia, eine der Veroneser Bettelordenskirchen des 14. Jh.s, die 1739 barockisiert wurde. Bemerkenswert sind nur die Reste von gotischen und Renaissancefresken in Haupt- und Seitenchören.

Santa Eufemia

Von der Kirche sind es nur wenige Schritte zum Corso Porta Borsari, dessen westliches Ende von der Porta dei Borsari, einem römischen Stadttor mit dreigeschossiger Schaufront, abgeschlossen wird. Die

Corso Porta Borsari

lange Straße, die von der Piazza delle Erbe zum Castelvecchio führt, entspricht der römischen Hauptstraße (decumanus maximus).

Corso Cavour

Die Verlängerung des Corso Porta Borsari ist der Corso Cavour, der von stattlichen Palästen gesäumt ist. Zunächst aber führt ein kleiner Abstecher nach links zu den beiden Kirchen **Santi Apostoli** und Sante Tosca e Teuteria. Erstere war vor ihren mehrfachen Umgestaltungen ein romanisches Kleinod (1194), woran leider nur noch Teile der Fassade erinnern.

Die winzige angebaute **Nachbarkirche Sante Tosca e Teuteria** zählt zu den ältesten Kirchen Norditaliens: 751 wurde das Gotteshaus geweiht. Ein Vorgängerbau an dieser Stelle diente im 5. Jh. vermutlich als Grablege eines römischen Ehepaars, Sarkophage aus römischer Zeit sind noch zu sehen.

Zurück auf dem Corso Cavour, sieht man linker Hand den prächtigen **Palazzo Bevilacqua** (Nr. 19), der 1539 von Michele Sanmicheli erbaut wurde. Von diesem stammt auch der **Palazzo Canossa** (Nr. 44) auf der rechten Seite, dessen Figurenbalustrade eine Zutat aus dem 18. Jh. ist.

Ein Tor hinter dem Palazzo Canossa führt zur **Kirche San Lorenzo** (nach 1177), der einzigen romanischen Emporenbasilika der Stadt. Ihre Westfassade wird von zwei runden Treppentürmen flankiert. Der Bau besticht durch seine charakteristische Wandgliederung in Rot und Weiß.

**Castelvecchio

Die 1357 von Cangrande II. errichtete Anlage am Ufer der Etsch besteht aus zwei Teilen: einem zur Stadt hin ausgerichteten **Festungsbau mit Kaserne**, der die Scaligeri weniger gegen äußere Feinde als gegen die Veroneser schützen sollte, und einem **Wohnpalast**. Dazwischen ragt ein hoher Wehrturm auf, durch den man zum Ponte Scaligero gelangt. Diese 1375 fertiggestellte Brücke sollte den Bewohnern des Castelvecchio bei Gefahr die Flucht über die Etsch ermöglichen. In weitem Bogen spannt sich die zinnenbekrönte, mit Bastionen und Wehrgängen befestigte Brücke über den Fluss.

Nach dem Sturz des letzten Skaligers 1387 verfiel die Festungsanlage. Bei ihrer Restaurierung (1923 – 1964) wurde das **Museo Civico d'Arte** darin eingerichtet. Dem ehemaligen Wehrbau wurde dabei eine venezianisch-gotische Fassade vorgesetzt. Der Architekt **Carlo Scarpa** gestaltete die historischen Innenräume, bis heute beeindruckt die Museumskonzeption.

In den 29 Sälen des Kunstmuseums sind Arbeiten von Veroneser Bildhauern und Malern des 12. – 18. Jh.s zu sehen. Zu Beginn sind Skulpturen des 12. – 15. Jh.s ausgestellt, es folgen Beispiele veronesischer Malerei (14. / 15. Jh.), darunter eine »Madonna im Rosengarten« von 1425 und eine »Madonna mit der Wachtel« von Pisanello. Die Blüte der Veroneser Malerei in Gotik und Renaissance ist mit zahlreichen weiteren hervorragenden Werken vertreten, z. B. von Turone und Bellini. Bedeutende Gemälde, u. a. von **Veronese, Tintoretto und Tiepolo**, dokumentieren das 16. und 17. Jahrhundert. Auf einem Sockel zwischen dem Wehr- und dem Wohnbau thront eines der bedeutendsten Kunstwerke des Museums: die vieldeutig lächelnde Reiterstatue des Cangrande della Scala (14. Jh.).

Museo Civico d' Arte: Di. – So. 8.30 – 19.30, Mo. ab 13.30 Uhr; Eintritt: 6 €

SÜDLICH UND WESTLICH DES CASTELVECCHIO

Stadttore

Die Stradone Porta Palio führt vom Castelvecchio zum Innenwall des venezianischen Bastionssystems, heute eine Zone mit Bäumen und Grünflächen, und zum prächtigen, reich verzierten Stadttor Porta Palio, das im 16. Jh. von Sanmicheli erbaut wurde.

San Bernardino

Die ehemalige Franziskanerkirche San Bernardino (1466) nordwestlich der Porta Palio ist eine Anlage mit großem Arkadenhof. Um 1500 wurden an der rechten Wand des Langhauses Kapellen angebaut, die z. T. mit kostbaren Gemälden und Fresken ausgestattet sind. Herausragend ist die ***Kapelle der Familie Avanzi**, in deren Wandtäfelung wertvolle Gemälde berühmter Veroneser Maler der Renaissance eingefügt wurden. Bemerkenswert ist auch die **Cappella Pellegrini**, die um 1530 von Michele Sanmicheli erbaut und im Stil der Hochrenaissance ausgestattet wurde. Im benachbarten Kloster ist der ehemalige Bibliothekssaal (Sala di Morone) zu besichtigen, um 1500 von Domenico Morone erbaut und von seinem Sohn ausgemalt.

****San Zeno Maggiore**

Die große Basilika San Zeno Maggiore, eine der schönsten romanischen Kirchen Norditaliens, wird von einem Glockenturm und einem zinnenbekrönten Wehrturm flankiert. Der heutige Bau entstand im 12. Jh. über dem Grab des Stadtpatrons, des hl. Zeno, als Kirche eines einflussreichen Benediktinerklosters.

Die **Westfassade** wird beherrscht von der großen Fensterrose und dem von Maestro Nicolò geschaffenen **Portal**, einem Meisterwerk der gotischen Bildhauerkunst. Es liegt hinter einem Baldachinvorbau, dessen Säulen auf zwei steinernen Löwen ruhen. Im Tympanon des Portals überreicht Bischof Zeno das Banner der freien Kommune an die Veroneser Bürger. Bei den berühmten **Bronzetüren** handelt es sich

> ? BAEDEKER WISSEN
>
> *Heiliger aus schwarzem Marmor*
>
> San Zeno, der Schutzheilige der Stadt Verona, stammte aus Afrika und war im 4. Jh. Bischof von Verona (►Berühmte Persönlichkeiten). Für die Sitzfigur in der San-Zeno-Kirche, die ihn darstellt, ist deshalb als Material schwarzer Marmor genommen worden.

Das hohe Mittelschiff von San Zeno Maggiore

um Holztüren, auf die Bronzetafeln aufgenagelt wurden. Anhand stilistischer Unterschiede können sie zwei Entstehungsphasen zugeordnet werden. Die Darstellungen auf den älteren, um 1100 entstandenen Tafeln besitzen keinen Bildraum und den Figuren fehlt die Standfläche, während auf den jüngeren Reliefs (um 1200) bereits mit den Mitteln der Perspektive eine räumliche Wirkung erzeugt wird. Dargestellt sind alt- und neutestamentliche Szenen, Wundertaten des hl. Zeno, Königsfiguren sowie Allegorien der Tugenden.
Das hohe **Mittelschiff** schließt mit einer eigenwilligen Holzdecke (14. Jh.), während der erhöhte Chor rippengewölbt ist. Unter dem Chor befindet sich die Krypta in Form einer großen Unterkirche. Ihr Gewölbe spannt sich über 48 Säulen mit kunstvoll gearbeiteten Kapitellen. Eine Brüstung mit den Statuen von Christus und den Aposteln (um 1260) trennt das Langhaus vom Chor, wo das bedeutendste Kunstwerk des Gotteshauses aufgestellt ist: das dreiteilige **Altarbild** (Kopie) mit der thronenden Muttergottes im Zentrum, ein Frühwerk (1456 – 1459) des großen Renaissancemalers **Andrea Mantegna**. Die leuchtende Farbigkeit und der Eindruck eines dreidimensionalen Bildraums, der sich in der Rahmenarchitektur fortsetzt, kennzeichnen die hohe Meisterschaft Mantegnas.
Der 1123 errichtete **Kreuzgang**, dessen Gewölbe im 14. Jh. dem Zeitstil angepasst wurden, ist vom nördlichen Seitenschiff aus zugänglich.

San Procolo

Neben San Zeno steht eine romanische Kirche, deren heutiges Aussehen auf das Jahr 1117 zurückgeht. Ein im 9. Jh. umgebauter Vorgängerbau existierte schon im 5. Jahrhundert. Erhalten sind davon Mauerreste und Kapitelle mit Flechtbandornamenten, die in die große **romanische Krypta** integriert wurden. Im Kirchenraum sind u. a. die Marmortriptychen an den Wänden hinter dem Hauptportal beachtenswert.

SEHENSWERTES AM WESTLICHEN ETSCHUFER

***Teatro Romano**

Jenseits der Brücke Ponte della Pietra steigen am Hang unter dem Castel San Pietro die Zuschauerränge des ehemaligen römischen Theaters aus der Zeit des Augustus auf. Beim Bau sparten die Römer am Marmor und verwendeten vielfach porösen Kalkstein. Hochwasser und Erdrutsche zogen das Theater stark in Mitleidenschaft. Da es außerdem im Mittelalter als Steinbruch benutzt und später überbaut wurde, sind nur noch die Sitzreihen und wenige Reste der einstmals prunkvollen, statuengeschmückten Frontmauer am Etschufer erhalten. Das Theater, mit dessen Ausgrabung man von 1834 bis 1939 beschäftigt war, wird heute zwischen Juli und September für **Konzerte, Ballett- und Theateraufführungen** genutzt.
Oberhalb der Ränge stehen die Kirche Santi Siro e Libera (10. Jh.) mit einer barocken Marmortreppe und das spätmittelalterliche Kloster San Girolamo. In Letzterem ist das archäologische Museum (Museo Archeologico) untergebracht.

● Di. – So. 9.00 – 19.00, während der Theaterspielzeit 9.00 – 15.00 Uhr; Eintritt: 6 €

Castel S. Pietro

Eine Treppe links neben dem Theater führt auf den Hügel San Pietro mit dem gleichnamigen Kastell, das 1854 von den Österreichern erbaut wurde. In römischer Zeit stand hier bereits eine Zitadelle, in der angeblich später der König der Goten, Theoderich der Große, residierte.

Santo Stefano

Die Kirche Santo Stefano nordwestlich des römischen Theaters gehört zu den ältesten Kirchengründungen Veronas, sie geht auf das 5. – 8. Jh. zurück. Durch mehrfache Umbauten stellt sich der Bau heute als Stilmix dar. Ungewöhnlich ist der achteckige Vierungsturm, sehenswert der niedrige Chorumgang (10. Jh.) im Innern. Im Chor steht ein Bischofsstuhl aus der Zeit um 1000.

***San Giorgio**

Die marmorverkleidete Kirche San Giorgio (1530) gegenüber dem Dombezirk erkennt man an ihrer schönen Kuppel, deren Entwurf auf Sanmicheli zurückgeht. Im Innern wird man von einer Vielzahl wertvoller Gemälde Veroneser und Brescianer Meister überrascht; am

Hochaltar sieht man das bedeutendste Kunstwerk der Kirche, das »Martyrium des hl. Georg« (1566) von **Veronese**. Beachtung verdienen auch Werke von **Moretto, Romanino und Jacopo Tintoretto**.

Giovanni in Valle

Südöstlich vom Castel S. Pietro steht die romanische Kirche San Giovanni in Valle (um 1120). Im Unterschied zum schlichten Äußeren ist die Raumwirkung eindrucksvoll. In das Langhaus führt eine Treppe hinunter; das von drei Apsiden abgeschlossene Presbyterium liegt erhöht über der Krypta.

***Santa Maria in Organo**

Weiter südlich ragt die Kirche Santa Maria in Organo auf, die Teil eines Benediktinerklosters (7. Jh.) war und um 1480 im Renaissancestil umgebaut wurde. Die Fassade nach Entwürfen von Sanmicheli (1592) blieb unvollendet. In der dreischiffigen Kirche sieht man Gemälde und Fresken von fast allen namhaften Renaissancemalern der Stadt, z. B. von Nicolò Giolfino, der die Cappella della Croce im rechten Querarm ausmalte. Im Chor ist ein Gestühl (1499) mit einzigartigen **Intarsienarbeiten** zu bewundern, eine Arbeit von Fra Giovanni da Verona, der auch die Wandverkleidungen der Sakristei (1504) gestaltete. Die Fresken stammen von Morone.

****Giardino Giusti**

Durch die Porta Organa kommt man zum Palazzo Giusti (1580). Der angeschlossene **Renaissancegarten** ist ein kleines Paradies: Hinter einem Irrgarten aus Hecken, in dem Statuen aufragen und Wasserspiele plätschern, zieht sich der Park mit kleinen Pfaden und Hohlwegen an Grotten und alten Pavillons vorbei den Hang hinauf.

❶ Sommer tgl. 9.00 – 20.00; Winter bis 19.00 Uhr

Santi Nazaro e Celso

Folgt man der Via Muro Padri vom Palazzo Forte nach Süden, steht 400 m weiter links die Kirche Santi Nazaro e Celso, die einst zu einem großen Benediktinerkloster gehörte. Die 1464 errichtete Kirche besitzt schöne Altarblätter und ist reich freskiert. Beachtenswert ist die Cappella di San Biagio am Ende des linken Seitenschiffs: Sie wurde 1488 als Zentralbau für die Reliquien der Heiligen Blasius und Juliana angelegt. Die Cappella Britti, die von der rechten Kapellenwand abgeht, birgt schöne Werke von Palma il Giovane. In der Apsis finden sich kostbare Renaissancegemälde von Bartolomeo Montagna.

Schöne Details: Pavillon und Statue im Renaissancegarten Giardino Giusti

ata

PRAKTISCHE INFORMATIONEN

Wie kommt man am besten an den Gardasee und was dürfen Sie auf keinen Fall zu Hause vergessen? Was hat es mit der »Bella Figura« auf sich und wie fragt man auf Italienisch nach einem guten Restaurant?

Anreise · Reisevorbereitung

MIT DEM AUTO

Aus Deutschland

Die schnellste Verbindung aus Deutschland ist die Autobahn München – Innsbruck – Brenner. Als Alternative zur stark befahrenen Brennerroute bietet sich auch die Strecke über den **Fernpass und den Reschenpass** an: über Füssen, die B 179, die B 189 und die B 180 zum Reschenpass (österreichisch/italienischer Grenzübergang) hinauf und danach auf der italienischen Staatsstraße SS 40 bzw. SS 38 via Meran bis Bozen. Von dort geht es dann auf der italienischen Brennerautobahn A 22 weiter nach Süden zum Gardasee.

Eventuell lohnt sich auch ein Umweg über den Bodensee auf der **Arlbergroute**: Man fährt dann ab Memmingen auf der A 96 bis Lindau bzw. zum deutsch-österreichischen Grenzübergang bei Lochau, durch den Pfändertunnel bei Bregenz, weiter auf der A 14 und auf der S 16 zum Arlbergtunnel und von dort dann auf der oben beschriebenen Reschenpassroute (B 180).

> **! BAEDEKER TIPP**
>
> *Jetzt fängt der Urlaub an!*
>
> Wenn man – wie mehr als die Hälfte aller Gardasee-Urlauber – über Nago-Torbole anreist, dann bietet sich hier ein Stopp für einen ersten Blick auf den Gardasee an. Von Nago kommend in Richtung Torbole hält man am ersten Parkplatz gleich hinter der Serpentine. Von hier oben hat man einen atemberaubenden Blick. Und das ist sicher die schönste Art, den Urlaub zu beginnen: das Auto abstellen, von der Bar ein Eis holen und auf den Lago schauen.

Aus Österreich

Aus dem östlichen und dem mittleren Österreich fährt man am schnellsten über die **Triester Autobahn** via Villach, Udine und Venedig an den Gardasee. Aus Westösterreich kommt man am zügigsten über den Brenner an den See.

Aus der Schweiz

Die Hauptstrecke führt über die **Gotthardroute** (E 35/N 2) und die italienische A 9. Kurz vor Mailan[illegible] [illegible]uf die E 64 bzw. die itali[illegible] [illegible] Südu-

Wer mit dem Auto über die gut ausgebauten Autobahnen an den Gardasee fährt, muss Mautgebühren in seinen Reiseetat einplanen. **Mautgebühren**

Für **österreichische Autobahnen** gibt es Jahres-, Zweimonats- und Zehntages-Vignetten. Zusätzliche Mautgebühren fallen für die Benutzung einiger Streckenabschnitte an, deren Bau und Unterhalt besonders hohe Kosten verursacht. Dazu gehören auch der Arlbergtunnel und die Brennerautobahn (Infos: www.arboe.at/maut_oesterreich.html sowie www.asfinag.at). Sondermaut und Vignetten können direkt, online und telefonisch erworben bzw. bezahlt werden. Der Kauf einer Videomaut-Karte erspart am Brenner, wo an der Videomaut-Abfertigung KFZ-Kennzeichen automatisch eingelesen werden und nebenan auch Kreditkartenautomaten eingerichtet sind, lange Wartezeiten (www.videomaut.at).

Benutzer **schweizerischer Autobahnen** brauchen eine Jahresvignette. Der Kauf ist an der Grenze oder online möglich.

Auch auf **Italiens Autobahnen** wird eine Maut erhoben. Wartezeiten an den Mautstellen erspart die Via-Card (►Verkehr), die bargeldloses Zahlen ermöglicht (Information: www.autostrade.it; Mautgebühren Schweiz und Italien: www.arboe.at/maut_schweiz.html sowie www.arboe.at/maut_italien.html).

MIT DER BAHN

Brennerbahn

Der Gardasee liegt nur wenige Kilometer von der Brennerbahn entfernt. Auf dieser wichtigen Alpentransversale verkehren **Euro-City-Züge** etwa im Zwei-Stunden-Takt. Von den EC-Bahnhöfen Trient (Trento), Rovereto und Verona kommen Bahnreisende problemlos mit Zubringerbussen an den Gardasee. Von Verona gibt es Zugverbindungen nach Peschiera und Desenzano, die beiden Orte am Südufer des Sees sind EC-/IC-Stationen an der Bahnstrecke Verona – Mailand. Eine Bahnfahrt mit dem EC von München bzw. Salzburg nach Verona dauert etwa 5,5 – 6 Stunden. Für die Weiterfahrt an den See (z. B. nach Peschiera) braucht man etwa eine halbe Stunde.

Gotthardlinie

Auch über die zweite Alpentransversale, die Gotthardlinie, kommt man gut an den Gardasee. Auf der Strecke Karlsruhe bzw. Stuttgart – Zürich – Gotthard – Mailand verkehren EC-Züge etwa im Zwei-Stunden-Takt. Von Mailand aus fahren IC-Züge im Stundentakt via Brescia, Desenzano und Peschiera nach Verona. Eine Bahnreise von Zürich via Mailand an den Gardasee dauert etwa sechs Stunden.

Autoreisezug

Von Hamburg, Hannover, Köln-Deutz und Neu Isenburg / Frankfurt am Main fahren Autoreisezüge nach Verona (Veneto).

FLUGLINIEN

Alitalia
Tel. *0 18 05 07 47 47
www.alitalia.com

Lufthansa
Tel. *0 18 05 83 84 26
www.lufthansa.com

Austrian Airlines
Tel. 00 43 5 17 66 10 00
www.austrian.com

Swiss
Tel. *0 18 05 11 00 36
www.swiss.com

Air Dolomiti
Tel. 00 39 04 58 60 52 11
www.airdolomiti.de

Air Berlin
Tel. *0 18 05 73 78 00
www.airberlin.com

Ryanair
Tel. *0 90 01 16 05 00
www.ryanair.de

Germanwings
Tel. *0 90 01 91 91 00
www.germanwings.com

MIT DEM FLUGZEUG

Die dem Gardasee am nächsten gelegenen **internationalen Flughäfen** befinden sich in Verona, Bergamo und Mailand. Von allen Flughäfen kommt man per Bus an den Gardasee.
Linienflugverbindungen nach Mailand gibt es von fast allen deutschen Großstädten, ab Frankfurt und München sogar mehrfach täglich, sowie von Wien und Zürich. Verona wird von Berlin, Düsseldorf, Frankfurt, Köln, München und Wien aus angeflogen. Bergamo wird von Billigfluglinien angesteuert und zwar ab Berlin, Düsseldorf/Weeze, Frankfurt/Hahn und Hamburg/Lübeck.

EIN- UND AUSREISEBESTIMMUNGEN

Personalpapiere Ausweise von EU-Bürgern werden in der Regel nicht überprüft, man muss sie aber mit sich führen. Für Deutsche, Österreicher und Schweizer genügt der Personalausweis. Kinder brauchen einen eigenen Ausweis, ob Kinderreisepass, Reisepass oder Personalausweis hängt vom Alter ab; ein Eintrag im Elternpass gilt nicht mehr.

Fahrzeugpapiere Autofahrer müssen Führerschein, Kfz-Schein und die Internationale Grüne Versicherungskarte dabeihaben. Kraftfahrzeuge müssen das ovale Nationalitätenkennzeichen tragen, sofern sie kein EU-Kennzeichen haben.

Haustiere Seit 2011 ist auf EU-Ebene vorgeschrieben, dass Haustiere mit implantiertem Mikrochip reisen müssen und einen EU-Kleintierausweis samt Nachweis der Tollwutimpfung benötigen. Diese muss mindestens 30 Tage, maximal 12 Monate vor Einreise erfolgt sein. Maulkorb und Leine muss man dabeihaben, außerdem das Hundeverbot insbesondere an Stränden beachten.

Zollbestimmungen

Innerhalb der Europäischen Union ist der Warenverkehr für private Zwecke weitgehend zollfrei. Es gelten lediglich gewisse Höchstmengen (z. B. für Reisende über 17 Jahren 800 Zigaretten, 10 l Spirituosen und 90 l Wein). Für Reisende aus Nicht-EU-Ländern wie der Schweiz gelten folgende Freigrenzen: 200 Zigaretten oder 100 Zigarillos oder 50 Zigarren oder 250 g Tabak, ferner 2 l Wein oder andere Getränke bis 22 % Alkoholgehalt sowie 1 l Spirituosen mit mehr als 22 % Alkoholgehalt (Infos: Eidgenössische Oberzolldirektion, Monbijou- strasse 40, CH-3003 Bern, Tel. 0 31 / 3 22 65 11; www.ezv.admin.ch).

REISEVERSICHERUNGEN

Krankenversicherung

Versicherte der deutschen Krankenkassen haben im Krankheitsfall in Italien Anspruch auf eine Behandlung nach den in Italien gültigen Vorschriften. Auch mit der europäischen Krankenversicherungskarte muss meistens ein Teil der Kosten selbst bezahlt werden. Gegen Vorlage der Quittungen übernimmt die Krankenkasse zu Hause dann die Kosten – allerdings nicht für jede Behandlung. Schweizer müssen ärztliche Behandlungen und Medikamente selbst bezahlen.

Private Reiseversicherung

Da die Kosten für ärztliche Behandlung und Medikamente teilweise vom Patienten bezahlt werden müssen und die Kosten eines evtl. notwendigen Rücktransports von den Krankenkassen nicht übernommen werden, empfiehlt sich der Abschluss einer zusätzlichen Reise-Krankenversicherung. Viele Kreditkarten haben eine private Auslandsreisekrankenversicherung inkludiert.

Auskunft

AUSKUNFT ZU HAUSE

ENIT in Deutschland

(Ente Nazionale Italiano per il Turismo / Staatliches Italienisches Fremdenverkehrsamt)
www.enit.it
Barckhausstr. 10
D-60325 Frankfurt am Main
Tel. 0 69 / 23 74 34
Das Büro ist zuständig für Deutschland und auch für die Schweiz.

ENIT in Österreich
Mariahilfer Str. 1b
A-1060 Wien
Tel. 01/5 05 16 39
www.enit.it

ENIT in der Schweiz
Uraniastrasse 32
CH-8001 Zürich
Tel. 043/466 40 40
www.enit.ch

AUSKUNFT DER PROVINZEN

Provinz Brescia
Provincia di Brescia
Palazzo Broletto
Piazza Paolo VI, 29
I-25100 Brescia
Tel. 03 03 74 91
www.provincia.brescia.it

Provinz Trient
Trentino Marketing
Via Romagnosi 11
I-38122 Trento
Tel. 04 61 21 93 00
www.visittrentino.it

Provinz Verona
IAT Verona
Via degli Alpini, 9
I-37121 Verona
Tel. 04 58 06 86 80
www.veronaitaly.it

BOTSCHAFTEN UND KONSULATE

Deutsche Botschaft
Via San Martino della Battaglia 4
I-00185 Roma
Tel. 06 49 21 31,
www.rom.diplo.de

Österreichische Botschaft
Via Pergolesi 3
I-00198 Roma
Tel. 06 84 40 14-1
www.aussenministerium.at/rom

Schweizer Botschaft
Via Barnaba Oriani 61
I-00197 Roma
Tel. 06 80 95 71
www.eda.admin.ch

Deutsches Konsulat
Via Solferino 40
I-20121 Milano
Tel. 0 26 23 11 01
www.mailand.diplo.de

Österreichisches Konsulat
Piazza de Liberty 8/4
I-20121 Milano
Tel. 02 78 37 43
www.bmeia.gv.at

Schweizer Konsulat
Viale Palestro 2
I-20121 Milano
Tel. 0 27 77 91 61
www.eda.admin.ch

INTERNET

www.gardasee.de
Diverse Informationen rund um den Lago: Anreise, Unterkünfte, Veranstaltungen, Strände, Sportmöglichkeiten, Stadtführungen, Urlaub mit Hund und viele weitere Tipps

www.gardainforma.com
Ein breites Spektrum an Informationen: von Sehenswürdigkeiten über Hotels und Restaurants bis zu Aktivitäten und Shopping sowie Veranstaltungen

www.gardalake.eu
Restaurants, Unterkünfte, Veranstaltungen, Infos zu den einzelnen Orten in der Gardaseeregion

www.gardaqui.com
Garda Trentino Tourism Guide: Unterkünft und Restaurants, Sport und Shopping

www.lagodigarda.it
Allgemeine Informationen zum See, Kultur und Kulinarisches.

www.ristogarda.com
Recht brauchbare und aktuelle Website zu Restaurants rund um den Lago

Mit Behinderung am Gardasee und in Verona

Für körperlich behinderte Menschen ist der Gardasee nicht unbedingt ein empfehlenswertes Urlaubsziel. In den Dörfern überwiegt Kopfsteinpflaster und die Strände sind für Rollstuhlfahrer fast alle unzugänglich. Nur Verona stellt keine große Herausforderung dar, die Stadt ist flach und öffentliche Einrichtungen sind fast alle rollstuhlgerecht ausgebaut. Die Internetseite **www.italiapertutti.it** informiert über behindertengerechte Hotels und Ferienwohnungen in Italien.

Elektrizität

Das oberitalienische Stromnetz führt großenteils 220 Volt Wechselspannung. In den größeren Hotels kann man im Allgemeinen Euronorm-Gerätestecker benutzen. Ansonsten benötigt man häufig Adapter (ital. adattatore), die im Elektrofachhandel oder leihweise an der Hotelrezeption erhältlich sind.

Etikette

Was kommt an in Italien und was nicht?

Bella Figura, der schöne äußerliche Schein, ist für die meisten Italiener und Italienerinnen ein innerliches Bedürfnis. Auch wenn es sich bloß um den Gang zum Postamt oder einen Markteinkauf handelt, wer auf die Straße tritt, macht sich gern für die Öffentlichkeit fein – frei nach der Devise Coco Chanels, immer so angezogen zu sein, dass frau jederzeit den Mann ihres Lebens treffen könnte. Im Zweifelsfall gibt man sein Geld eher für Mode (und gutes Essen) als für Möbel oder

Fassadenanstriche aus. Umso verständnisloser oder amüsierter schaut man auf etikettelose Touristen herab, die gar mit Badeschlappen in die Kathedralen tappen, in Shorts Gemäldegalerien besichtigen, mit Sandalen in Restaurants sitzen oder sogar mit nacktem Oberkörper durch die Altstadt wandeln – das würde selbst den Tifosi, den Fußballfans von Juventus Turin, Lazio Roma oder Sampdoria Genua im größten Fußballfieber kaum einfallen.

BAEDEKER WISSEN ?

Rauchen kann teuer werden!

Ein Vino oder ein Grappa, dazu eine Zigarette – darauf müssen Raucher seit Januar 2005 in Restaurants und Bars verzichten. Es sei denn, sie befinden sich in einem abgeschlossenen, separat belüfteten Raucherraum. Ansonsten drohen Geldbußen, die zwischen 27,50 und 275,00 Euro liegen.

Bella Figura machen auch jeden Morgen die wahren Hauptdarsteller in den Hunderttausenden von Bars von Bozen bis Palermo: Die dampfenden Espresso bereitenden **baristi** tragen meist korrekte Kellnerjacken und bedienen souverän das vor ihnen stehende Publikum, an das sie aufgeschäumte Cappuccini, frisch gebackene cornetti und natürlich Gläser mit frischem Wasser verteilen. Wie langweilig ist gegen diesen Auftritt doch ein deutsches Frühstück im Sitzen – brechen Sie wenigstens einmal aus der Hoteltroutine aus und gönnen Sie sich eine colazione all‘ italiana. Und lassen Sie den Jungs hinterm Tresen ein paar Münzen Trinkgeld – Serviceberufe werden oft schlecht bezahlt.

Fotografieren

Bella Figura, das macht es auch dem Fotografen leicht. Die meisten Italiener freuen sich, wenn sie vor die Linse kommen, ihr Theaterblut gerät in Wallung. Nutzen Sie die Chance zu einem Schwätzchen, das sich schnell zu einem spontanen Casting entwickeln kann. Oft will dann die Nachbarin von nebenan mit aufs Bild, die Kinder winken die ganze Schulklasse zum Fototermin, der Padrone besteht darauf, dass auch die Kellnerbrigade abgelichtet wird. Ein Foto ist immer ein öffentliches Ereignis, ein Moment der Erwähltheit und Lebensfreude.

Autofahren

Spontan sind Italiener auch hinter dem Steuer. Auch wenn die Regierung Berlusconi 2004 beschlossen hat, die **Flensburger Verkehrssünderkartei** nachzuahmen, erweisen sich vor allem Süditaliener immer wieder als Lebenskünstler, die unbekümmert im Fiat auf Standspuren zum Überholen ansetzen oder in dritter Reihe parken – wie schön, wenn das Verkehrschaos sich dann doch entwirrt und möglichst viele Menschen mit möglichst vielen Gesten daran beteiligt sind. Denn dann wird die Straße zur lebendigen Piazza, wird die mechanisierte Routine des Alltags durchbrochen. Dass es dabei um Kommunikation und kaum je um Rechthaberei geht, beweist die kavaliersmäßige Rücksicht gegenüber Fußgängern, die im Gegensatz zu anderen mediterranen Ländern angenehm auffällt – wenngleich viele einheimische Autofahrer den Zebrastreifen wohl mehr als Kunst auf der Straße erachten ... Denn gehalten wird nur, wenn man als Fußgänger mutig den ersten Schritt wagt.

Komplimente machen

Glücklich wird in Italien, wer auf Italiener zugeht und ihnen durch ein **Lächeln** oder eine Geste zu verstehen gibt, dass man es schätzt und genießt, es gerade mit diesem besonders kompetenten und gewinnenden Gegenüber zu tun zu haben. Fragen Sie ruhig nach dem Vornamen des Kellners, rufen Sie lieber ein »bravo«, »grande« oder »bello« zu viel als zu wenig. Und wenn wieder einmal etwas nicht klappen sollte, dann schmeicheln Sie ganz macchiavellistisch der uralten italienischen Kunst des »arriangiarsi«. Ein verständnisvolles Kompliment führt in Italien meist schneller zum Ziel als herrische Drohgebärden, die – Sie ahnen schon – die Bella Figura beschädigen. Denn diese Nation lässt sich lieber bewundern als sich etwas sagen.

Geld

Euro

Italien gehört zur Eurozone. Für Schweizer gilt: 1 Euro = 1,20 CHF, 1 CHF = 0,83 Euro

Banken

In allen Touristenorten rund um den Gardasee gibt es Banken. Die Öffnungszeiten sind im Allgemeinen: Mo. – Fr. von 8.30 bis 13.00 und teilweise nachmittags zwischen 15.00 und 17.00 Uhr.

Geldautomat (Bancomat)

An Geldautomaten (Bancomat) kann man mit Kredit- oder Bankkarten mit der Geheimzahl problemlos rund um die Uhr Geld abheben.

Bank- und Kreditkarten

Banken, größere Hotels, Restaurants, Autovermieter, zahlreiche Einzelhandelsgeschäfte sowie etliche Dienstleistungs- und Verkehrsbetriebe akzeptieren die international gängigen Kreditkarten. Manche Hotels am Gardasee gewähren 3 % Nachlass auf die Rechnung, wenn sie bar bezahlt wird. Bei Autovermietern muss man meist eine Kreditkarte vorlegen, andernfalls muss eine Kaution hinterlegt werden. Bei Verlust kann man bei dem **zentralen Sperrnotruf** unter der Telefonnummer **00 49 / 11 61 16** Kredit- und Bankkarten, außerdem auch Handy-Karten sperren lassen.

Quittungen

In Italien sind Käufer verpflichtet, Kassenbelege (ricevuta fiscale oder scontrino) zu verlangen und aufzuheben. Es kann vorkommen, dass man nach dem Verlassen eines Geschäfts aufgefordert wird, die Quittung vorzuzeigen – damit soll Steuerbetrug erschwert werden. Der Ankauf imitierter Markenwaren, meist auf der Straße angeboten, ist untersagt und kann mit Geldstrafen bis 10 000 Euro geahndet werden, auch deshalb ist eine reguläre Quittung wichtig.

Gesundheit

Medizinische Notversorgung

In allen Städten und touristischen Zentren ist eine ausreichende medizinische Versorgung gewährleistet. In einigen Orten leistet die **Guardia Medica** Hilfe. Den ärztlichen Bereitschaftsdienst in der Nacht (von 20.00 bis 8.00 Uhr) und an Sonntagen übernimmt die Guardia Medica notturna e festiva. Ärztlichen Notdienst bzw. erste Hilfe (pronto soccorso) leisten außerdem das Rote Kreuz (Croce Rossa Italiana), das Weiße Kreuz (Croce Bianca) und das Grüne Kreuz (Croce Verde). Wer einen **Zahnarzt** braucht, fragt nach einem »dentista«. Der medizinische **Notdienst** ist unter Tel. 118 zu erreichen (www.118italia.net).

Apotheken (farmacia)

Die Apotheken haben in der Regel Mo. – Fr. 9.00 – 12.30 Uhr und 16.00 – 19.30 Uhr geöffnet. Sie schließen wechselweise mittwochs und samstags. In Verona haben einige Apotheken auch durchgehend von 8.30 bis 21.00 Uhr geöffnet. An jeder Apotheke informiert der Aushang »Farmacie di Turno« über die nächstgelegenen Apotheken, die Nacht- bzw. Feiertagsdienst haben.

Literatur · Karten

Belletristik

Goethe, Johann Wolfgang von: Italienische Reise 1786 – 1788. Artemis und dtv 1977.
Der Klassiker unter den Reisebeschreibungen.

Heißerer, Dirk: Meeresbrausen – Sonnenglanz. München: Diederichs Verlag 1999.
Ausgezeichnete Literaturgeschichte zum Gardasee.

Heyse, Paul von: Novellen vom Gardasee. Cotta 1902.
Schöngeistiges aus dem Land, wo die Zitronen blühen.

Kirchhoff, Bodo: Katastrophen mit Seeblick. Suhrkamp 1998.
Erzählungen vom Gardasee.

Lawrence, D. H.: Italienische Dämmerung. Diogenes 1985.
Reiseerzählung des Briten, der über die Alpen wanderte.

Schramm, Godehard: Mein Gardasee. Herbig 1999.
Stimmungsvolle Kurzgeschichten.

Wildgans, Roswitha: Vino Rosso. Emons 2011.
Kriminalroman um eine uralte Bratsche, der am Lago spielt.

Wolffheim, Franziska: Gardasee – Wo der Süden beginnt. Schöffling & Co. 2000.
Mit leichter Hand geschriebener Erzählband über stille Orte und interessante Menschen rund um den See.

Bauregger, Heinrich: Gardaseeberge. Bergverlag Rother 2000.
Kleiner Wanderführer mit schönen Tal- und Höhenwanderungen.

! BAEDEKER TIPP

Die Kunst des Erzählens

Der deutsche Schriftsteller Bodo Kirchhoff gibt in seinem Haus in Torri del Benaco Literatur-Sommerkurse. Informationen erhält man unter schreibkurs.bodo-kirchhof.de.

Föger, Manfred und Pegoraro, Karin: Gardasee. Naturwanderführer. Bruckmann 1997.

Krum, Werner: Gardasee und das Veronese. Prestel 1996.
Opulente Beschreibung von Land und Leuten.

Höllhuber, Dietrich und Kaul, Wolfgang: DuMont Wanderführer Gardasee. DuMont Reiseverlag, Ostfildern 2012.
Herrliche Panoramastrecken und Tipps für Wanderpausen.

Restaurantführer

Kellermann, Monika: Kulinarische Entdeckungen am Gardasee. Gardasee Journal Verlag 2012.
Gut 100 Adressen aus den drei Gardasee-Regionen.

Bildbände

Müssig, Jochen (Text), **Riehle, Michael** (Fotos): DuMont Bildatlas Gardasee – Trentino. DuMont Reiseverlag, Ostfildern 2011.
Kenntnisreiche Texte und exklusive Fotos zu allen Regionen am See plus Trentino und Verona.

Oppi, Alessandro: Fotografia il Lago di Garda 1910. Verlag Museo Alto Garda 2011.
Tolle Fotos zum Gardasee – wie er früher war und wie er heute ist.

Ratgeber

Anderson, Burton: Italiens Weine 2002 / 2003. Gräfe und Unzer 2002.
Weinführer mit Hinweisen auf Vinotheken und Restaurants.

Cernilli, Daniele: Gambero Rosso Vini d' Italia. Hallwag 2011.
Jährlich erscheinender renommierter Weinführer.

DVD

Weltweit: Gardasee. Film-Dokumentation, 60 Minuten. Komplett-Media 2003.

Kompass Wanderkarten

Blatt 096 Alto Garda
Blatt 100 Monti Lessini
Blatt 101 Rovereto – Monte Pasubio

Einladung zum Wandern: die Berge im Norden des Lago

Blatt 102 Gardasee/Lago di Garda
Blatt 103 Le Tre Valli Bresciani
Blatt 104 Alpi Orobie – Valle Brembana
Blatt 105 Lecco – Valle Brembana
Blatt 106 Lago d'Iseo

Medien

Rundfunk und TV

Neben dem staatlichen italienischen Fernsehen RAI (Radio Televisione Italiana) mit dem Regionalprogramm RAI-Tre gibt es zahlreiche private Fernsehsender. Radio RAI strahlt auch in **deutscher Sprache** aus. Nachrichten und Verkehrslage lassen sich jedoch einfacher und aktueller im Internet checken: Tagesschau um 20 Uhr (www.ardmediathek.de), minutenaktuelle Portale wie Spiegel online (www.spiegel.de) oder ADAC (www.adac.de; Verkehrslage).
Viele Hotels haben **Satellitenanschluss** und bieten meistens mehrere deutsche Sender an, haben **WiFi-Zonen** oder einen für alle Gäste zugänglichen Computer mit Internetanschluss. In Rovereto, Affi oder anderen größeren Orten kann man in Mobilfunk-Geschäften eine **Chiavette** (Internet-USB-Stick mit Verbindung zu italienischen Mobilfunknetzen, ab 15 €) kaufen. Damit lässt sich unbegrenzt und überall – sogar am Strand – im Web surfen.

Italienische Zeitungen

Wichtige überregionale Zeitungen sind der in Mailand erscheinende »Corriere della Sera« sowie »La Repubblica« und »La Stampa«.

Monatlich erscheint die deutschsprachige Gardasee-Zeitung, die kostenlos erhältlich ist und viele Informationen enthält, die besonders für Touristen von Interesse sind.

Gardasee-Zeitung

Deutschsprachige Zeitungen und Zeitschriften – von Bild über taz bis FAZ – sind in den touristischen Zentren rund um den Gardasee meist ohne Verspätung erhältlich.

Ausländische Presse

Notrufe

Allgemeiner Notruf
Tel. 113 (landesweit)

Polizeinotruf
Tel. 112 (landesweit)

Feuerwehr
(vigili fuoco)
Tel. 115 (landesweit)

Unfall und Krankendienst
Tel. 118 (landesweit)

Pannenhilfe des ACI
(soccorso stradale)
Tel. 116
Tel. 80 31 16
Tel. 8 00 11 68 00, Tel. 8 00 11 62 00
(von ausländischen Mobiltel.)

ADAC Pannenhilfe und Notruf
Tel. 00 49 89 22 22 22

ACE-Notrufzentrale Stuttgart
Kranken- und Fahrzeugrückholdienst
Tel. 00 49 / 18 02 / 34 35 36

ADAC-Ambulanzdienst München
Tel. 00 49 / 89 / 76 76 76

DRK-Flugdienst Bonn
Tel. 00 49 / 228 / 23 00 23

Deutsche Rettungsflugwacht Stuttgart
Tel. 00 49 / 711 / 70 10 70

Post · Telekommunikation

Die italienischen Postämter sind nur für den Post- und Paketdienst sowie für die Geschäfte der Postbank zuständig. Sie sind Mo. – Fr. 8.30 – 14.00 und Sa. bis 12.00 Uhr geöffnet. Am Monatsletzten schließen alle Postämter um 12.00 Uhr. **Briefmarken** (francobolli) kauft man in Postämtern oder – was schneller geht – in Tabakwarengeschäften, die durch ein T-Schild (Tabacchi) gekennzeichnet sind. Eine Postkarte von Italien ins europäische Ausland kostet 0,75 €.

Post

LÄNDERVORWAHLEN

aus Italien

nach Deutschland: 0049
nach Österreich: 0043
in die Schweiz: 0041

aus Deutschland, Österreich und der Schweiz nach Italien:

0039

TELEFONAUSKUNFT

Inland Tel. 412
Ausland Tel. 176
www.italy-map.net/telefonbuch_italien/telefonbuch_italien.php

Telefonieren Öffentliche Fernsprecher funktionieren größtenteils mit **Telefonkarten** (carta telefonica), die man u. a. in Bars, an Zeitungskiosken oder in Tabakgeschäften kaufen kann. Münztelefone gibt es kaum noch. Die **Ortsvorwahlen** sind Bestandteil der italienischen Rufnummern. Bei Anrufen aus dem Ausland und bei Ortsgesprächen muss immer die **Vorwahl einschließlich der 0** mitgewählt werden.

Mobiltelefone Mobiltelefone (ital. telefono cellulare, auch »telefonino«) wählen sich automatisch via Roaming in das entsprechende italienische Partnernetz ein. Andere Mobilfunkteilnehmer und -nummern in Italien erkennt man an den dreistelligen Mobilfunkvorwahlen, die jeweils mit einer »3« beginnen. Gewählt wird ohne »0« vorweg, auch von Deutschland aus.

Telefontarife Für Mobiltelefone gelten von der EU festgelegte Höchstpreise. Wer viel in Italien unterwegs ist, kann sich einen **Prepaid-Chip** der italienischen TIM kaufen. Außerdem informiert man sich vor der Reise auch beim eigenen Anbieter über die günstigsten Roaming-Preise (Tarife für Auslandsgespräche).
Für kostenlose Telefonate aus dem In- und Ausland ist das Installieren von Skype nötig (auf Smartphones oder Notebooks; www.skype.com).

Preise · Vergünstigungen

Promotion und Welcome Card Die wichtigsten Anbieter touristischer Leistungen am Gardasee geben zusammen mit vielen Partnern die Promotion Card für das West- und die Welcome Card für das Ostufer heraus. Inhaber dieser Gästekarten bekommen viele **Vergünstigungen**. Neben ermäßigten Eintrittspreisen in Vergnügungsparks, Burgen, Kirchen, Museen und sonstigen touristischen Einrichtungen kann man auch Preisermäßigungen bei verschiedenen Verkehrsbetrieben (u. a. Gardaseeschifffahrt, Seilbahnen) in Anspruch nehmen. Inhaber der Gästekarte erhalten auch in etlichen Geschäften sowie bei diversen Erzeugern landwirtschaftlicher Produkte (u. a. Wein, Olivenöl) kleine Preisnachlässe. Ein ausführliches Verzeichnis der beteiligten Betriebe und Institutionen ist bei den Touristenbüros bzw. bei den Hotelrezeptionen erhältlich, wo man die Karten auf Anfrage auch bekommt.

? BAEDEKER WISSEN

Preise im Vergleich

- 3-Gänge-Menü: ab 25 €
- Einfache Mahlzeit: ab 8 €
- Espresso: ab 1 €
- Busticket: ab 1 €
- Einfaches Doppelzimmer: ab 70 €
- Glas Wein: ab 2 €

Coupons

In vielen touristischen Publikationen, darunter auch in der deutschsprachigen Gardasee-Zeitung, sind Coupons abgedruckt, bei deren Einlösung man ebenfalls **Preisnachlässe**, u. a. auch in Restaurants, erhalten kann. Viele Anbieter werben mit besonderen Rabatten für Seniorinnen und Senioren.

Verona

Am 1. Sonntag im Monat kostet der Eintritt in vielen Museen und Sehenswürdigkeiten der Stadt, wie etwa in der Arena, nur 1 €. Ansonsten empfiehlt sich die **Verona Card,** mit ihr hat man freien Eintritt in die wichtigsten Museen, Kirchen, Sehenswürdigkeiten und freie Fahrt mit öffentlichen Verkehrsmitteln (ein Tag 10 €, drei Tage 15 €). In Verona muss man generell z. B. in Restaurants ein Viertel bis ein Drittel mehr veranschlagen als in den Orten am Gardasee.

Bahnfahren

Innerhalb Italiens können Bahnreisende **sehr günstig** fahren: Die italienischen Tarife sind im Vergleich zu den deutschen äußerst niedrig. Zudem stehen verschiedene Rabattierungen zur Auswahl: Interessant für Gardasee-Urlauber dürfte das Mini-Angebot sein, mit dem man für 9 € jeden Bahnhof in Italien ansteuern kann, beispielsweise auch die Strecke Peschiera-Venedig (www.trenitalia.com). Wichtig: Bahnfahrkarten müssen **vor Reiseantritt** an einem der Stempelautomaten auf dem Bahnsteig entwertet werden!

Reisezeit

Ganzjahresreiseziel

An den Gardasee kann man wegen des vielfältigen Sport- und Freizeitangebots das ganze Jahr über fahren. Lange Schlechtwetterperioden sind selten; mit kurzen, heftigen Regenschauern muss man aber immer rechnen. Recht sonnig und warm ist es von Mai bis September. Aber auch in den Wintermonaten kann es sehr schön und mild sein. Im **Juli und August** ist es am wärmsten und gelegentlich auch sehr schwül. In diesen beiden Monaten – vor allem aber im August

– herrscht am Gardasee enormes Gedränge. Wer den See bzw. seine reizvolle Umgebung in der Hochsaison besuchen will, sollte sich rechtzeitig um ein Quartier bemühen. Relativ ruhig geht es in der **Vor- und Nachsaison** (April/Mai und September/Oktober) zu. Zwischen November und März haben viele Hotels, Restaurants und Geschäfte geschlossen. Wer also in dieser Zeit Urlaub machen möchte, sollte sich vorab nach Unterkunftsmöglichkeiten erkundigen.

Gebirge Ausgesprochen angenehm ist ein sommerlicher Aufenthalt in den Bergregionen um den Gardasee. Meist ist das Wetter schön, es ist nicht allzu heiß. Als besonders erholsam gelten die recht trockenen Herbstmonate. Im Winter locken die schneesicheren Skigebiete in der weiteren Umgebung des Sees. Im Frühling kann es in den Bergen recht unfreundlich sein. In manchen Jahren muss man bis in den Juni hinein mit Regen und in den Hochlagen auch mit Schnee rechnen.

Wettervorhersage Tel. *0 90 01 16 40 00, www.gardasee.de/wetter

Sprache

In den meisten Hotels und Restaurants am Gardasee wird Deutsch gesprochen, Speisekarten sind meist ins Deutsche übersetzt. In der Regel kann man sich auch auf Englisch verständigen.

Kleiner Sprachführer Italienisch

Auf einen Blick

Sì/No	Ja/Nein
Per favore/Grazie	Bitte/Danke
Non c'è di che	Gern geschehen
Scusi!/Scusa!	Entschuldigen Sie!
Come dice?	Wie bitte?
Non La/ti capisco	Ich verstehe Sie/dich nicht
Parlo solo un po' di ...	Ich spreche nur wenig ...
Mi può aiutare, per favore?	Können Sie mir bitte helfen?
Vorrei ...	Ich möchte ...
(Non) mi piace	Das gefällt mir (nicht)
Ha ...?	Haben Sie ...?
Quanto costa?	Wie viel kostet?
Che ore sono?/Che ora è?	Wie viel Uhr ist es?
Come sta?/Come stai?	Wie geht es Ihnen/dir?

Bene, grazie. E Lei/tu?	Danke. Und Ihnen/dir?

Zahlen

zero	0	diciannove	19
uno	1	venti	20
due	2	ventuno	21
tre	3	trenta	30
quattro	4	quaranta	40
cinque	5	cinquanta	50
sei	6	sessanta	60
sette	7	settanta	70
otto	8	ottanta	80
nove	9	novanta	90
dieci	10	cento	100
undici	11	centouno	101
dodici	12	mille	1000
tredici	13	duemille	2000
quattordici	14	diecimila	10000
quindici	15		
sedici	16	un quarto	1/4
diciassette	17	un mezzo	1/2
diciotto	18		

Unterwegs

a sinistra/a destra/diritto	nach links/nach rechts/geradeaus
vicino/lontano	nah/fern
Quanti chilometri sono?	Wie weit (in Kilometern) ist das?
Vorrei noleggiare ...	Ich möchte ... mieten
... una macchina	... ein Auto
... una bicicletta	... ein Fahrrad
... una barca	... ein Boot
Scusi, dov'è ...?	Bitte, wo ist ...?
la stazione centrale	der Hauptbahnhof
la metro(politana)	die U-Bahn
l'aeroporto	der Flughafen
all'albergo	zum Hotel
Ho un guasto.	Ich habe eine Panne.
Mi potrebbe mandare un carro-attrezzi?	Würden Sie mir einen Abschleppwagen schicken?
Scusi, c'è un'officina qui?	Gibt es hier eine Werkstatt?
Dov'è la prossima stazione di servizio?	Wo ist die nächste Tankstelle?
benzina normale	Normalbenzin
super/gasolio	Super/Diesel

deviazione	Umleitung
senso unico	Einbahnstraße
sbarrato	gesperrt
rallentare	langsam fahren
tutti direzioni	alle Richtungen
tenere la destra	rechts fahren
zona di silenzio	Hupverbot
zona tutelata inizio	Beginn der Parkverbotszone
Aiuto!	Hilfe!
Attenzione!	Achtung!
Chiami subito ...	Rufen Sie schnell ...
... un'autoambulanza	... einen Krankenwagen
... la polizia	... die Polizei

Ausgehen

Scusi, mi potrebbe indicare ...?	Wo gibt es ...?
... un buon ristorante?	... ein gutes Restaurant?
... un locale tipico?	... ein typisches Restaurant?
C'è una gelateria qui vicino?	Gibt es hier eine Eisdiele?
Può riservarci per stasera un tavolo per quattro persone?	Kann ich für heute Abend einen Tisch für vier Personen reservieren?
Alla Sua salute!	Auf Ihr Wohl!
Il conto, per favore.	Bezahlen, bitte.
Andava bene?	Hat es geschmeckt?
Il mangiare era eccellente.	Das Essen war ausgezeichnet.
Ha un programma delle manifestazioni?	Haben Sie einen Veranstaltungskalender?

Einkaufen

Dov'è si può trovare ...?	Wo finde ich ...?
... una farmacia	... eine Apotheke
... un panificio	... eine Bäckerei
... un negozio di articoli fotografici	... ein Fotogeschäft
... un grande magazzino	... ein Kaufhaus
... un negozio di generi alimentari	... ein Lebensmittelgeschäft
... il mercato	... den Markt
... il supermercato	... den Supermarkt
... il tabaccaio	... den Tabakladen
... il giornalaio	... den Zeitungshändler

Übernachten

Scusi, potrebbe consigliarmi ...?	Können Sie mir ... empfehlen?

... un albergo	... ein Hotel
... una pensione	... eine Pension
Ho prenotato una camera.	Ich habe ein Zimmer reserviert.
È libera ...?	Haben Sie noch ...?
... una singola	... ein Einzelzimmer
... una doppia	... ein Zweibettzimmer
... con doccia/bagno	... mit Dusche/Bad
... per una notte	... für eine Nacht
... per una settimana	... für eine Woche
... con vista sul mare	... mit Blick aufs Meer
Quanto costa la camera ...?	Was kostet das Zimmer ...?
... con la prima colazione?	... mit Frühstück?
... a mezza pensione?	... mit Halbpension?

Arzt und Apotheke

Mi può consigliare un buon medico?	Können Sie mir einen guten Arzt empfehlen?
Mi può dare una medicina per ...	Geben Sie mir bitte ein Medikament gegen ...
Soffro di diarrea.	Ich habe Durchfall.
Ho mal di pancia.	Ich habe Bauchschmerzen.
... mal di testa	... Kopfschmerzen
... mal di gola	... Halsschmerzen
... mal di denti	... Zahnschmerzen
... influenza	... Grippe
... tosse	... Husten
... la febbre	... Fieber
... scottatura solare	... Sonnenbrand
... costipazione	... Verstopfung

Speisekarte

prima colazione	Frühstück
caffè, espresso	kleiner Kaffee ohne Milch
caffè macchiato	kleiner Kaffee mit wenig Milch
caffe latte	Kaffee mit Milch
cappuccino	Kaffee mit aufgeschäumter Milch
tè al latte/al limone	Tee mit Milch/Zitrone
cioccolata	Schokolade
frittata	Omelett/Pfannkuchen
pane/panino	Brot/Brötchen
pane tostato	Toast
burro	Butter

salame	Wurst
prosciutto	Schinken
miele	Honig
marmellata	Marmelade
iogurt	Joghurt
antipasti	**Vorspeisen**
affettato misto	gemischter Aufschnitt
anguilla affumicata	Räucheraal
melone e prosciutto	Melone mit Schinken
vitello tonnato	kalter Kalbsbraten mit Thunfischsauce
primi piatti	**Nudel- und Reisgerichte, Suppen**
pasta	Nudeln
fettuccine/tagliatelle	Bandnudeln
gnocchi	kleine Kartoffelklößchen
polenta (alla valdostana)	Maisbrei (mit Käse)
vermicelli	Fadennudeln
minestrone	dicke Gemüsesuppe
pastina in brodo	Fleischbrühe mit feinen Nudeln
zuppa di pesce	Fischsuppe
zuppa di fagioli	Bohnensuppe
zuppa di ceci	Kirchererbsensuppe
Stracciatella	Kraftbrühe mit Eierstich
carni e pesce	**Fleisch und Fisch**
agnello	Lamm
ai ferri/alla griglia	vom Grill
aragosta	Languste
brasato	Braten
coniglio	Kaninchen
cozze/vongole	Miesmuscheln/Venusmuscheln
fegato	Leber
fritto di pesce	gebackene Fische
gambero, granchio	Garnelen
maiale	Schweinefleisch
manzo/bue	Rind-/Ochsenfleisch
pesce spada	Schwertfisch
platessa	Scholle
pollo	Huhn
rognoni	Nieren

salmone	Lachs
scampi fritti	gebackene Langustinen
sogliola	Seezunge
tonno	Thunfisch
trota	Forelle
vitello	Kalbfleisch

verdura	**Gemüse**
asparagi	Spargel
carciofi	Artischocken
carote	Karotten
cavolfiore	Blumenkohl
cavolo	Kohl
cicoria belga	Chicorée
cipolle	Zwiebeln
fagioli	weiße Bohnen
fagiolini	grüne Bohnen
finocchi	Fenchel
funghi	Pilze
insalata mista/verde	gemischter/grüner Salat
lenticchie	Linsen
melanzane	Auberginen
patate	Kartoffeln
patatine fritte	Pommes frites
peperoni	Paprika
pomodori	Tomaten
spinaci	Spinat
zucca	Kürbis

formaggi	**Käse**
parmigiano	Parmesan
pecorino	Schafskäse
ricotta	quarkähnlicher Frischkäse

dolci e frutta	**Nachspeisen und Obst**
cassata	Eisschnitte mit kandierten Früchten
coppa assortita	gemischter Eisbecher
coppa con panna	Eisbecher mit Sahne
tirami su	Löffelbiskuit mit Mascarponecreme
zabaione	Eierschaumcreme
zuppa inglese	likörgetränktes Biskuit mit Vanillecreme

bevande	**Getränke**
acqua minerale	Mineralwasser
aranciata	Orangeade
bibita	Erfrischungsgetränk
bicchiere	Glas
birra scura/chiara	dunkles/helles Bier
birra alla spina	Bier vom Fass
birra senza alcool	alkoholfreies Bier
bottiglia	Flasche
con ghiaccio	mit Eis
digestivo	Digestif
gassata/con gas	mit Kohlensäure
liscia/senza gas	ohne Kohlensäure
secco	trocken
spumante	Sekt
succo	Fruchtsaft
vino bianco/rosato/rosso	Weiß-/Rosé-/Rotwein
vino della casa	Hauswein

Toiletten

Öffentliche Toiletten (servizio, bagno) gibt es am Gardasee so gut wie nicht. Wer unterwegs ein dringendes Bedürfnis hat, geht in eine Bar, bestellt und bezahlt einen »caffè« am Tresen, geht aufs WC, lässt sich das Tässchen im Stehen schmecken und geht wieder. In der Regel sind die Toiletten sauber, manchmal gibt es auch Stehtoiletten.

Verkehr

STRASSENVERKEHR

Verkehrslage

Der Gardasee gehört zu den ältesten und beliebtesten Reisezielen in Oberitalien. Bereits zu Ostern, spätestens aber zu Pfingsten herrscht rund **um den See Hochbetrieb**. Besonders schlimm ist der Verkehr auf den Straßen in den ersten Augusttagen, wenn neben Deutschen, Österreichern und Schweizern auch viele Italiener Ferien haben.

Autobahnen

Italienische Autobahnen (autostrada) sind **gebührenpflichtig**. Die Gebühr richtet sich nach dem Fahrzeug; für Wohnmobile und Pkws mit Wohnwagen bezahlt man fast das Doppelte des Pkw-Tarifs. Die

Autobahngebühr kann entweder bar, mit Kreditkarte oder mit der Via-Card bezahlt werden. Die Via-Card gibt es für unterschiedliche Euro-Beträge. Man bekommt sie in Italien bei den Automobilclubs, bei ACI-Büros an den wichtigsten Grenzübergängen sowie an großen Autobahneinfahrten, in Tabakwarengeschäften und an Tankstellen. Außerhalb geschlossener Ortschaften muss auch tagsüber das **Abblendlicht** eingeschaltet sein.

Tankstellen

Überall in Italien kann man bleifreies Benzin (benzina senza piombo) und Diesel (gasolio) tanken. Die Tankstellen sind in der Regel von 7.00 bis 12.30 Uhr und von 15.30 bis 19.30, manchmal auch bis 22.00 Uhr geöffnet. An Autobahnen gibt es meist einen 24-Stunden-Service. Selbst in größeren Orten sind Tankstellen am Wochenende häufig geschlossen. Es gibt aber **Tankautomaten**, an denen man mit Euro-Scheinen und gelegentlich mit Kreditkarten zahlen kann. Reservekraftstoff mitzuführen und Kanister an Tankstellen aufzufüllen, ist in Italien verboten!

Verkehrsvorschriften

In Italien gelten folgende **Tempolimits**: Pkw, Motorräder und Wohnmobile bis 3,5 t: in Ortschaften 50 km/h, außerhalb von Ortschaften 90 km/h, auf Schnellstraßen 110 km/h, auf Autobahnen (Autostrada) 130 km/h; Pkw und Wohnmobile über 3,5 t: außerhalb von Ortschaften und auf Schnellstraßen 80 km/h, auf Autobahnen 100 km/h. Wer zu schnell fährt und erwischt wird, muss mit hohen Geldstrafen rechnen. Bußgelder über 70 € können seit 2010 EU-weit eingetrieben werden.
Pkw müssen in Italien auf Autobahnen und außerhalb von Ortschaften auch tagsüber mit **Abblendlicht** fahren, Motorräder auf allen Straßen. Auf Motorrädern über 50 cm^3 besteht **Helmpflicht**. Motorräder unter 150 cm^3 Hubraumgröße sind auf italienischen Autobahnen verboten. Auf schmalen Bergstraßen hat das bergauf fahrende Fahrzeug **Vorfahrt** gegenüber dem abwärts fahrenden, ansonsten gilt außer im Kreisverkehr rechts vor links. Außerhalb geschlossener Ortschaften wird in Italien vor dem Überholen mitunter gehupt, vor Abzweigungen, unübersichtlichen Kurven und anderen gefährlichen Stellen ebenso. Die **Promillegrenze** liegt bei 0,5 Promille; wer mit mehr Promille erwischt wird, dem drohen drastische Strafen bis hin zu Gefängnisstrafen. **Telefonieren** am Steuer ist nur mit Freisprechanlage erlaubt.

Weitere Vorschriften

Wer nicht mit dem eigenen Pkw einreist, braucht eine schriftliche **Vollmacht** in italienischer Sprache. **Warndreieck, Verbandskasten und Warnweste** muss man dabeihaben; wer eine Panne oder einen Unfall hat und sich auf der Fahrbahn aufhält, muss die Warnweste tragen, ansonsten kann man mit einem hohen Verwarnungsgeld rechnen.

Parken

Generell sollte man die Beschilderung und Markierungen an den Straßenrändern strikt beachten: Gelb markierte Parkplätze sind für

PANNENHILFE

ACI – Automobile Club d'Italia
Tel. 116
Tel. 80 31 16
Tel. 8 00 11 68 00, Tel. 8 00 11 62 00
(von ausländischen Mobiltel.)

weitere Tel.-Nr. ► Notrufe

MIETWAGEN

Avis
Tel. *01 80/5 55 77 55
www.avis.com

Europcar
Tel. *01 80/5 80 00
www.europcar.de

Hertz
Tel. *01 80/5 33 35 35
www.hertz.de

National Car Rental
Tel. 0 45 98 76 60
(Flughafen Verona)
www.nationalcar-europe.com

Sixt
Tel. *01 80/5 25 25 25
www.sixt.de

BUSSE

Azienda Trasporti Verona
Tel. 04 58 05 78 11
www.atv.verona.it

BAHNVERKEHR

Ferrovie dello Stato
Tel. 89 20 21
Fahrplan im Internet: www.trenitalia.com

SCHIFFSVERKEHR

Navigazione sul Lago di Garda
Piazza Matteotti
I-25015 Desenzano
Tel. 800 55 18 01
www.navigazionelaghi.it

Navigazione Lago d'Iseo
Via Nazionale, 16
I-24062 Costa Volpino
Tel. 0 35 97 14 83
www.navigazionelagoiseo.it

Taxis, Busse, Kommunalfahrzeuge etc. reserviert. Das Parken ist auf solchen Flächen grundsätzlich verboten. Auf blau gekennzeichneten Parkplätzen kann man sein Fahrzeug nach dem Lösen eines Parkscheins abstellen. Weiß markierte Parkplätze können mit Parkscheibe eine Stunde lang gebührenfrei benutzt werden. In Landschaftsschutzgebieten ist Parken untersagt.

Notfall Ausländische Auto- oder Motorradfahrer werden im Fall einer Panne auf italienischen Straßen vom **Pannendienst** des italienischen Automobilclubs ACI zur nächsten Werkstatt abgeschleppt. Die Pannenhilfe ist kostenpflichtig. Notrufsäulen stehen im Abstand von 2 km an den Autobahnen. Der ACI ist rund um die Uhr unter Tel. 116 zu erreichen, vom Mobiltelefon unter Tel. 8 00 11 68 00. Privates Abschleppen auf der Autobahn ist verboten. Bei **Totalschaden** muss man den italienischen Zoll verständigen, da sonst für das Schadensfahrzeug möglicherweise Einfuhrzoll bezahlt werden muss.

Taxis

In allen größeren Städten und touristischen Zentren rund um den Gardasee gibt es Taxis, die mit **Taxametern** ausgerüstet sind. Hat ein Taxi keinen funktionierenden Gebührenzähler, sollte man den Fahrpreis vor Fahrtbeginn aushandeln.

Mietwagen

Um in Italien einen Mietwagen mieten zu können, muss man mindestens 21 Jahre alt sein, einen nationalen Führerschein besitzen, ein Jahr Fahrpraxis haben und eine Kreditkarte vorlegen. Vorab von Deutschland, Österreich und der Schweiz aus zu buchen, ist oft günstiger. In den größeren Städten findet man die Autovermieter im Telefonbuch unter dem Stichwort »Noleggio«.

BUSSE

Ein Großteil des öffentlichen Nahverkehrs wird von Bussen mehrerer Unternehmen bewältigt, die etwa im Stundentakt fahren. Abfahrtszeiten sind an den Bushaltestellen ausgehängt. Zwischen 20.00 und 24.00 Uhr werden Nachtbusse eingesetzt, allerdings lediglich mit max. 2 Frequenzen pro Strecke in dieser Zeit.

? BAEDEKER WISSEN

Die wichtigsten Busstrecken

- Verona – östliches Gardaseeufer – Riva: tgl. 5.00 – 21.30 Uhr
- Desenzano – westliches Gardaseeufer – Riva: tgl. 6.00 – 20.00 Uhr
- Verona – südliches Gardaseeufer – Desenzano – Brescia: tgl. 6.00 – 20.30 Uhr
- Riva – Torbole – Rovereto und Riva – Torbole – Trient (Trento): tgl. 6.00 – 20.00 Uhr

BAHNVERKEHR

Ferrovie dello Stato, F.S.

Das Streckennetz der italienischen Staatsbahnen (Ferrovie dello Stato, F.S.) ist in Norditalien zwar gut ausgebaut, der Gardasee wird aber nur **im Süden** von der Strecke Venedig – Verona – Brescia – Mailand berührt. Von den Bahnhöfen Desenzano und Peschiera, die an dieser Strecke liegen, fahren **Zubringerbusse** bzw. **Personenschiffe** zu den Touristenorten am Gardasee. Alle Touristenzentren am **Ostufer** des Sees erreicht man auch von den Bahnhöfen an der Brennerlinie, Verona (Porta Nueva), Rovereto und Trient, per Zubringerbus.

Privatbahn

Eine private Eisenbahngesellschaft bedient die Strecke von Brescia zum Lago d‘ Iseo (Ostufer) und weiter in das Ogliotal bis Edolo.

SCHIFFE

Schiffsverkehr

Alle wichtigen Orte sind in der Hauptreisezeit durch **Fährlinien** verbunden. Man kann zwischen den schnellen Tragflügelbooten (Aliscafi), die nur die größeren Orte anfahren, und den gemütlichen Aus-

Schiffsausflüge – auch eine schöne Art, den See zu erkunden

flugsbooten wählen. Im Juli und August werden zudem täglich Kreuzfahrten angeboten. Im Winter wird nur die Gardasee-Fährverbindung von Torri nach Maderno aufrechterhalten. Da sich viele Orte vom Wasser aus von ihrer schönsten Seite zeigen, gehört eine Bootsfahrt zu den beeindruckendsten Erlebnissen.
Auch auf dem **Lago d'Iseo** verbinden Schifffahrtslinien die Uferorte untereinander und mit der Monte Isola.

Gardasee-schifffahrts-gesellschaft Auf dem Gardasee verkehren von Ende März bis September täglich zwischen 8.00 und 20.00 Uhr zahlreiche Linienschiffe der staatlichen Schifffahrtsgesellschaft. Die aktuellen Fahrpläne hängen an allen Anlegestellen aus. Auskunft erteilt Navigazione sul Lago di Garda.

Fähren Zwischen Torri del Benaco (Ostufer) und Toscolano-Maderno (Westufer) sowie zwischen Malcesine und Limone pendeln Autofähren in der Zeit zwischen 8.00 und 20.00 Uhr.

Tragflächenboote Mehrmals täglich fahren Tragflächenboote von Riva (nördliche Seespitze) nach Desenzano (Südwestufer) und zurück.

Schiffsausflüge Auf dem Gardasee kann man an verschiedenen Ausflugsfahrten teilnehmen. Die Schiffe fahren während der Hauptsaison täglich, in den Frühlings- und Herbstmonaten nur eingeschränkt. Auskünfte erteilen die Touristeninformationen. Neben Ganztags-, Halbtags- und kürzeren Rundfahrten werden auch abendliche Schifffahrten mit Musik und Dinner an Bord (Navigarda) angeboten. Preisvergleiche zwischen den einzelnen Anbietern können überaus lohnend sein. Auch auf dem **Lago d' Iseo** verkehren Personenschiffe. Auskunft erteilt die Schifffahrtsgesellschaft NLI (Navigazione Lago d' Iseo).

Zeit

In Italien gilt die Mitteleuropäische Zeit (MEZ). Für die Sommermonate von Ende März bis Ende Oktober gilt – wie in Deutschland – die Mitteleuropäische Sommerzeit (MESZ = MEZ + 1 Std.).

Register

Verzeichnis der Karten und Grafiken

BAEDEKER WISSEN ?

atmosfair

nachdenken • klimabewusst reisen
atmosfair

Reisen verbindet Menschen und Kulturen. Doch wer reist, erzeugt auch CO_2. Der Flugverkehr trägt mit bis zu 10% zur globalen Erwärmung bei. Wer das Klima schützen will, sollte sich nach Möglichkeit für die schonendere Reiseform entscheiden (wie z.B. die Bahn). Gibt es keine Alternative zum Fliegen, kann man mit atmosfair klimafördernde Projekte unterstützen.
atmosfair ist eine gemeinnützige Klimaschutzorganisation unter der Schirmherrschaft von Klaus Töpfer. Flugpassagiere spenden einen kilometerabhängigen Betrag und finanzieren damit Projekte in Entwicklungsländern, die den Ausstoß von Klimagasen verringern helfen. Dazu berechnet man mit dem Emissionsrechner auf **www.atmosfair.de** wieviel CO_2 der Flug produziert und was es kostet, eine vergleichbare Menge Klimagase einzusparen (z.B. Berlin – London – Berlin 13 €).
atmosfair garantiert die sorgfältige Verwendung Ihres Beitrags. Alle Informationen dazu auf www.atmosfair.de. Auch der Karl Baedeker Verlag fliegt mit atmosfair.

Bildnachweis

AKG S. 30, 58, 59, 61
Bildagentur Huber/Olimpio Fantuz S. 258
Bildagentur Huber/Cogoli Franco S. 20 (unten)
Bildagentur Huber/Johanna Huber S. 237 (oben rechts)
Branscheid, U. S. 16, 35, 208, 243
DuMont Bildarchiv/Udo Bernhart S. 60, 82, 85, 197, 237 (unten rechts), 257 (oben rechts, oben links), 300
DuMont Bildarchiv/Michael Riehle S. 2 (oben, unten), 3 (oben links, oben rechts, unten), 4 (oben, unten), 5 (oben, unten), 7, 8, 9, 10, 12, 20 (oben), 23, 26, 28, 36, 42, 44, 49, 51, 53, 66, 68, 71, 75, 79, 90, 93, 94, 96, 98, 100, 103, 106, 108, 111, 113, 114, 118, 122, 132, 138, 144, 149, 156, 160, 163, 167, 179, 180, 187, 191, 201, 204, 211, 217, 218, 222, 225, 230, 236, 238, 241, 246, 249, 250, 260, 264, 265, 266, 270, 272, 274, 286, U2, U3, U4 (oben, unten), U7, U8
fotolia/Alessio Orrù S. 77 (Mitte)
fotolia/Bernd Jürgens S. 76 (oben)
fotolia/Christian Jung S. 143
fotolia/Comugnero Silvana S. 77 (oben, unten)
fotolia/Dimitri Surkov S. 174
fotolia/Guido Miller S. 5 (Mitte), 199
fotolia/ilfotografo S. 21 (oben)
fotolia/Jürgen Fälchle S. 1
fotolia/Lionel Conflant S. 142
fotolia/Studio GI S. 76 (unten)
Interfoto/Sammlung Rauch S. 39
Interfoto/D.H.Teuffen S. 155
Mosler S. 21 (unten), 64, 237 (oben links), 256
picture-alliance/dpa/ Röhnert S. 56
Stadler S. 46
Thomas, M. S. 257 (unten rechts)

Titelbild: Heinz Wohner / LOOK-foto

Impressum

MAIRDUMONT GmbH & Co KG –
VERLAG KARL BAEDEKER

Ausstattung:
123 Abbildungen, 23 Karten und grafische Darstellungen, eine große Reisekarte
Text:
Jochen Müssig (Überarbeitung)
Barbara Branscheid, Ursula Branscheid, Gabriele Gaßmann, Carmen Galenschovski, Helmut Linde, Dr. Eva Missler, Barbara Schaefer, Anja Schliebitz, Reinhard Strüber
Bearbeitung:
Baedeker Redaktion (Dr. Eva Missler)
Kartografie:
Christoph Gallus, Hohberg;
MAIRDUMONT Ostfildern (Reisekarte)
3D-Illustrationen:
jangled nerves, Stuttgart
Infografiken:
Golden Section Graphics GmbH, Berlin
Gestalterisches Konzept:
independent Medien-Design, München

Chefredaktion:
Rainer Eisenschmid, Baedeker Ostfildern

9. Auflage 2013
Völlig überarbeitet und neu gestaltet

© MAIRDUMONT GmbH & Co KG;
Ostfildern
Der Name Baedeker ist als Warenzeichen geschützt. Alle Rechte im In- und Ausland sind vorbehalten. Jegliche – auch auszugsweise – Verwertung, Wiedergabe, Vervielfältigung, Übersetzung, Adaption, Mikroverfilmung, Einspeicherung oder Verarbeitung in EDV-Systemen ausnahmslos aller Teile des Werkes bedarf der ausdrücklichen Genehmigung durch den Verlag.

Anzeigenvermarktung:
MAIRDUMONT MEDIA
Tel. 0049 711 4502 333
Fax 0049 711 4502 1012
media@mairdumont.com
http://media.mairdumont.com

Printed in China

Trotz aller Sorgfalt von Redaktion und Autoren zeigt die Erfahrung, dass Fehler und Änderungen nach Drucklegung nicht ausgeschlossen werden können. Dafür kann der Verlag leider keine Haftung übernehmen.
Kritik, Berichtigungen und Verbesserungsvorschläge sind jederzeit willkommen. Schreiben Sie uns, mailen Sie oder rufen Sie an:

Verlag Karl Baedeker / Redaktion
Postfach 3162
D-73751 Ostfildern
Tel. 0711 4502-262
info@baedeker.com
www.baedeker.com

Die Erfindung des Reiseführers

Als **Karl Baedeker** (1801 – 1859) am 1. Juli 1827 in Koblenz seine Verlagsbuchhandlung gründete, hatte er sich kaum träumen lassen, dass sein Name und seine roten Bücher einmal weltweit zum Synonym für Reiseführer werden sollten.

Das erste von ihm verlegte Reisebuch, die 1832 erschienene **Rheinreise,** hatte er noch nicht einmal selbst geschrieben. Aber er entwickelte es von Auflage zu Auflage weiter. Mit der Einteilung in die Kapitel »Allgemein Wissenswertes«, »Praktisches« und »Beschreibung der Merk-(Sehens-)würdigkeiten« fand er die klassische Gliederung des modernen Reiseführers, die bis heute ihre Gültigkeit hat. Der Erfolg war überwältigend: Bis zu seinem Tod erreichten die zwölf von ihm verfassten Titel 74 Auflagen! Seine Söhne und Enkel setzten bis zum Zweiten Weltkrieg sein Werk mit insgesamt 70 Titeln in 500 Auflagen fort.

Bis heute versteht der Karl Baedeker Verlag seine große Tradition vor allem als eine Kette von Innovationen: Waren es in der frühen Zeit u. a. die Einführung von Stadtplänen in Lexikonqualität und die Verpflichtung namhafter Wissenschaftler als Autoren, folgte in den 1970ern der erste vierfarbige Reiseführer mit professioneller Extrakarte. Seit 2005 stattet Baedeker seine Bücher mit ausklappbaren 3D-Darstellungen aus. Die neue Generation enthält als erster Reiseführer Infografiken, die (Reise-) Wissen intelligent aufbereiten und Lust auf Entdeckungen machen.

In seiner Zeit, in der es an verlässlichem Wissen für unterwegs fehlte, war Karl Baedeker der Erste, der solche Informationen überhaupt lieferte. In der heutigen Zeit filtern unsere Reiseführer aus dem Überfluss an Informationen heraus, was man für eine Reise wissen muss, auf der man etwas erleben und an die man gerne zurückdenken will. Und damals wie heute gilt für Baedeker: Wissen öffnet Welten.

Baedeker Verlagsprogramm

- Ägypten
- Algarve
- Allgäu
- Amsterdam
- Andalusien
- Argentinien
- Athen
- Australien
- Australien • Osten
- Bali
- Baltikum
- Barcelona
- Bayerischer Wald
- Belgien
- Berlin • Potsdam
- Bodensee
- Brasilien
- Bretagne

- Brüssel
- Budapest
- Bulgarien
- Burgund
- Chicago • Große Seen
- China
- Costa Blanca
- Costa Brava
- Dänemark
- Deutsche Nordseeküste
- Deutschland
- Deutschland • Osten
- Djerba • Südtunesien
- Dominik. Republik
- Dresden
- Dubai • VAE
- Elba
- Elsass • Vogesen
- Finnland
- Florenz
- Florida
- Franken
- Frankfurt am Main
- Frankreich
- Frankreich • Norden
- Fuerteventura
- Gardasee
- Golf von Neapel
- Gomera
- Gran Canaria
- Griechenland
- Griechische Inseln
- Großbritannien
- Hamburg
- Harz
- Hongkong • Macao
- Indien
- Irland
- Island
- Israel
- Istanbul
- Istrien • Kvarner Bucht
- Italien
- Italien • Norden
- Italien • Süden
- Italienische Adria
- Italienische Riviera
- Japan
- Jordanien
- Kalifornien
- Kanada • Osten
- Kanada • Westen
- Kanalinseln
- Kapstadt • Garden Route
- Kenia
- Köln
- Kopenhagen
- Korfu • Ionische Inseln
- Korsika
- Kos
- Kreta
- Kroatische Adriaküste • Dalmatien
- Kuba
- La Palma
- Lanzarote
- Leipzig • Halle
- Lissabon
- Loire
- London
- Madeira
- Madrid
- Malediven
- Mallorca
- Malta • Gozo • Comino

- Marokko
- Mecklenburg-Vorpommern

- Menorca
- Mexiko
- Moskau
- München

- Namibia
- Neuseeland
- New York
- Niederlande
- Norwegen
- Oberbayern
- Oberital. Seen • Lombardei • Mailand
- Österreich
- Paris
- Peking
- Piemont
- Polen
- Polnische Ostseeküste • Danzig • Masuren
- Portugal
- Prag
- Provence • Côte d'Azur
- Rhodos
- Rom
- Rügen • Hiddensee
- Ruhrgebiet
- Rumänien
- Russland (Europäischer Teil)
- Sachsen
- Salzburger Land
- St. Petersburg
- Sardinien
- Schottland
- Schwäbische Alb
- Schwarzwald
- Schweden
- Schweiz
- Sizilien
- Skandinavien
- Slowenien
- Spanien
- Spanien • Norden • Jakobsweg
- Sri Lanka
- Stuttgart
- Südafrika
- Südengland
- Südschweden • Stockholm
- Südtirol
- Sylt
- Teneriffa
- Tessin
- Thailand
- Thüringen
- Toskana
- Tschechien
- Tunesien
- Türkei
- Türkische Mittelmeerküste
- Umbrien
- Ungarn
- USA

- USA • Nordosten
- USA • Nordwesten
- USA • Südwesten
- Usedom
- Venedig
- Vietnam
- Weimar
- Wien
- Zürich
- Zypern

BAEDEKER ENGLISH

- Berlin
- Vienna

Viele Baedeker-Titel sind als E-Book erhältlich: shop.baedeker.com

Kurioses am Gardasee und in Verona

Wie Mussolini einst sein Geld verdiente, warum in Limone so viele Heiratsanträge landen und was bei Liebeskummer hilft – merkwürdige Geschichten, auf die man am Gardasee und in Verona stößt.

▸Pizza sportlich
2007 und 2011 erklomm Giuseppe Conte vom Gardasee als Olympiasieger und Weltmeister das oberste Treppchen bei der Pizza-Olympiade und der Pizza-Weltmeisterschaft. Essen kann man bei ihm auch: in Bardolino.

▸Der Duce als Dichter?
Vor seiner unwürdigen politischen Karriere verfasste Mussolini Fortsetzungsgeschichten für die Trienter Zeitung Il Popolo.

▸Liebesnächte ...
... in Valeggio sul Mincio: Im Juni wird die 600 m lange Visconti-Brücke zum Riesen-Open-Air-Restaurant. 4000 Menschen feiern an Tischen, die auf 1,8 km Länge zusammengestellt werden, die Festa del Nodo d' Amore.

▸Gib mir dein Blut!
Das Apolipoprotein, kurz A-1 genannt, säubert die Adern wie Domestos die Küchenrohre, wurde weltweit nur in Limone nachgewiesen und verhindert Herzinfarkte. Folge: A-1-Träger bekommen Heiratsanträge aus aller Welt. Das Gen kann schließlich vererbt werden.

▸Als Goethe »spionierte«
Man schrieb das Jahr 1786. Ort des Geschehens: Malcesine. Der Dichter wurde verdächtigt, ein Spion der Österreicher zu sein, weil er das hübsche Castello so akribisch studierte und zeichnete.

▸Julia hilf!
Wer Liebeskummer hat, schreibt an »Julia, Verona, Italia«. Der Brief kommt an und wird auch beantwortet. 14 Veroneserinnen im Dienste von Shakespeares Julia tun das ehrenamtlich rund 7000 mal im Jahr. Im 21. Jahrhundert geht's sogar per E-Mail an info@julietclub.com.

▸Der verückteste Transport
1437 hielten die Mailänder die Wasserwege zum Gardasee besetzt. Aber die Venezianer überraschten ihren Gegner, indem sie ihre sechs Galeeren, zwei Galeonen und 26 Barken über die Etsch bis Mori und dann mit 2000 Ochsen durch die Wildnis der Berge hinunter nach Torbole brachten. Venedig trug den Sieg über die Mailänder davon.